广西版权产业发展调研报告

《广西版权产业发展调研报告》编委会　编

主　　任　彭　钢

副 主 任　李承武　齐爱民

执行主编　马永志

执行副主编　胡　丽　陈　星

参编人员　（以姓氏笔画为序）

石佳玉　邢晶晶　刘雯玉　齐强军　李祖分　李　烨

李维波　何淑敏　佟秀毓　张云杰　张　哲　张　默

张鑫磊　陈　琛　罗奕秋　金振宇　袁冰如　莫　梓

黄　捷　盘　佳　麻文贤　梁　德　覃玉良　覃　婕

武汉大学出版社

图书在版编目(CIP)数据

广西版权产业发展调研报告/《广西版权产业发展调研报告》编委会编.—武汉:武汉大学出版社,2021.9
ISBN 978-7-307-22509-1

Ⅰ.广…　Ⅱ.广…　Ⅲ.版权—产业发展—调查报告—广西
Ⅳ.G239.276.7

中国版本图书馆 CIP 数据核字(2021)第 161434 号

责任编辑:林　莉　喻　叶　　责任校对:汪欣怡　　版式设计:马　佳

出版发行: **武汉大学出版社**　(430072　武昌　珞珈山)
(电子邮箱: cbs22@ whu.edu.cn　网址: www.wdp. com.cn)
印刷: 武汉邮科印务有限公司
开本:720×1000　1/16　印张:15.5　字数:252 千字　插页:1
版次:2021 年 9 月第 1 版　2021 年 9 月第 1 次印刷
ISBN 978-7-307-22509-1　定价:58. 00 元

前　言

根据世界知识产权组织(WIPO)的定义，版权产业是指版权可发挥显著作用的产业。版权作为知识产权的三大主体权利之一，是推动知识产权产业快速发展的动力和支柱，在知识产权产业中占据着重要的地位。

在知识经济的时代背景之下，国家大力推动知识产权产业的发展，作为支柱之一的版权产业也同样受到了党和国家的高度重视。保护版权是营造良好创新环境的重要前提，国家充分认识到加强版权保护对促进经济社会发展的重要作用。“十二五”规划中指出要全面提高我国的版权工作水平，“十三五”规划从完善版权法律制度体系、完善版权行政管理体系、完善版权社会服务体系、完善版权涉外工作体系四个方面提出了26项重点任务；2017年国务院印发的《2017年深入实施国家知识产权战略加快建设知识产权强国推进计划》中提出要规范涉及版权的各项活动，促进版权社会组织资源进一步整合，以“剑网行动”加强对网络侵权盗版的治理，推动版权发展监控体系的完善。与此同时，强化对国家版权贸易基地、国家版权交易中心的培育和管理，支持“国家版权交易中心联盟”建设。

目前广西的版权事业发展迅速，取得了显著成就，主要体现在以下几个方面：一、文化精品不断呈现，优秀文学作品和影视作品层出不穷；二、国际交流与合作取得良好效果，积极贯彻落实版权文化“走出去”战略；三、版权宣传工作不断强化，为社会营造了良好的版权保护氛围；四、版权保护体系建设不断健全完善，推动版权产业快速健康发展；五、网络版权环境有效净化，提高了网络版权保护水平。这得益于国家对版权产业的大力支持和广西政府长期不懈的努力。广西深入贯彻党的十九大精神，全面落实《国务院关于新形势下加快知识产权强国建设若干意见》和《广西深入实施知识产权战略行动计划(2015—2020年)》，积极推动版权保护与经济社会发展深度融合，实行严格的版权保护制度，全区版权保护状况进一步改善，为版权强区建设提供了有力支撑。

在广西版权产业快速发展的同时也存在一些问题：与国内发达省市相比，广西版权产业总体规模较小，综合实力相对而言比较弱，有待进一步发展和提高。广西版权产业人才不足、高端人才匮乏也是制约广西版权产业稳步发展的因素。

本调研报告着眼于广西版权产业发展的整体现状，在保持其发展优势的同时弥补劣势，结合国家战略和政策，借助互联网+数字渠道，为广西版权产业的发展提供一条充分发挥地缘优势和民族文化特色、引进和培育相结合的版权发展道路。在突出民族文化特色方面，广西版权产业要发挥红色文化优势，弘扬红色经典，传承红色精神；发挥山水文化的优势，塑造广西山水文化品牌；发挥丝路文化优势，传承丝路文明，开创丝路新发展。在版权的引进和培育方面，引进版权服务企业可以快速提高广西企业的规模数量、整体素质并且提高广西企业在全国行业内部的竞争力。就广西版权企业的现状来说，只有做好“引进来”才能促进发展，“引进来”是广西版权产业发展的捷径。在利用“互联网+”方面，广西政府应当积极推动文化数字产业发展，加快数字经济的平台建设，大力培养版权产业相关人才，加大版权数字保护，规范版权数字交易。在版权产业的政策扶持方面，要从资金、税收方面制定相关优惠福利政策，扶持版权产业的可持续发展，具体包括以下几个方面：制定版权产业激励机制，激发创造活力；增强对版权产业的资金扶持力度，引导版权产业的发展规划。同时，在政府机关、事业单位软件正版化工作实施的基础上，根据企业经营管理的特点，制定对企业的资助政策，以逐步推动企业实现软件正版化。在版权的保护政策方面，广西应完善相关的政策措施，强化版权意识，保护版权主体的合法权益，加强执法机关的执法力度，严厉打击各种盗版、仿造、假冒等侵犯版权的行为。充分利用相关政策措施规范市场行为，避免企业之间的非法竞争，维护市场的稳定，为版权产业的成长营造一个良好的环境。在版权的人才培养方面，版权产业人才培养需要复合性、综合性、长期性的培养过程，需要财政大量资金投入。广西壮族自治区人民政府已将知识产权人才队伍建设纳入广西壮族自治区人才“十三五”规划。为响应广西自治区人才“十三五”规划的号召，为广西版权产业谋求更好发展，还需要广西政府实施专项人才工程计划，完善政策支持，并创新支持方式。

近年来，在国家对版权产业的大力支持和广西政府的不懈努力下，广西的版权产业发展迅猛，成绩斐然。版权是文化繁荣发展的重要因素，版权产业是国民经济的重要推动力，是社会发展的重要支柱。作为与东盟进行文化交流的桥头堡，广西应当持续深入贯彻“文化强国”战略，积极贯彻落实版权文化“走出去”战略。同时，在清晰认识自身版权产业发展现状的基础上，发挥地缘优势和民族文化特色，做到扬长避短、取长补短，持续推进广西版权产业工作，促进版权产业转型升级，使广西的版权产业成为中国版权产业发展中独具特色的推动力。

目　录

引　言

一、版权产业的定义

世界知识产权组织(WIPO)给版权产业的定义是：版权可发挥显著作用的产业。版权产业集合了国民经济中与版权相关的诸多产业部门，这些产业部门的存在基础是版权制度，发展的保障是版权保护。WIPO将版权产业分为以下四个产业组：核心版权产业、相互依存的版权产业、部分版权产业及非专用支持产业。

核心版权产业以受版权保护的客体为内容，包括从事创作、生产、制作、演出、广播、传播、展览、发行和销售等；相互依存的版权产业是指设备制造行业，以生产、制造和销售为主，具有促进创作、生产或使用作品和其他受版权保护的客体的功能；部分版权产业是产业内容部分涉及作品和其他受版权保护的有关创作、生产、制作、演出、广播、传播、展览、发行、销售的客体的产业；非专用支持产业是指未被包括在核心版权产业中，其一部分产业涉及促进广播、通信、发行或销售作品和其他受版权保护的客体的产业。①

二、国内外版权产业的发展

(一)国内版权产业发展状况

自1985年7月25日国家版权局成立以来，我国版权产业发展逐步走上正

① 版权产业的概念与分类，参见世界知识产权组织：《版权产业的经济贡献调研指南》，法律出版社2006年版。转引自中国版权产业经济贡献调研课题组：《2011年中国版权产业的经济贡献》，载《出版发行研究》2014年第7期。

轨，焕发出勃勃生机，其兴起和发展与日益健全的法律保护制度、不断提升的国际地位以及不断提高的知识产权保护意识紧密相连。

1. 作品登记及成果转换发展态势良好

我国版权登记工作制度化、规范化、信息化水平逐年提升，版权登记数量再创佳绩。版权产业与企业发展休戚相关，版权在企业发展中占据越来越重要的地位。近年来，我国版权事业发展各项指标量质齐升，企业知识产权创造运用主体地位持续稳固，成果转换率逐年提高。根据《国家版权局关于 2019 年全国著作权登记情况的通报》统计，2019 年全国著作权登记总量达 4186549 件，相比 2018 年的 3457338 件，同比增长 21. 09%。全国作品登记量总体呈现稳步增长趋势，登记量较多的分别是：北京市 1003091 件，占登记总量的 37. 13%；上海市 291803 件，占登记总量的 10. 80%；中国版权保护中心 282541 件，占登记总量的 10. 46%；江苏省 246607 件，占登记总量的 9. 13%；四川省 171060 件，占登记总量的 6. 33%；重庆市 157692 件，占登记总量的 5. 84%。以上登记量占全国登记总量的 79. 69%。相较于 2018 年，天津、贵州、甘肃、内蒙古、广西、西藏、吉林、云南、山西、安徽等省(区、市)的作品登记量增长率均超过了 100%；陕西、河南、重庆、河北等省(市)的作品登记量增长率均达 50%以上。

从作品类型看，登记量最多的是美术作品 1288139 件，占登记总量的 47. 68%；第二是摄影作品 1015620 件，占登记总量的 37. 59%；第三是文字作品 179314 件，占登记总量的 6. 64%；第四是影视作品 88230 件，占登记总量的 3. 27%。以上类型的作品登记量占登记总量的 95. 18%。还有录音制品 35232 件，占登记总量的 1. 30%；录像制品 19480 件，占登记总量的 0. 72%；音乐作品 17283 件，占登记总量的 0. 64%；图形作品 16075 件，占登记总量的 0. 60%；模型、戏剧、曲艺、建筑等共计 42191 件，占登记总量的 1. 56%。

根据中国版权保护中心计算机软件著作权登记信息统计，2019 年全国共完成计算机软件著作权登记 1484448 件，同比增长 34. 36%。

从登记区域分布情况看，软件著作权登记区域主要分布在东部地区，登记量约 104 万件，占登记总量的 70. 2%，其中，广东、北京、江苏、上海的登记总量近 75 万件，约占东部地区登记数量的 71. 6%。从登记区域增长情况看，增速最快的是东北地区 57.7%，高于全国整体增速约 23 个百分点；第二是中部地区 50.3%；第三是西部地区 40.1%；第四是东部地区 29.6%。从各地区登记数量情况看，软件著作权登记量较多的省(市)依次为：广东、北京、江苏、上海、浙江、山东、河南、四川、福建、湖北。上述地区共登记软件约 111 万件，占登记总量的 74.8%，其中，广东省登记软件超过 25 万件，占登记总量的 17.2%。

根据中国版权保护中心著作权质权登记信息统计，2019 年全国共完成著作权质权登记 537 件，同比下降 1.83%；涉及合同数量 381 个，同比增长 0.26%；涉及作品数量 1600 件，同比增长 16.96%；涉及主债务金额 764312 万元，同比下降 4.0%；涉及担保金额 730088.4 万元，同比下降 12.74%。①

从以上数据可以看出，民众版权保护意识提高，版权产业不断发展壮大且版权登记数量持续稳定增长，我国版权产业呈现良好态势。

2. 积极参与国际版权保护合作，版权制度不断完善

在推进《著作权法》不断完善的同时，我国顺应世界版权保护发展态势，积极构建国际版权体系，与国际社会建立了多边版权战略合作关系。我国于 1992 年 10 月 15 日宣布加入《保护文学和艺术作品伯尔尼公约》，10 月 30 日《世界版权公约》对我国生效，11 月 7 日我国宣布加入《保护录音制品制作者防止未经许可复制其录音制品公约》。2007 年 3 月 6 日，我国政府向世界知识产权组织正式递交《世界知识产权组织版权条约》和《世界知识产权组织表演和录音制品条约》的加入书，同年 6 月 9 日这两个条约对我国生效。中国版权领域立法的不断完善以及与国际知识产权保护组织密切的协作，为我国版权产业的国内外发展都提供了较为坚实的法律保障。2012 年，通过磋商、资格审查等一系列基础性工作，《视听表演北京条约》(以下简称《北京条约》)于 2012 年 6 月 26 日在京成功签署，2020 年 4 月 28 日正式生效。这是中华人民共和国历史上第一个以我国城市命名的知识产权领域国际条约，彰显了我国尊重知识、保护创新的力度与决心，也体现了国际社会对我国知识产权保护成绩的高度认可。签署《北京条约》是我国版

① 《国家版权局关于 2019 年全国著作权登记情况的通报》，载中华人民共和国国家版权局，http：//www.ncac.gov.cn/chinacopyright/contents/483/413789.html，2020 年 5 月 24 日访问。

权多边合作的一个重要节点，为继续推进国际版权合作发挥了重要作用，标志着视听表演者版权保护的国际社会协同推进取得了重大成果。《北京条约》是关于保护表演者权利的国际条约，该条约赋予了表演者表演活动的权利，表演者依法享有许可或禁止他人使用其在表演作品时的形象、声音等的权利。① 该条约详细规定了"定义""精神权利""复制权""发行权""权利的转让""提供已录制表演的权利""广播和向公众传播的权利""保护期"等问题。《北京条约》的签署，一方面，有利于提高对中国影视表演者的权利保护水平，对于完善、修订我国《著作权法》具有参考价值，对于发展和弘扬传统民间表演艺术具有重要的时代意义；另一方面，推动了国际版权产业的深度融合及繁荣发展，进一步完善了表演者版权保护国际体系，极大提升了中国在国际版权事业中的话语权和影响力。

3. 民众版权保护意识不断提高，为版权产业发展提供了良好的社会基础

随着我国对于知识产权领域的不断关注，建立知识产权强国成为国家发展的重要目标之一，版权产业的发展也被提上国家发展战略的重要位置。在国家层面上，我国积极通过完善立法、加大执法力度、设置激励机制等方式对版权产业的发展和保护提供多方支持，也为推动文化产业"大众创业、万众创新"提供了坚实的后盾。在社会公众版权保护意识的提升以及版权产业发展理念的培育上，我国同样付出了巨大的努力。版权行政管理部门与组织通过联合媒体，举办大型版权进企业、进高校、进社区活动，大力宣传版权知识，增强社会公众对版权保护与发展的认识。此外，我国还于 2017 年 4 月 26 日成立了"中国新闻媒体版权保护联盟"。随后，国家版权局宣布正式入驻百度旗下自媒体平台百度百家号，即"国家版权局百家号"，与之前开通的国家版权局官方微博、微信公众号等网络媒体平台一并通过推送版权热点新闻和发布版权法律保护政策、提供版权社会化服务、开展版权产业国内外交流等信息，不断扩大版权产业发展宣传维度，使版权保护与版权产业发展的理念深入人心。

---

① 谢冠斌、陈增新、张昀：《中国知识产权争议解决年度观察(2013)》，载《北京仲裁》2013 年第 1 期。

4. 开展版权产业调查研究，指引版权产业良性发展

2007 年，为响应世界知识产权组织关于各国进行版权保护与发展调查的号召，我国首次开展了关于中国版权产业经济贡献调研工作。此项工作作为国家重点研究项目纳入《版权工作“十二五”规划》以及《版权工作“十三五”规划》，由中国新闻出版研究院具体承担。该研究成果对国内公开，同时向世界各国推广。此后，我国每年都围绕“中国版权产业经济贡献”这一主题开展调查研究工作，发布年度研究报告，以此把握我国版权行业最新发展动态。

在“十二五”规划期间，针对逐渐兴起的网络 IP 热，我国开始了中国网络版权保护年度报告的制作，并于 2014 年 7 月 16 日发布了第一份《2013 年中国网络版权年度报告》，内容涉及我国网络版权保护的法制建设情况，以行政监督及执法、司法保护和行业自律为核心的网络版权保护监管体系现状以及网络版权生态良性发展趋势等方面。2019 年 4 月 26 日，2019 中国网络版权保护与发展大会在京召开，中国信息通信研究院在会上发布了《2018 年中国网络版权保护年度报告》。报告指出，2018 年，我国网络版权行政保护和司法保护力度进一步加强，网络版权社会共治机制进一步完善，重点领域网络版权专项整治成效显著，网络版权秩序进一步规范，网络版权生态持续好转，网络版权产业规模不断扩大。①

根据 2007 年以来的中国版权产业经济贡献调查研究，我国版权行业发展有如下特征。

(1)版权产业行业增加值不断攀升，规模不断扩大

随着知识经济的持续发展，版权产业的核心作用不断凸显，版权产业已成为促进经济和社会发展的重要资源之一。2018 年中国版权产业增加值占 GDP 比重为 7.37%，中国新闻出版研究院 12 月 30 日发布“2018 年中国版权产业经济贡献”调研结果。调研显示，2018 年中国版权产业的行业增加值为 6.63 万亿元(见图 0-1)，同比增长 9.0%，占 GDP 比重为 7.37%，比上年提高 0.02 个百分点。

---

① 《2018 年中国网络版权保护年度报告》发布，载光明法治，http：//legal.gmw.cn/2019-04/26/content_32783977.htm，2020 年 05 月 24 日访问。

中国版权产业在国民经济中的比重稳步提升，总体规模进一步壮大。① 2018 年中国核心版权产业行业新增价值突破 4 万亿元，总金额达到 4.17 万亿元人民币，同比增长 9.30%，在全部版权产业中占比 63%，更加凸显了核心版权产业的主体地位。

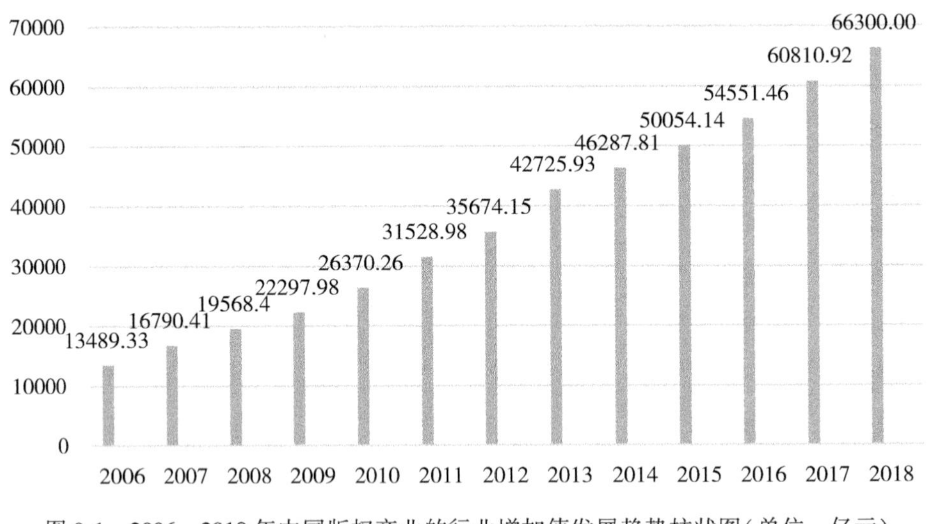

图 0-1　2006—2018 年中国版权产业的行业增加值发展趋势柱状图(单位：亿元)

版权产业已经成为我国国民经济发展的新引擎。近年来，版权产业发展已经纳入我国国家战略体系中，人们的版权保护意识不断提高，抵制盗版的社会氛围正逐渐形成，促进了版权产业跨越式发展。版权产业增加值对国民经济的贡献值呈逐年上升趋势，占 GDP 比重稳步提升，2012—2017 年提高了 0.48 个百分点，由 6.87%提高至 7.35%，由此可见版权产业增加值总体规模进一步壮大。②（见图 0-2)2017 年中国版权产业的行业增加值已达 60810.92 亿元，占全国 GDP 比重为 7.35%，比 2016 年提高 0.02 个百分点。2018 年中国版权产业的行业增加值为 6.63 万亿元，同比增长 9.0%，占 GDP 比重为 7.37%，比上年提高 0.02 个百分点。据统计，2013 年至 2018 年，中国版权产业的行业增加值从 4.27 万亿元增长

① 《2019 年 12 月 31 日“数”说中国经济》，载新华网，http：//finance.sina.com.cn/roll/2019-12-31/doc-iihnzahk1058829.shtml，2019 年 12 月 31 日访问。

② 《2016 年中国版权产业的经济贡献》，载《中国出版》2018 年第 9 期。

至6.63万亿元，产业规模增长了55%；版权产业占GDP的比重由2013年的7.27%提高至2018年的7.37%。作为创新驱动发展的重要推动力，版权产业对我国转变经济发展方式发挥了重要作用，为我国经济高质量发展提供了有力支撑。①

党的十八大以来，国家版权局深入贯彻落实国家知识产权发展战略，以中央各项决策为工作的总体部署，版权产业的跨步式发展将成为国民经济发展中的新业态。通过运用法律、政策、经济、行政和技术等多元化手段，合理规范各类版权市场，以体制和机制的创新开创版权产业发展新契机，鼓励作品创作和版权运用，将版权交易中心的建设定为重点项目，对相关机构投资者将资产投资于版权资本市场的行为作出符合市场价值规律的管理规范。另外，在全国范围内评选版权示范城市、单位、园区(基地)等，并将其建设作为版权产业发展的重点工作目标，推动中国版权产业的经济效益较快增长。②

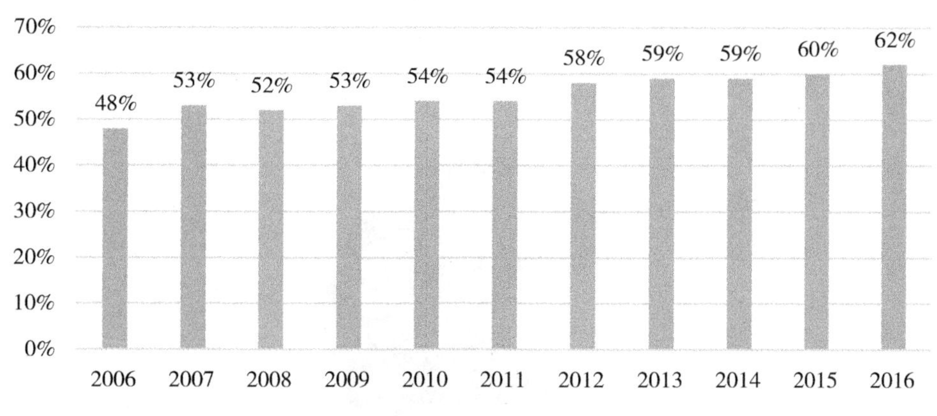

图0-2　2006—2016年我国核心版权产业行业增长值占全部版权产业的比重

(2)核心版权产业发展态势向好，带动作用明显

近年来，核心版权产业中的企业、产品和服务品质持续优化，相关产业结构不断优化，这有利于我国市场经济的高速发展。我国版权产业的发展环境日益改

① 《2018年中国版权产业增加值占GDP比重为7.37%》，载人民网，http：//media.people.com.cn/n1/2019/1230/c14677-31528985.html，2020年5月24日访问。

② 《2016年中国版权产业的经济贡献》，载《中国出版》2018年第9期。

善，传统媒体和新兴媒体融合发展，已成为国民经济发展的显著增长点，出版、录音、电影、广播、电视、软件、网络等核心版权产业发展势头迅猛，是版权产业发展较快的产业组。中国新闻出版研究院发布“2018 年中国版权产业经济贡献”的调研报告指出，新闻出版、广播影视、软件、广告与设计等新业态加快融合发展，推动核心版权产业快速发展。中国核心版权产业行业在 2018 年的增加值达到 4. 17 万亿元人民币，同比增长 9. 30%，与其他全部版权产业相比，其占比达到 63%，表明了核心版权产业是版权产业发展的中坚力量，其核心作用也愈加明显。2017 年中国核心版权产业保持良好发展态势，行业增加值为 38155. 90 亿元人民币，占全部版权产业的 62. 7%，占比继续增大；相互依存的版权产业的行业增加值为 9763. 32 亿元人民币，占全部版权产业的 16. 1%；部分版权产业的行业增加值为 4553. 04 亿元人民币，占全部版权产业的 7. 5%；非专用支持产业的行业增加值为 8338. 66 亿元人民币，占全部版权产业的 13. 7%。分别如图 0-3 和图 0-4 所示。

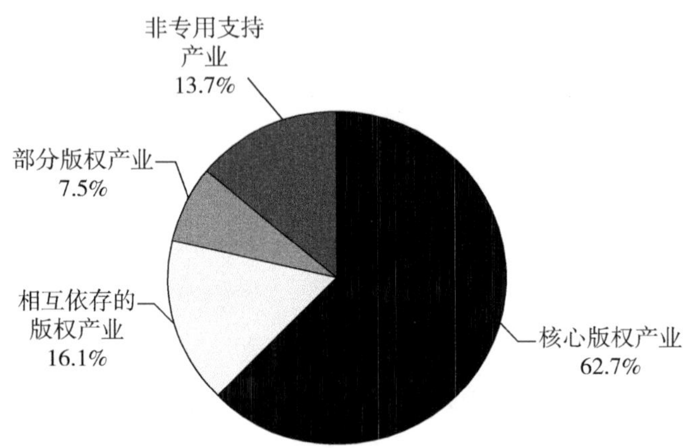

图 0-3　2017 年中国版权产业行业增加值的内部构成

(3) 版权产业就业人数平稳增加，社会效益显著

2017 年中国版权产业的城镇单位就业人数为 1673. 45 万人，占全国城镇单位就业总人数的 9. 48%。其中，中国核心版权产业的城镇单位就业人数为 914. 98 万人，占全部版权产业的 54. 7%；相互依存的版权产业的城镇单位就业人数为 385. 13 万人，占全部版权产业的 23. 0%；部分版权产业的城镇单位就业人数为

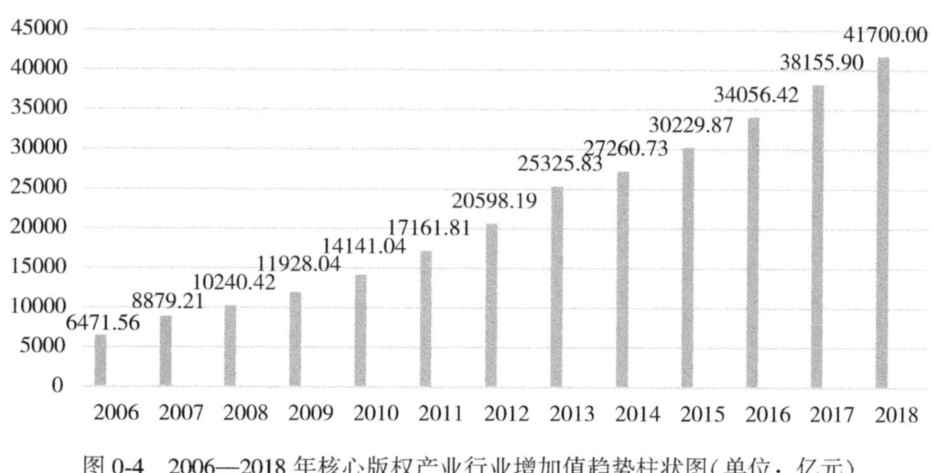

图 0-4　2006—2018 年核心版权产业行业增加值趋势柱状图(单位：亿元)

223.73 万人，占全部版权产业的 13.4%；非专用支持产业的城镇单位就业人数为 149.61 万人，占全部版权产业的 8.9%。① 如图 0-5 所示。

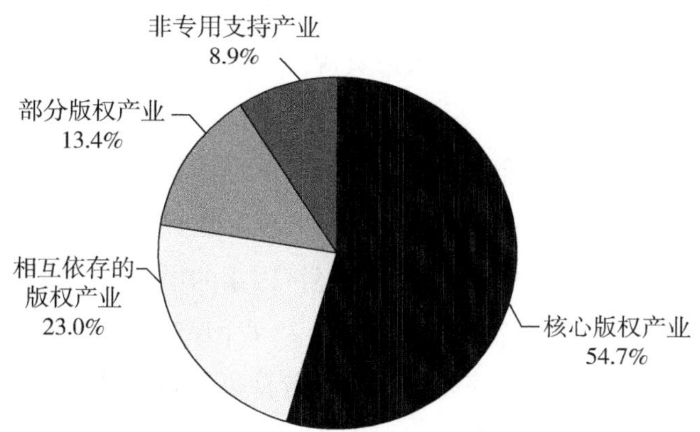

图 0-5　2017 年中国版权产业就业人数的内部构成

2018 年我国城镇单位中从事版权产业的就业人数达到了 1645.53 万人，在全

① 《2017 年中国版权产业的经济贡献调研报告(摘要)》，载搜狐网，https://www.sohu.com/a/310856577_99957183，2020 年 06 月 02 日访问。

国城镇单位总就业人数中占比达9.53%，与2017年相比提高了0.05个百分点。①这说明了我国版权产业就业情况稳中向好，为促进就业、维护社会稳定贡献了力量。如图0-6所示。

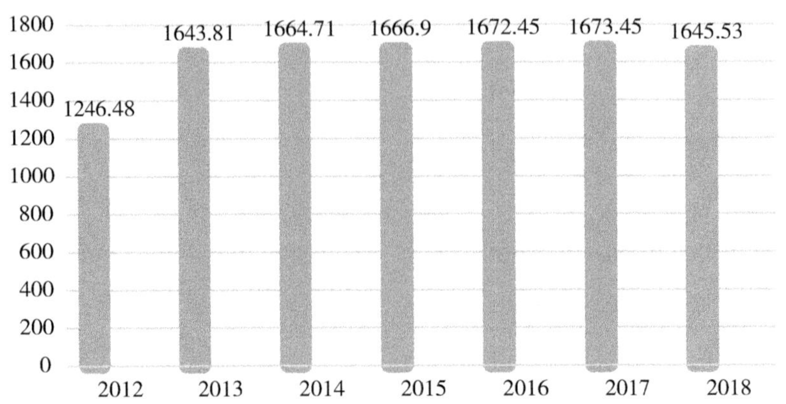

图0-6　2012—2018年中国版权产业的城镇单位就业人数柱状图(单位：万人)

这反映出中国版权产业发展向好，就业人数和质量均有效提升，为我国版权产业持续稳定地发展提供了优质的人力资源。

(4)版权产业外贸形势向好

随着全球化发展的不断推进，我国的版权国际贸易发展不断加快，版权贸易的法律体系不断完善，国际市场竞争力不断增强。世界经济仍处于国际金融危机后的深度调整期，国际市场也随着不稳定经济因素的增多而出现疲软状态，这使我国版权产业对外贸易面临着严峻的挑战。② 我国高度重视国际版权交流与合作，积极加入多边合作组织，深入探讨版权贸易热点问题，加强与美、韩、日等国的政府间深度合作。为推动我国版权产业进入全新的发展阶段，我国出台了多项稳定外贸增长的经济刺激政策，着力推动版权产业对外贸易回稳向好，促进电影、电视剧、软件等版权对外贸易市场稳步活跃。在政策的扶持下，我国贸易形势得到扭转，相关措施的效果逐步显现，版权贸易环境发生了重大变化。近年

① 《2018年中国版权产业增加值占GDP比重为7.37%》，载人民网，http://media.people.com.cn/n1/2019/1230/c14677-31528985.html，2020年5月24日访问。

② 《2016年中国版权产业的经济贡献》，载《中国出版》2018年第9期。

来，版权贸易政策积极发挥作用，效果显著，参与版权贸易的主体范围越来越广，开展国际版权贸易的出版机构越来越多，版权贸易的相关内容呈现出文化多样性的特点，由从前的以图书贸易为主拓展到现阶段的学术著作、文艺作品等各类文化作品。在中国新闻出版研究院发布的“2017 年中国版权产业的经济贡献”调研结果中显示，在 2017 年，我国对外贸易出口版权产业商品占全国商品出口总额的 11.7%，金额达 2647.73 亿美元。核心版权产业行业新增价值 38155.90 亿元人民币，与 2016 年相比，在全国 GDP 的比重中提高了 0.03 个百分点，为 4.61%。根据中国新闻出版研究院完成的“2018 年中国版权产业经济贡献”调研报告，中国版权产业对外贸易出口总金额已经实现了连续两年增长，2018 年的商品出口额为 2797.59 亿美元，较 2017 年同比增长 5.66%，且其在占中国对外贸易出口总金额的比重中稳定在 11%以上，形成了中国版权产业稳中向好的局面。如图 0-7 所示。

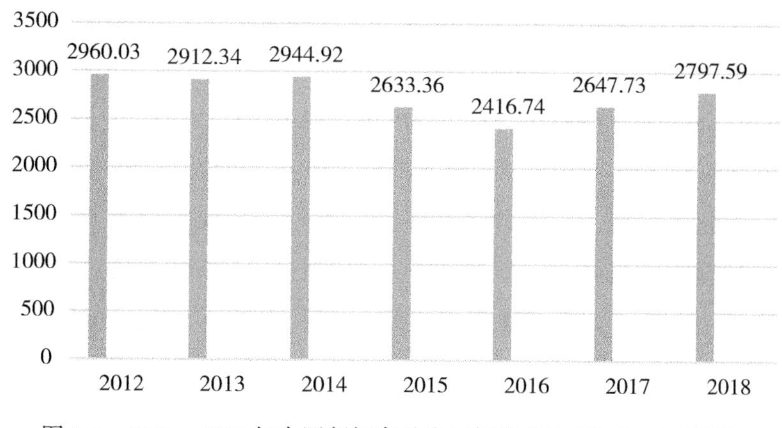

图 0-7　2012—2018 年中国版权商品出口额柱状图(单位：亿美元)

5. 我国版权产业保护法律制度不断完善

(1)版权产业保护法律体系建设日趋完善

在版权产业立法方面，国家通过不断完善现有法律制度，充分吸取专家学者以及社会各界的意见和建议制定相关法律法规，为版权产业打造坚实的法律保护盾。第七届全国人民代表大会常务委员会第十五次会议于 1990 年 9 月 7 日通过了《中华人民共和国著作权法》，2001年12月11日我国正式加入WTO世界贸易组织。①《中华人民共和国著作权法》分别于2001年10月和2010年2月进行了两次修正，说明我国的版权制度日趋完善。2012年3月31日，国家版权局根据国务院立法工作计划，公布了《著作权法》(修改草案)，向社会各界公开征求意见，标志着第三次《著作权法》修正的正式启动。

随着版权法治建设的推进，我国已逐步形成以《著作权法》为基础，其他法律法规为配套的权利保护体系。面对互联网的蓬勃发展，我国于2005年4月30日颁布了《互联网著作权行政保护办法》，于2006年5月18日颁布了《信息网络传播权保护条例》，为互联网著作权保护提供了法律依据。与著作权法配套的行政法规、部门规章和规范性文件、最高院出台的与著作权法相关的司法解释和指导性案例，为著作权顺应技术革新的需求而不断完善提供了极为有利的法律体系保障。2016年，北京市高级人民法院发布《涉及网络知识产权案件审理指南》，为审理网络版权案件提供指导。2017年我国颁布《电影产业促进法》，强化了网络版权在推进电影产业发展中的重要地位，推动电影产业的文化创造和技术变革，大大提升了电影产业发展的经济和文化价值。

(2)版权产业保护行政执法力度不断加强

为加大版权保护的力度，我国实行独具特色的行政与司法保护并行的版权保护模式，深化版权保护多元化体系建设。版权行政保护要求有关部门扩大案源渠道，有效提升办案效率，始终强化领导责任，不断加强协作联动。通过不断充实版权执法力量，配齐版权执法设备，强化版权行政执法管理，严格查处盗版行为，完善版权执法体系建设，切实维护版权产业创新成果。我国相关政府部门积极开展打击盗版等侵犯版权权益违法行为的专项行动，大力推进政府机关软件版权正版化进程。“剑网2019”专项行动各地积极开展点播影院版权专项治理，上海查办点播影院侵权案22起、湖南查办点播影院侵权案16起。专项行动积极贯彻中央推动媒体融合发展的重要部署，着力强化主流报刊台网版权保护，相继查处北京“新华丝路网”新闻作品侵权案、江苏无锡自媒体非法转载案、广西南宁自媒体非法转载案等，严厉打击侵犯传统媒体新闻作品著作权的行为。在加强图片市场、流媒体领域版权重点监管方面，北京部署下线侵

① 郑雨田：《学术期刊知识产权研究文献分析》，载《中国科技期刊研究》2009年第5期。

权图片3000余万张，江苏查办徐州“7KK图片网”侵权案、“韩剧TV”APP侵权案，河北查处“pngtree图片网”侵权案，福建查处“涂鸦设计网”盗版图片案、“嘀哩嘀哩网”侵权案，上海查处“人人视频”APP侵权案等，不断规范图片和流媒体领域版权秩序。①

在网络版权保护领域，以《互联网著作权行政保护办法》《信息网络传播权保护条例》为法律依托，国家版权局于2005年联合有关部门首次开展打击网络侵权盗版“剑网行动”。此后，每年七月定期开展“剑网行动”打击互联网环境下的版权侵权行为，每次历时3个月。从“剑网行动”的总体成效来看，近几年的“剑网行动”已成为版权行政执法的工作亮点，以科技信息化协助执法工作，营造了良好的版权保护氛围，提高了人们在网络环境中的版权保护意识，规范了互联网上对作品版权的监管秩序，打击了利用网络侵犯他人合法权利的盗版行为，维护了权利人的合法权益，网络版权资源的应用价值已逐年凸显。

2015年“剑网行动”中，各地共查处侵权盗版案件383件，收缴罚款450万元，移送司法机关刑事处理案件59件，涉案金额3845万元，关闭网站113家。2016年“剑网行动”期间，各地共查处行政案件514件，收缴罚款467万元，移送司法机关33件，涉案金额2亿元，关闭网站290家。在2017年“剑网行动”期间，因盗版而被关闭的网站有1655个，共314件网络侵权案被立案调查。除此之外，有多达27.48万条侵权盗版链接被删除，同时收缴151万件侵权盗版制品，协同公安部门查办刑事案件37起，涉案金额达6900万元。在今年全国两会召开前夕，国家版权局公布了“剑网2018”行动成果。据悉，短短半年时间，我国在网络维权方面重拳出击，成绩斐然，共删除侵权盗版链接185万条，收缴侵权盗版制品123万件，查处网络侵权盗版案件544件，其中查办刑事案件74件、涉案金额1.5亿元，侵权盗版者最高获刑3年。

据国家版权局通报，“剑网2018”行动期间，针对网络转载和短视频领域存在的突出版权问题，国家版权局集体约谈了趣头条等13家网络服务商和抖音等15家短视频平台。相关互联网企业在经过整改后，删除屏蔽了47万余篇侵权文章，下架57万部视频内容，并关闭、降级14万个侵害他人版权的自媒体账号。

① 《国家版权局等四部委在京召开“剑网2019”专项行动通气会》，载国家版权局，http：//www.ncac.gov.cn/chinacopyright/contents/11379/410138.html，2020年5月24日访问。

“剑网2019”专项行动聚焦院线电影、媒体融合发展、流媒体、图片等重点领域，开展版权专项整治，加强平台版权治理，查办了一批侵权盗版大要案件，进一步净化了网络版权环境。北京、河北、上海、江苏、广东、重庆、四川、宁夏等地相继查办盗录盗版院线电影重点案件30余起，抓获犯罪嫌疑人200余人，打掉盗版影视网站(App)418个，涉案金额2.3亿元。各地积极开展点播影院版权专项治理，上海查办点播影院侵权案22起、湖南查办点播影院侵权案16起。

2020年5月至11月，各级版权执法部门会同网信、通信、公安等部门，围绕当前互联网版权治理热点难点开展多个领域专项整治，删除侵权盗版链接110万条，收缴侵权盗版制品1075万件，查处网络侵权盗版案件450件，其中查办刑事案件160件、涉案金额5.24亿元，不断规范网络版权秩序，为庆祝新中国成立70周年营造良好网络版权环境。①

6. 版权社会服务不断完善

(1)版权社会服务体系逐步完善

随着版权产业的不断发展，我国已经形成集计算机软件登记、作品著作权登记、著作权转让及合同备案等于一体的版权公共服务体系，通过建立全国作品登记信息数据库，推进数字版权快速发展，在全方位提升我国版权创造、运用、管理和保护能力方面发挥了重要作用。我国不断创新版权社会服务模式，逐步由管理型政府向服务型政府转变，政府职能优化有利于引导版权相关产业健康有序地发展。由版权保护中心和版权协会为主的版权社会服务机构在“十二五”期间已基本建成，另外，版权维权组织和版权行业中介组织也在进一步发挥职能作用。

(2)版权示范工作全面推进

2017年，国家版权局授予山东省即墨市、广东省东莞市等地“全国版权示范城市”称号；同意四川省绵阳市、河北廊坊市等地创建全国版权示范城市；授予天津人民出版社有限公司等35家单位“全国版权示范单位”称号；授予西安西电开关电气有限公司、大党环境产业集团股份有限公司等22家单位“全国版权示范

① 《“剑网2019”专项行动查处网络侵权盗版案件450件》，载人民网，http://legal.people.com.cn/n1/2019/1227/c42510-31525377.html，2019年12月27日访问。

单位(软件正版化)”称号；授予武汉大学科技园、鄂尔多斯蒙古源流文化产业园区等5处园区(基地)“全国版权示范园区(基地)”称号。据悉，近年来，国家版权局持续开展全国版权示范创建工作，截至2017年，国家版权局已授予10个城市为全国版权示范城市、109个单位为全国版权示范单位、29个园区(基地)为全国版权示范园区(基地)。①

2018年10月19日，在第七届中国国际版权博览会开幕式上，国家版权局揭晓了中国版权领域最高奖——2018年中国版权金奖获奖名单。荣获“作品奖”的文字作品有《新华字典》《活着》，类电作品有《平凡的世界》《红海行动》《鸡毛飞上天》，舞蹈作品有《朱鹮》；授予中国图书进出口(集团)总公司、中国人民大学出版社有限公司等5家单位“推广运用奖”；授予湖北省武汉市江岸区人民法院知识产权审判庭、上海市公安局治安总队等5家单位“保护奖”；授予苏州市版权局、中国音乐著作权协会等4家单位“管理奖”。②

2020年3月30日，国家版权局下发授予北京北大方正电子有限公司等41家单位“全国版权示范单位”称号；授予中海石油(中国)有限公司等28家单位“全国版权示范单位(软件正版化)”称号；授予上海创智天地园等8家单位“全国版权示范园区(基地)”称号。深度加强了对版权示范创建工作的指导和管理，提升了工作水平，突出了工作实效，推动了版权的创作、保护和运用，促进了区域经济、文化、科技和社会事业全面发展。③

(3)版权交易平台优化版权资源

各级政府以国家政策为导向，积极推动版权交易中心的设立。各地政府及相关版权部门通过政策扶持，全面打造版权交易服务链，有效打通版权产业的发展渠道。通过建设版权交易平台，加速了版权交易的金融化进程，促进了版权金融的交易发展。北京、上海、四川、山东、广东、陕西等地在国家版权局的指导和

---

① 《2017年度全国版权示范创建工作评选结果公布》，载中国知识产权资讯网，2020年5月24日访问。

② 《版权2018：年度大事儿》，载国家版权局，https://baijiahao.baidu.com/s?id=1621083351858646143&wfr=spider&for=pc，2020年06月02日访问。

③ 《2019年度全国版权示范单位、示范单位(软件正版化)和示范园区(基地)称号名单》，载中国郑州版权(著作权)网，http://www.zzbq.org/index.php?a=show&catid=19&id=963，2020年06月02日访问。

推动下，发挥各地优势，建立了国家版权交易中心和贸易基地，有力地推动了版权服务水平的提升。

(4)版权宣传培训机制更加完善

国家版权局持续发挥宣传的主渠道作用，积极组织开办软件正版化培训班、版权执法培训班等培训项目。通过开通官方微博、微信及新闻客户端的方式，发布版权最新动态，使社会各界对版权产业有了新的认识，促使版权宣传工作登上了一个新的台阶。各地充分利用网络资源的传播优势，开展了形式多样的宣传活动，进一步发挥网络宣传的重要作用，通过运用司法、执法与版权培训相结合的手段，不断优化版权保护宣传渠道，提升了创造、运用、保护和管理版权的能力，为版权宣传工作提供新的发展路径。版权宣传工作主要以"4·26"世界知识产权日宣传周为工作中心展开，并通过配合"剑网行动"、国际交流等工作板块形成版权宣传的工作机制。通过举办全国大学生版权征文活动、版权相关热点问题媒体研修班等活动，积极营造全民宣传的良好的版权保护舆论氛围，进一步扩大版权产业的影响力。

7. 音乐版权市场呈现发展新格局

现阶段，我国网络音乐产业发展规模较大，产品数量不断攀升，用户规模逐年增加，音乐产业呈现出数字化、移动化、大众化的特征与发展趋势。国家版权局启动专项整治行动，规范网络音乐版权有序发展，加强执法监管力度，构建完备的网络音乐版权发展体系。国家版权局于2015年7月9日发布了《关于责令网络音乐服务商停止未经授权传播音乐作品的通知》，主要通过加大对侵犯音乐著作权的网站、APP的行政处罚力度，进一步规范网络音乐版权；对侵犯音乐作品著作权的无备案网站，协调通信主管部门予以关闭。

在国家版权局的政策指导下，数字音乐版权的收益不断上涨，网络音乐市场进一步规范，腾讯音乐、网易云音乐、阿里音乐等数字音乐平台的发展趋于稳定。为延长网络音乐产业发展链，网络音乐服务商创新商业模式，除音乐平台实行付费订阅盈利模式外，还提供满足用户的需求的个性化服务，构建多模式融合的音乐版权产业发展链。以腾讯音乐为例，腾讯音乐与网易云音乐达成深度转授权合作，腾讯音乐向网易云音乐的转授权歌曲比例由96%上升至99%，大力促进了音乐作品广泛传播，对形成开放共享的版权生态具有积极意义。①

8. 网络版权空间发展迅猛

网络版权产业繁荣发展，市场规模持续扩大。随着版权产业发展条件的不断成熟，我国网络版权产业发展呈现上升的趋势。如图 0-8 所示，根据国家版权局发布的《中国网络版权产业发展报告(2018)》指出，2018 年中国网络版权产业市场规模达 7423 亿元，同比增长 16.6%。数据分析显示，2006 年至今，中国网络版权产业连续十余年保持高速增长态势，已经崛起成为推动我国版权产业振兴的核心支柱，以及驱动我国数字经济发展的重要引擎，并在全球网络版权产业格局中取得了举足轻重的地位。面对 2018 年充满变化的国内外形势，中国网络版权产业积极进行结构调整、提升创作质量、布局海外市场、运用新兴技术，在 2017 年 6364.5 亿元的市场规模基础上增长千亿元，实现了产业的平稳快速发展。

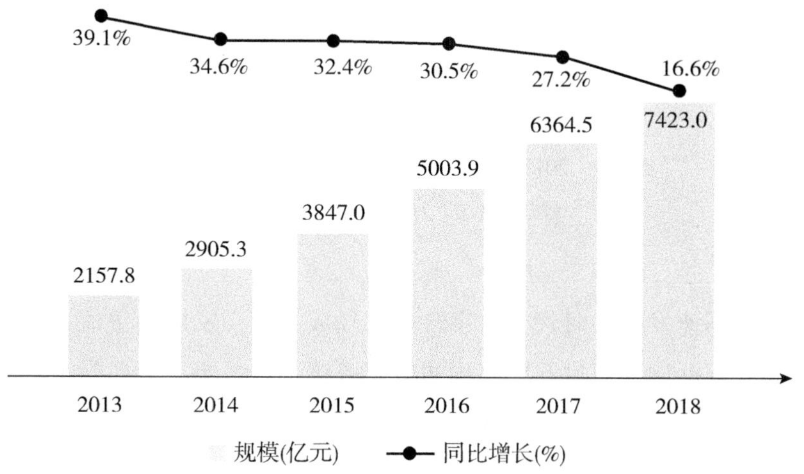

图 0-8　2013—2018 年中国网络版权产业市场规模

数据来源：中国音像与数字出版协会、中国音数协游戏工委、艾瑞资询、艺恩智库、腾讯研究院综合测算，2019.2。

(图片来源：腾讯研究院)

① 《2018 年版权十大热点来了——知识产权》，载人民网，http://ip.people.com.cn/n1/2019/0102/c179663-30499202.html，2019 年 1 月 2 日访问。

特别值得关注的是，2018 年中国网络版权产业整体用户付费规模接近 3686 亿，同比增长 15.8%。与 2016 年相比，三年时间内用户付费规模增长近 1500 亿，用户付费规模占整体市场规模的比重也从 2016 年的 44%增到 2018 年的近 50%。与 2017 年相比，传统用户付费规模的核心（网络游戏和直播）增速放缓，网络视频和数字阅读则通过优化内容、提供个性化服务持续加强付费用户的运营，不仅扩大了付费规模，还得到了付费用户的青睐。如图 0-9 所示。

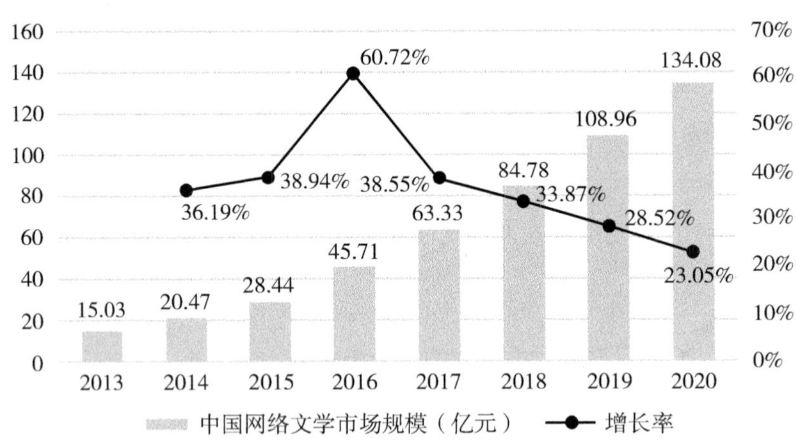

图 0-9　2013—2020 年中国网络文学市场规模图

（图片来源：中国产业信息网）

在互联网高速发展的时代，数字转型已经成为社会发展的主流，传统文化产业正积极融入互联网。通过互联网构建数字阅读平台，为人们提供了不同于传统纸质书籍的电子书阅读方式，使数字阅读成为人们生活工作学习密不可分的一部分，推动出版行业转型升级，实现传统出版与数字出版的融合；2019 年，电子竞技被正式纳为体育竞赛项目，我国电子竞技的发展与版权产业深度融合，相关版权部门积极采取措施，使电子竞技产业中的线下版权业务恢复运作，产生了巨大效益，包括电竞赛事的宣传推广、电竞票务、比赛场地、俱乐部建设和赛事经纪等。①

① 《网络版权产业市场规模突破 6000 亿元》，载人民网，http：//ip.people.com.cn/n1/2018/0424/c179663-29945317.html，2019 年 1 月 26 日访问。

随着现代科技的发展，传统传播方式发生着革命性变化。以版权资源为支撑的信息网络、计算机软件等新兴版权产业的兴起为社会公众提供了新的生活娱乐方式。这些新兴版权产业和以版权资源为支撑的新闻广播、影视节目、文学艺术、文化娱乐等传统版权产业共同促进了我国版权产业的发展。

(二)国外版权产业发展状况

从国际版权产业发展新趋势来看，传播方式的革命性变化推动了经济转型升级和促进了经济增长，这得益于版权产业的高速发展。国际产权界主张加大版权产业创新力度，这需要共同努力加强建设版权保护制度。现阶段，各国不断加强国际交流合作，互助互利，共同促进版权产业繁荣发展，国际版权产业保护与发展呈现出新趋势：关注技术发展为传统版权产业带来的契机并致力于化解其间的矛盾；将建立国际性、合作性的法律制度体系和体系化的规则条约与本国版权立法保护相结合；注重版权产业发展与经济贸易交流发展之间的联系；将版权产业发展置于国家创新发展战略、知识产权强国战略发展的首要位置。

目前，许多国家的知识产权战略中已开始实施与版权相关的政策，还有一些国家正在着手制定相关政策。这些政策有利于推动一国的版权产业发展，是重要的经济战略，因此要坚持实施国家知识产权战略。

1. 国际版权产业迅速崛起

在版权成果转化方面，美国和韩国取得了瞩目的成绩。美国的电影以及音乐版权产业成果转化的国际优势地位显著，相关版权出口额居世界前列。根据国际知识产权联盟(International Intellectual Property Alliance，简称 IIPA)与美国政府合作发布的《美国经济中的版权产业(2018)》报告显示，2017 年，美国核心版权产业的增加值达到 1.3 万亿美元，占美国 GDP 的比重约达 6.85%。同期，美国核心版权产业的就业量约 570 万人，从业人员的平均年薪为 9.8336 万美元，比美国全部从业人员平均年薪(7.0498 万美元)高出 39%。美国核心版权产业的增加值平均每年增长 5.23%，大大超过了 2014—2017 年期间美国经济的平均增长率(2.21%)。①

① 《美国版权产业增加值 2.2 万亿美元占 GDP11.59%》，载湖北省版权保护中心网站，http://www.ccct.net.cn/html/bqzx/2019/0117/573.html，2019 年 1 月 17 日访问。

韩国将版权产业理解为内容产业，其中发展活力最为强盛的是电视节目以及音乐版权方面，版权出口额仅次于美国。在韩国，版权产业对经济的贡献度在各个行业之中居于第三，对国民经济的发展起到重要作用。在网络信息时代下，韩国政府主要从以下三个方面应对相关版权面临的挑战：第一，韩国的文化体育观光部为了避免错失数字时代下发展机遇的巨大风险，积极地制定知识产权相关政策，建立了一个著作权机构，职能是进行著作权战略讨论或者磋商，该机构的工作内容是研究大数据、区块链、3D 打印等新技术领域的版权问题，这为韩国著作权立法的完善提供了现实基础；第二，为了促进版权的公正使用，营造良好的版权产业发展氛围，韩国采纳了新一代的版权注册系统，为作品创作工作者们提供了确权的法律依据；第三，私企驱动版权保护的进程。2017 年，韩国 15 家公司共同成立了海外版权促进协会，他们来自电影、动画和广播等各个文化领域，海外版权促进协会的成立一定程度上为韩国破解了国外盗版的难题。该协会的宗旨是倡导合法使用海外作品的正规版权，他们的合作对象有政府、外国同职能协会、私企，他们以共享国内外信息为合作目的，共同促进版权正版化使用。①

世界各发展中国家在版权成果转换方面也取得突破。比如，印度早在 1847 年就制定了第一部《版权法》，1911 年印度对《版权法》进行了修订。1914 年，印度在修订内容的基础上颁布了新的《1914 年版权法》，其原形是 1911 年英国的《版权法》。印度独立后，印度政府于 1957 年对 1914 年版权法进行了增补，写入了《伯尔尼公约》和《国际版权公约》中的版权保护规则。② 印度政府于 2010 年重新修订了《版权法》。2012 年 5 月，《2012 年版权(修正)法》由印度议会上下两院共同审议通过。总的来说，印度版权法及其各次修订都是在最低国际义务的基础上，灵活运用国际标准，使其作用发挥到最大化。③ 据相关统计，到 2017 年，印度每年的故事片产量都保持在 900～1000 部，被誉为当今世界的“电影王国”。

① 《聚焦版权产业与新兴融资商业模式》，载《中国新闻出版广电报》，2018 年 10 月 25 日，第 T02 版。

② 李婉红、毕克新、邵婉璐：《国外计算机软件版权保护及我国保护模式研究》，载《中国发明与专利》2011 年第 3 期。

③ 王清：《镜鉴印度版权法：中国应当学习什么》，载《电子知识产权》，2013 年 4 月 20 日。

2. 积极强化创新在版权产业的核心作用

激励创新是《著作权法》的立法目的之一，创新是现代社会经济发展的重要驱动力，创新不仅是创作者自身的升华，它还能够带动和促进一系列产业的发展，国家、民族和文明都离不开创新。进入知识经济时代，版权不仅是作者对其创作的文学、艺术和科学作品享有的权利，也是一门新兴的产业，创造着难以估量的价值。创新发展是当前经济社会发展的核心，在这里版权产业理应扮演着重要的角色。国际上，美国、加拿大、澳大利亚、俄罗斯、乌克兰、荷兰、匈牙利、新加坡等国家均主张以文化创新为基础，积极推动本国版权产业的发展。同时许多发展中国家也以促进创新和经济发展作为版权保护和产业发展的目标。当前，墨西哥、菲律宾、不丹等发展中国家不断强化版权创新的核心作用，保障和带动创新产业的发展，促进经济的发展，版权产业在拉动就业方面的贡献已超过 10%。①

3. 国际版权产业经济贡献率不断提升

纵观全球版权产业发展，总的来说，一些知识产权强国的版权产业的发展呈现出积极向好的态势，并且对国家经济的贡献率逐年上升。

根据 2014 年世界知识产权组织的调查数据，全球版权产业在国内 GDP 的占比的平均数是 5. 18%。美国作为最早开展版权产业经济贡献调研的国家，其 2015 年版权产业增加值已占到 GDP 的 11. 69%，其中核心版权产业增加值已占到 GDP 的 6. 88%；2016 年澳大利亚版权产业的行业增加值为 1228. 16 亿澳元，占 GDP 的比重为 7. 40%，其中核心版权产业的行业增加值为 892. 07 亿澳元，占 GDP 的比重为 5. 40%；②

根据 WIPO2014 年发布的《WIPO Studies on the Economic Contribution of the Copyright Industries》报告，各国版权产业行业增加值对 GDP 的平均贡献率为 5. 18%，对 GDP 的贡献率在 4%~6. 5%的国家共占全球的 75%。但是总体来看，

---

① 《中国国际版权论坛热议加强版权保护助推创新与发展》，载网易新闻，http：//news. 163. com/14/0916/11/A68SC7QK00014JB5. html，2019 年 1 月 16 日访问。

② 中国新闻出版研究院：《2016 年中国版权产业的经济贡献》，载《中国出版》2018 年第 9 期。

各国版权产业行业的增加值对 GDP 的平均贡献率落差较大，从超过 11%（美国）到低于 2%（文莱）之间不等。①

2015 年中国全部版权产业和核心版权产业在 GDP 中的比重与美国同期相比分别低 4. 39 个百分点和 2. 47 个百分点；2016 年中国全部版权产业和核心版权产业在 GDP 中的比重分别比澳大利亚低 0. 07 个百分点和 0. 82 个百分点。由此可见，中国版权产业的发展与发达国家之间还有一定的距离（见图 0-10、图0-11）。②

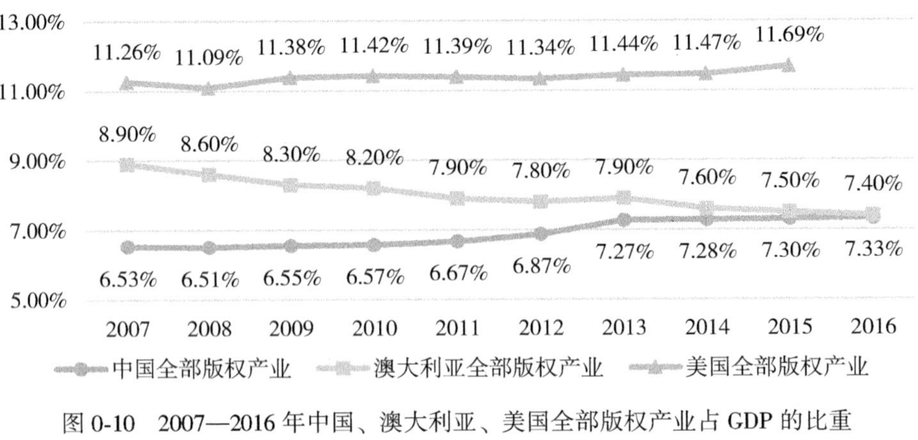

图 0-10 2007—2016 年中国、澳大利亚、美国全部版权产业占 GDP 的比重

版权产业就业人数发展平稳。对部分国家调研的结果显示，版权产业就业人数占全国就业人数的比重平均值为 5. 32%，绝大部分国家比重在 4%~7%，接近全球的 75%。目前，墨西哥和菲律宾两国的版权产业行业是发展的相对较好的，版权产业的就业人数超过全国就业人数的 11%，是所有国家里版权产业人数占全国就业人数最高的国家。

综上，世界各国版权产业发展水平不断提高，版权产业不断优化，对经济的贡献值不断提升，对各国 GDP 及经济发展做出了巨大贡献，总体态势向好，但发达国家与欠发达国家之间仍存在明显的发展差距。

① 赵冰、杨昆、郝丽美：《2012 年中国版权产业经济贡献调研报告》，载《中国版权》2015 年第 1 期。

② 中国新闻出版研究院：《2016 年中国版权产业的经济贡献》，载《中国出版》2018 年第 9 期。

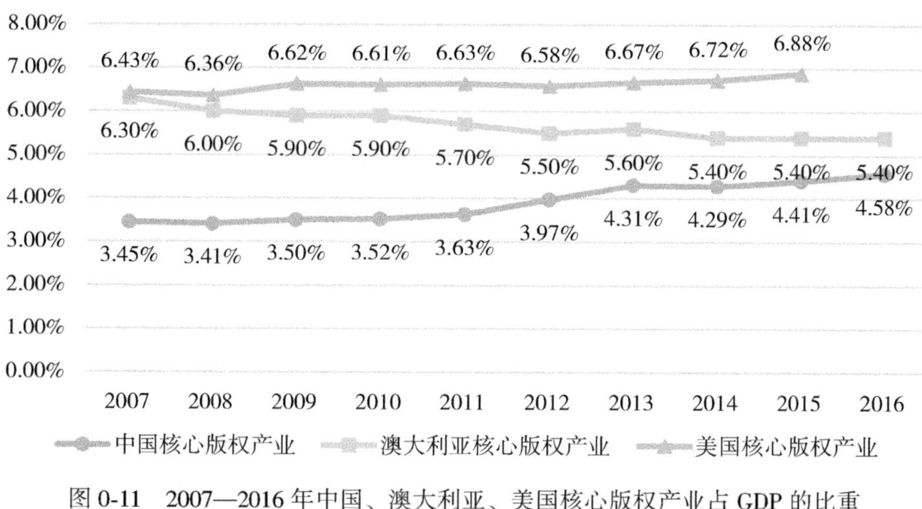

图 0-11　2007—2016 年中国、澳大利亚、美国核心版权产业占 GDP 的比重

4. 版权产业保护国际合作不断加强

早期，世界各国对于版权保护是孤立的、片面的，法律保护体系参次不齐，版权产业国际化难以得到发展。随着世界联系不断加强，建立一个国际化、多边性、合作性的版权保护体系成为大势所趋。1886 年 9 月 9 日签订的《保护文学与艺术作品伯尔尼公约》至今已有 178 个公约成员国，中国也于 1992 年 10 月 15 日成为该公约成员国。

就一国的版权产业发展与其法律保障制度的关系而言，从世界范围来看，凡版权产业发达的国家，该国与版权保护相关的立法以及政策保障都比较完善。根据 WIPO 提供的数据，目前世界版权产业发展经济贡献率最高的是美国，其作为版权产业发展世界领先的国家，建立了完善的以知识产权发展强国为目标的版权产业发展模式。随着世界各国知识产权强国意识的不断提升，国际间的知识产权协作不断加深，版权产业保护的国际合作也在不断拓展。

5. 多方合力推动网络版权产业稳步发展

在互联网时代，版权问题超越国界，出现了域名权等新型权利类型，传统的知识产权如著作权也随之发生变化。由于网络传播的广泛性，著作权人并不能随时随地保护好自己的作品。为了解决网络技术带来的保护难题，各国纷纷选择在网络环境中引入著作权的集体管理制度，共同把握和面对网络无国界带来的机遇与挑战。通过国际间的著作权保护，有效促进了各国文化交流，强化了网络技术的变革发展，推动了版权制度的完善进程。当前，以著作权集体管理机构间的相互达标协议为基础，在全球范围内建立了一套完整的国际著作权集体管理网络系统，适用的规则是国际作者作曲者协会联合会（International Confederation of Societies of Authors and Composers. A non-governmental，简称 CISAC）的章程和规定。各机构通过参加 CISAC，并签定协会间的相互代表协议成为协会会员，按照规则协会会员的音乐作品可以按国际规则受到其他协会所在国或地区的法律保护。①

推进携手合作，加强版权保护，成为各国共同的主张和任务。增强与他国的文化贸易交流，利用国家版权产业推动国民经济跨越式发展，已成国际版权产业多边交流的理念和机制。为加强国际交流合作，联手进行跨国版权的保护，打击跨国侵权。2018 年 2 月，中国版权协会邀请各国代表参加北京国际网络版权监测研讨会，就国际网络版权监测问题分析和交流经验，加大合作力度，努力营造友好合作、互利共赢的版权产业发展环境，建立并实施平衡有效的国际版权制度体系。

（三）版权产业发展的意义

版权产业发展与国家知识产权发展战略的实施息息相关。版权产业涵盖了小说、诗歌、戏剧、工具书、报纸文章等文学作品，计算机软件，电影、音乐作品及舞蹈等视听作品，绘画、素描、摄影和雕塑等艺术作品，同时还包括建筑作品，广告、地图和技术制图等其他作品类型。就目前而言，世界各国对版权相关产业的界定和范围不尽相同，但无论是版权产业、文化产业，还是创意产业，创新都是产业发展的核心内容。② 版权产业是知识产权体系中至关重要的一部分，对健全知识产权法律保护制度，提高社会知识产权保护意识有极大的促进作用。

---

① 《中国国际版权论坛热议加强版权保护助推创新与发展》，载新浪新闻，http：//news. sina. com. cn/o/2014-09-16/111830864818. shtml，2019 年 2 月 16 日访问。

② 《版权产业成经济发展新引擎》，载搜狐网，http：//www. sohu. com/a/146146403_488901，2019 年 2 月 5 日访问。

版权产业的进阶式发展，推动版权产业质量的提升，使其对经济贡献率的比重稳步加大，经济社会愈发繁荣，并带动整个国家的文化、政治、社会等方方面面齐头并进，协调发展。

1. 版权产业对国家经济发展贡献率不断提升

版权产业的发展俨然成为一个国家，尤其是发达国家，经济发展的一大支柱。在行业增长值方面，各国版权产业所占 GDP 比例达到约 5%的平均值，发达国家可以达到 12%左右；在就业带动方面，版权产业更是展现出强大的拉动能力，均值可达到 5%左右；在版权出口额方面，其强大的发展活力以及灵活性使得其在国家出口总额中的比例逐年增加，随着文化强国发展战略在世界范围内达成共识，版权出口额也成了衡量一个国家文化实力、经济实力的重要指标。

2. 版权产业是创新驱动发展战略的重要推动

发展版权产业有利于创新驱动发展战略目标的达成，通过作品的输出，提升国家文化软实力，实现知识产权强国的总体目标。知识产权的价值在于不断创新与创造，版权保护表达而不延及思想，版权的保护是对人类有价值的思想表达形式的保护。在版权保护的基础上发展版权产业有利于激发社会群众的创造能力，实现创新驱动发展战略目标。同时，加大版权保护力度，大力发展版权产业有利于在社会上形成保护、尊重智慧成果的公众意识，提升版权保护意识，激发社会各界创新动力，提升国家文化实力，促进经济发展，实现知识产权强国的总目标。

3. 版权产业是文化产业的核心资源

随着国家文化产业的不断发展，版权产业积累了大量的资源。在市场经济的利益驱动下，文化产业创新成为了文化发展的重要途径。版权是文化产业发展的重要载体，版权产业的快速发展有利于文化产业积累财富资源。如中国唱片集团有限公司保存并积累了 13 万面唱片金属模板、4. 5 万条磁记录胶带，10 万多首(部)作品，基本上囊括了 20 世纪我国音乐、戏曲和曲艺等艺术领域创作、表演的优秀作品和珍品，其中有的已属旷世孤品，是极具历史价值的音像档案和珍贵的国家文化资源。① 丰富的文化艺术作品版权，成为文化产业重要的版权资源。充分利用版权资源，有效激活版权价值，发挥版权产业的推动作用，避免版权资产流失，是实现版权价值转化的重要途径。

4. 版权产业是互联网产业发展的重要保障

近年来，伴随着互联网信息技术快速发展，版权已经全面融入我们的社会生活。互联网平台下的交易更加便捷、传播更加迅速、应用更加广泛以及创作更加多元。版权是互联网文化产业发展的重要支柱，也是互联网文化产业得以发展的重要资源。网络音乐、网络新闻、网络文学的用户数量逐年上涨，网络版权资源管理逐步规范，资源付费逐渐被人们接受，网络版权资源的重要价值日益凸显，使得互联网文化产业展现出广阔的发展前景。互联网企业是版权保护的重要主体之一，其对版权保护的重视，对于互联网版权保护事业的健康发展具有不可忽视的作用，加上对切实可行措施的贯彻落实，可以极大地防止盗版、侵权行为的发生。近些年，一些互联网平台企业为了进一步探索如何为权利人创造收益，成立了专业部门应对复杂的互联网版权纷争，利用互联网技术来维护权利人的应有利益。

版权产业始终坚持创新发展理念，努力在网络版权传播、网络版权管理、网络版权创作形式等方面挖掘新的发展路径，实现更有利于互联网产业发展的新突破。

5. 版权产业推助电影产业健康有序地发展

电影版权评估最为核心的要素是该电影作品的艺术价值，以及艺术创意制造的电影内容为电影作品带来了商业价值。电影作品“商品化”是电影产业经济发展的途径之一，因此相关的电影版权保护机制为电影产业的发展奠定了基础。随着科技发展，网络传播的高效应用促使电影产业成为国家市场经济中的新增长点。2004—2016 年，中国电影产业快速发展，总体票房实现了从 15 亿元到

① 《公司简介》，载中国唱片集团有限公司官网，http：//www.china-crc.com.cn/View/2543.html，2019 年 1 月 25 日访问。

457.12 亿元的飞跃。

为了促进电影产业健康繁荣发展，规范电影发展秩序，我国于 2017 年颁布了《中华人民共和国电影产业促进法》，该法进一步对版权保护作了明确规定。如第七条规定："与电影有关的知识产权受法律保护，任何组织和个人不得侵犯。县级以上人民政府负责知识产权执法的部门应当采取措施，保护与电影有关的知识产权，依法查处侵犯与电影有关的知识产权的行为。国家鼓励公民、法人和其他组织依法开发电影形象产品等衍生产品。"第三十一条第一句规定："未经权利人许可，任何人不得对正在放映的电影进行录音录像。"与版权保护相关的规定，进一步规范了电影产业的发展秩序，有效营造了公众抵制盗版的良好环境，增强了公众支持正版电影的版权意识。版权的高效创新和综合运用是电影市场创意文化的一个重要节点，它可以把文化创意在电影市场中转化为经济利益，从而为其创造更大的价值利益。随着网络全面融入我们的生活，电影的网络传播方式渠道逐步向多元化发展。电影版权权利人的利益保护成为电影产业发展的一个关键问题。为更好地规范网络发展环境，国家版权局等有关政府部门于 2005 年起启动"剑网"专项行动，净化网络环境，打击盗版侵权。经过连续十多年的综合治理，网络恶意传播的侵权行为得到了很好地遏制，网络用户付费观看电影的意识逐年增强。电影版权权利人从电影的传播和使用中获得了一定的报酬，其合法权益得到有效保护，劳动成果得到应有的尊重。因此，网络电影市场付费点播模式的运行促进了版权产业的发展。

(四) 国家对版权产业发展的战略与政策指导

2008 年，国务院发布的《国家知识产权战略纲要》提出，"深入贯彻落实科学发展观，着力完善知识产权制度"。在版权保护发展方面，要扶持新闻出版、广播文学、文化娱乐等方面的优秀作品创作，同时完善版权法律保护制度体系，促进版权市场化，加大对盗版行为的处罚力度，有效应对互联网等新技术对版权保护的挑战等，为我国今后版权战略发展奠定方向。

2012 年党的十八大就重点指出科技创新的重要性，认为这是提高社会生产力的动力源泉，是提升综合国力的战略支撑，因此国家发展全局应当围绕科技创新进行。以坚持实施创新驱动发展战略为目标不动摇，深化中国特色自主创新道路。

我国的版权产业正是在不断创新、不断突破的基础上逐渐发展起来的，坚持走创新驱动发展道路是版权产业发展的内在要求之一。

2017年党的十九大报告进一步指出，“要倡导创新文化，强化知识产权创造、保护、运用”，以加快建设创新型国家。报告为我国新时期版权产业的健康稳定发展指明了道路，鼓舞社会各界文化创业者积极创业，为我国版权产业健康稳定地发展创造了良好的生态环境。

中国政府充分认识到加强版权保护对促进经济社会发展的重要作用。“十二五”规划对我国版权工作的现况做了概括介绍，指出我国处于重要的战略机遇期，当下有很大的发展机遇，同时又面临着诸多挑战，总体而言发展趋势向好，机遇是大于挑战的。《中共中央关于制定国民经济和社会发展第十二个五年规划的建议》(以下简称《建议》)提出“实施知识产权战略，完善知识产权创造、运用、保护、管理”的要求，各级版权行政管理部门要严格遵守《建议》，在十二五期间，对版权工作作出科学规划并认真实施，全面提高我国的版权工作水平，为推动社会主义文化大发展大繁荣、建设创新型国家和全面建设小康社会服务。①

“十三五”规划从完善版权法律制度体系、完善版权行政管理体系、完善版权社会服务体系、完善版权涉外工作体系4个方面提出了26项重点任务。规划指出，要将网络作为履行版权监管职责的重要阵地，不断净化网络版权环境，并且应持续开展打击网络侵权盗版的“剑网行动”，强化分类管理，加强对网络文学、音乐、影视、动漫等重点领域的监测监管，及时发现和查处侵权盗版行为。

当前，我国正处在实现“十三五”规划的关键时期，版权产业发展也迎来前所未有的发展契机。版权已经成为国家发展中的重要战略资源，因此发展版权产业已经成为我国经济发展的必由之路之一。我国现阶段正处于版权产业快速发展的时期，在这样一个大背景、大格局的宏伟蓝图下，国家各部门不断加强版权保护，促进版权产业发展，使版权产业取得突破性进展。2017年，国务院印发了《2017年深入实施国家知识产权战略加快建设知识产权强国推进计划》(以下简称《计划》)，《计划》推动知识产权领域各项工作制度的改革，其内容主要包括：①

① 《我国将面临欧美知识产权问题的巨大压力——知识产权问题专题》，载找法网，http：//china.findlaw.cn/data/zscq_3269/6/22868.html，2019年2月12日访问。

加强对著作权集体管理组织及涉外著作权机构的监管，规范监管对象开展的涉及版权的各项活动，促进版权社会组织资源进一步整合；②加强对网络侵权盗版治理，持续进行“剑网行动”，对网络影视、新闻、游戏、动漫、软件等重点领域的专项整治，推动版权发展监控体系的完善；③强化对国家版权贸易基地、国家版权交易中心的培育和管理，支持“国家版权交易中心联盟”建设；④充分利用我国与“一带一路”沿线国家、“金砖国家”的外交优势，促进版权产业出口贸易以及国内外文化交流，使中国版权产业发展迈上新台阶。

第一章　广西版权产业发展现状

一、广西版权产业发展概况

（一）概述

目前广西的版权事业发展迅速，取得了显著成就，主要体现在以下几个方面。

1. 文化精品不断呈现

广西是少数民族聚集的主要地区之一，56 个民族中有 12 个民族在广西世居，境内其他 44 个少数民族均有居住。近年来，广西通过大力加强版权保护，并且借助独特的少数民族与汉族相结合的文化资源优势，在民族文化特色元素的基础上，全力进行文化创新开发，深入打造新文化创意品牌，使广西的文化创意产业发展迅速、硕果累累。

2015 年，广西电影和电视剧备案数量比往年翻了一番，广西影视机构申报备案并获国家新闻出版广电总局通过公示的电影共 20 部，电视剧 9 部 360 集，总体数量比往年有所增加，电影电视剧内容的质量也不断提升。

2016 年，自治区新闻出版广电局围绕“中国梦”和“一带一路”“美丽南方·广西”等主题，开展了影视剧精品创作生产项目。整体上看，广西影视剧创作发展势头良好，创作生产稳中有升，质量不断提高。其中，广西影视机构申报备案并获国家新闻出版广电总局通过公示的电影共 12 部，电视剧 4 部共 170 集。

2018 年，自治区版权局为了鼓励产生更多的版权创意成果，加大了扶持作者保护版权力度，如推行作家签约制度，并在全国起到了领军作用。作家签约制度的内容主要包括为签约作家提供经济补助和工作条件等，不仅包含文学创作更加拓展到了歌词创作、歌曲编写与歌唱等领域。广西青年作家群在中国文坛上被称为桂军的新崛起，众多作品获鲁迅文学奖、“五个一工程”奖、优秀小说奖、少数民族文学奖、文华新剧目奖、曹禺戏剧文学奖等多个全国著名奖项。如由广西作家创作的影视作品《英雄》《十面埋伏》等优秀电影在国内外热映，《我的父亲母亲》等影视作品在国内也产生了不可忽视的影响。文学名家的名作，不仅促进了广西境内的文化知识传播，还促进了广西影视作品创作的繁荣发展。①

2. 国际交流与合作取得良好效果

2017 年，广西有关机构把 40 多部 2000 多集电视剧翻译成东盟国家语言，并在当地播出；全区图书出版社共实现对外版权输出 413 种，同期版权引进为 495 种，版权贸易逆差明显缩小。② 同年，广西 3 家出版社申报的《学生食品安全读本》《在游戏中学科学》《塔希里亚故事集》等 19 种图书入选国家新闻出版广电总局 2016 年度“图书版权输出奖励计划”并获得“普遍奖励”。其中，广西教育出版社 9 种，广西科技出版社 6 种，接力出版社 4 种。③

为积极贯彻落实版权文化“走出去”战略，广西多家公司实施了针对性举措。以广西出版传媒集团有限公司为表率，通过“组合拳”形式，探索版权、资本和期刊杂志等多种形式全面对外合作。同时，通过“一带一路”发展战略为核心，以东盟为突破口，积极推动沿线国家版权输出。2013—2015 年，共向越南、泰国、印尼、马来西亚、新加坡等国输出版权 400 多种。2015 年已达成图书版权输

① 《广西版权精品精彩纷呈　文化创意产业丰硕发展》，载广西新闻网，http：//www. gxnews. com. cn/staticpages/20100428/newgx4bd765fb-2902222. shtml，2019 年 4 月 28 日访问。

② 《自治区版权局发布 2017 年度广西版权工作情况》，载广西壮族自治区广播电视局，http：//gbdsj. gxzf. gov. cn/html/qjgz/banquanguanli/23305. html，2019 年 1 月 22 日访问。

③ 《广西 19 种图书入选 2016 年度“图书版权输出奖励计划”》，载广西壮族自治区广播电视局，http：//gbdsj. gxzf. gov. cn/html/news/xitongdongtai/21444. html，2019 年 1 月 26 日访问。

出签约204种，成为全国向东盟国家输出版权最多的出版集团之一。① 为不断推动国家版权贸易发展战略布局，广西出版传媒集团有限公司还在埃及、突尼斯、土耳其、欧洲开拓新的图书版权输出市场，逐步完成图书版权输出战略规划，进一步开拓国际市场。并且以推动期刊杂志“走出去”为版权产业发展契机，规划成立了《中国-东盟博览》杂志雅加达分社，主要出版《东盟观察》杂志印尼版和马来西亚版，进一步加强与东盟国家版权产业交流，努力“走出去”并实现杂志版权输出国外零突破。

3. 版权宣传工作不断强化

2018年，自治区版权局通过积极开展“版权四进”系列宣传活动，强化版权登记的作用，突出作品的独占性价值，全方位加强版权法律知识宣传普及，为版权纠纷提供了法律依据。另外，自治区版权局严格制定了宣传方案，使公民的版权不受盗版侵害，公民的版权利益得到保障，为社会营造了全民强化版权法律保护意识的良好氛围。

(1)推进版权进城市广场，加大板报宣传力度，积极落实法律咨询活动

具体为：一是组织侵权盗版及非法出版物集中销毁暨“绿书签行动”宣传活动。2018年4月24日，广西组织开展版权进城市广场相关活动。活动以南宁市为主会场，其他13个市设分会场，集中销毁侵权盗版非法图书、报刊、音像制品等61万件，② 清理了非法出版活动市场，为版权产业营造了良好的发展氛围。自治区党委常委、宣传部部长与自治区、南宁市“扫黄打非”工作小组领导及成员单位有关领导参加了销毁侵权盗版制品、向广西高校师生代表赠送法律法规书籍和宣传资料等系列活动。全区参加集中销毁活动人数达4000多人，有力打击了非法版权行为，有效引导群众拒绝盗版，提高了群众保护知识产权的法律意识。二是深入开展版权宣传活动，设点受理法律咨询。2018年4月20日至5月

① 《广西出版传媒集团再辟国际版权新合作多种形式推动文化“走出去”》，载广西壮族自治区广播电视局，http://gbdsj.gxzf.gov.cn/html/news/xitongdongtai/17846.html，2019年1月26日访问。

② 《广西：启动“绿书签行动”集中销毁61万件侵权盗版及非法出版物——专项行动》，载中国扫黄打非网，http://www.shdf.gov.cn/shdf/contents/713/373455.html，2019年1月26日访问。

1日，全区各市文广新部门及文化市场综合执法支(大)队以深入城市广场开展版权宣传活动为重点，在活动现场共公开展示宣传板报100余块，宣传横幅40多条，设法律咨询点受理群众举报，开展《著作权法》法律咨询，接受群众关于版权登记、侵权盗版投诉等方面问题咨询6400余人次①，通过加大宣传力度，强化了群众的法律意识，达到了活动的预期效果。该系列活动不仅提升了人民群众对版权保护的法律意识，更加弘扬了保护版权观念的重要性，使更多人重视关于版权登记、侵权盗版等问题。

(2)推进版权进校园，举办版权普法宣传进校园活动，进一步加强青少年学生的法制教育

版权意识应当从教育方面开始培养，各高校可以通过文艺演出、设置宣传展架、发放宣传资料、宣传小物品等方式开展《著作权法》普法宣传，将保护版权、抵制盗版的良好意识注入孩子们的心田，也可以通过表演精心创作的《著作权法》主题宣传文艺节目、组织有奖问答、观看动漫宣传板报等方式，大力宣传普及《著作权法》知识，提升青少年加强版权保护、抵制侵权盗版的法律意识，从而强化著作权的创造、保护、运用，使广大师生“倡导创新文化，尊重知识产权”。活动期间，全区版权普法进校园活动已走进100所中小学校，参与活动师生上万人。紧贴社会热点、将版权普法带进校园，创造性地开展体验式普法活动，激励青少年对文化知识的创作创新，同时引领青少年积极健康生活。

2016年4月23日，自治区版权局在广西民族大学举办广西纪念世界知识产权日版权进校园活动，活动设置了作品现场登记、电视综艺节目著作权保护论坛等环节。自治区版权局首次开展了作品著作权登记委托试点工作，并委托广西民族大学、桂林市文化新闻出版广电局为试点著作权登记工作站。活动的举办使得在校大学生们参与、了解、认知了关于知识产权和版权保护的相关知识，充分发挥高等学校在知识产权版权保护和著作权创作中的重要作用，推动校园版权保护，深度挖掘优秀作品，激发大学生们的创作热情，提高大学生们的版权保护意识，形成了帮助高校师生了解版权，尊重版权、保护版权的良好氛围。

① 《广西壮族自治区版权局开展“版权四进”系列宣传活动》，载国家版权局，http://www.ncac.gov.cn/chinacopyright/contents/518/377157.html，2019年1月19日访问。

(3)推进版权进社区，运用不同的版权宣传方式，加强版权保护力度

2018年4月中旬至5月中旬，南宁市文化新闻出版广电局以在社区电影公益放映活动期间，电影片头插播“抵制盗版出版物”专题宣传片的方式走进社区来推动版权宣传工作。同年4月，北海市文广新局开展“倡导创新文化，尊重知识产权”活动走进海城区黄海路社区。北海市新华书店有限公司、北京金山办公软件有限公司等软件公司参与了该主题文艺演出并进行了图书、软件正版的宣传。此次活动的开展，切实增强了社区居民们的版权保护意识，广泛宣传了版权保护理念，使得知识产权的版权保护意识进一步深入人心。

(4)推进版权进广播电视，以新闻媒体宣传的方式，强化版权宣传工作

①召开广西版权工作新闻发布会。2018年4月25日，自治区版权局召开广西版权工作新闻发布会。广西日报、光明日报广西记者站等14家区内外媒体的记者、广西民族大学广西知识产权发展研究院师生代表、局机关有关处室等参加了此次新闻发布会。此次会议对广西2017年度版权工作取得的显著成绩进行总结并公布了2017年全区十家版权保护优秀单位及广西十大版权保护典型案件。会后，各媒体对广西版权工作进行了宣传，进一步扩大了打击侵权盗版活动的影响。

②委托创作公益宣传作品。自治区版权局委托动漫设计公司以广为人知的动漫形象“可可小爱”为主角，制作了3部单集时长为35秒的动漫公益剧。这三部动漫主题分别是《尊重知识产权　大家远离盗版》《尊重知识产权　请勿经营盗版》《尊重知识产权　请支持正版》。2018年4月20日至26日的活动期间，在广西人民广播电台、广西电视台滚动播放，以动漫公益剧的方式让群众了解知识产权常识，有助于提高全社会的法律意识及版权保护意识。

③全区各市积极参与版权保护宣传活动。全区各市充分利用报纸、广播电视等传统媒体和互联网，持续推动版权保护宣传。如南宁电台交通音乐广播FM107.4和南宁电视台《新闻夜班》《金牌帮女郎》栏目集中投放《护苗·网络安全课》视频音频，共播放60次。①

① 《以“五个进”抓手，南宁市多种方式开展“扫黄打非”普法宣传暨“绿书签”活动》，载南宁市文化广电和旅游局网站，http：//wxg.nanning.gov.cn/xxgk/gzdt/t298149.html，2019年1月26日访问。

4. 版权保护体系建设不断健全完善

(1)适时出台相关政策规定

为规范广西对编印文字作品支付报酬的管理和使用，维护参与创作、审稿、编辑、校对、设计等工作人员的劳动权益，根据《中华人民共和国劳动法》《中华人民共和国著作权法》《中华人民共和国著作权法实施条例》《出版管理条例》《内部资料性出版物管理办法》以及《使用文字作品支付报酬办法》等有关法律、法规、规章及规范性文件，制定《广西壮族自治区编印文字作品支付报酬管理办法(试行)》并于2018年9月17日发布了自治区新闻出版广电局关于印发《广西壮族自治区编印文字作品支付报酬管理办法(试行)》的通知(桂新广规〔2018〕3号)。①

为规范全区新闻出版广播影视行政主管部门行政处罚裁量权的行使，确保行政处罚公平、公正、合理，保护公民、法人或者其他组织的合法权益，根据《中华人民共和国行政处罚法》，按照《广西壮族自治区人民政府办公厅关于全面建立行政裁量权基准制度的实施意见》(桂政办发〔2017〕49号)的有关规定，结合广西新闻出版广播影视(版权)行政执法实际，制定《广西壮族自治区新闻出版广播影视行政处罚裁量基准制度(试行)》并于2017年11月14日印发自治区新闻出版广电局关于印发《广西壮族自治区新闻出版广播影视(版权)行政处罚裁量基准制度(试行)》的通知(桂新广规〔2017〕7号)。②

(2)明确版权法治工作任务分配

2018年，自治区新闻出版广电局印发《2018年全区新闻出版广播影视(版权)法治工作要点及任务分解》，明确9个方面共42项工作要点，并将相应责任分解落实到各有关处室及单位。主要内容包括：加强对法治政府建设和普法、依法治理工作的统筹协调，不断提升政府治理能力和普法建设能力；依法全面履行政府职能，加大对版权保护工作的统筹协调；完善依法行政制度体系，立足于推进政府治理能力现代化建设；推进行政决策科学化、民主化、法治化，确保制度科学、程序正当、责任明确；执法过程要公正文明，恪守严格规范；加大制约和

---

① 《自治区新闻出版广电局关于印发〈广西壮族自治区编印文字作品支付报酬管理办法(试行)〉的通知》(桂新广规〔2018〕3号)，2018年9月17日发布。

② 《自治区新闻出版广电局关于印发〈广西壮族自治区新闻出版广播影视(版权)行政处罚裁量基准制度(试行)〉的通知》(桂新广规〔2017〕7号)，2017年11月14日发布。

监督行政权力的力度；在合法范围内化解社会矛盾纠纷；整体提升政府人员法律思维和执法能力；通过优质媒体，宣传法治教育全面落实“七五”普法规划。①

积极做好广西新闻出版广播影视(版权)法治工作，坚持依法全面履行政府职能，推进并完成省市县三级的权力运行流程的编制和公布工作；坚持制度建设，为政府权力运行提供制度保障；坚持科学民主依法决策，进一步提高依法行政水平；坚持严格规范文明执法，切实维护社会公平正义；坚持权力运行监管，制约权力在法治轨道上规范运行；坚持学法用法和普法宣传，发挥行业优势推进广西法治社会建设。②

(3)严格版权执法

版权保护体系的完善离不开严格的版权执法措施，广西版权保护事业的发展得益于自治区版权执法部门对版权侵权行为的严格查处。2016 年，自治区版权局与自治区“双打”办、检察院及相关部门组成版权执法检查暨版权案件联合督察组，对来宾市、贺州市开展版权执法检查及个案监督，深入了解两市的版权保护情况及版权行政执法情况。通过对自治区版权局移转的 2 起网络侵权案件进行督察指导，及对全国“扫黄打非”办进行两次督办的贺州市 1 起涉及版权侵权的案件进行个案指导，进一步强化了版权执法检查及监督的指导作用。另外，自治区版权局还以开展案卷检查、举行座谈会、到出版物市场就版权监管问题的形式进行走访，推动了两市的版权工作合法有序地开展。2018 年，广西启动“绿书签行动”有效打击了侵权盗版行为。此次系列宣传活动以南宁市为主会场，其他 13 个市设分会场，通过组织开展侵权盗版及非法出版物集中销毁活动，集中销毁侵权盗版非法图书、报刊、音像制品等 61 万件。通过认真贯彻落实上级部门的政策，组织开展了“清源”“净网”“秋风”“固边”“护苗”五大专项行动；通过全面部署，组织开展了特殊节假日、校园周边非法出版物整治等相关专项整治行动。此次活动以坚决查处侵权盗版及非法出版物为目标，有效净化了出版环境。据统计，全区查缴各类违法出版物共计 61 万件。其中，2018 年第一季度查缴各种非法出版物 12 万件，删除网络有害信息 2.1 万多条(幅)，关闭 300 多个违规网站、1 万

① 《为何建设法治政府？怎样建设法治政府？》，载《人民日报》，2016 年 1 月 5 日。

② 《“六个坚持”措施做好 2017 年全区新闻出版广播影视(版权)法治工作》，载广西壮族自治区广播电视局，http：//gbdsj.gxzf.gov.cn/html/news/zhengwuyaowen/21563.html，2019 年 1 月 20 日访问。

多个违规账号，查处各类“扫黄打非”案件729起，刑事处罚21人。此次专项活动有力地打击了互联网上的不良信息传播和市场上的非法出版活动，有效推动了版权产业快速、健康地发展。①

5. 网络版权环境有效净化

当前互联网发展日新月异，新技术、新应用、新产品层出不穷，数字化作品的复制和传播越来越便捷，网络侵权盗版形式多样化、隐蔽化、动态化，侵权行为的认定、证据的取得、法律适用等都面临新的挑战。面对挑战，广西通过多措并举有效净化网络版权环境，侵权盗版行为得到了有效遏制，版权秩序明显好转。

(1)制定方案，开展全面部署行动

印发《自治区版权局关于加强新闻作品转载秩序管理的通知》，规范区内各类媒体新闻作品转载秩序，加大宣传力度，严厉打击侵权盗版行为。制定打击网络侵权盗版专项治理“剑网行动”方案，明确行动目标，加大执法力度，重点打击侵权盗版行为。通过“剑网行动”部署开展规范网络音乐版权、网络云存储空间版权、网络转载新闻作品的版权秩序、私人影院(小影吧)和网络广告联盟，加强对APP商店和APP提供者的版权监管，开展电子商务平台版权专项整治，打击智能移动终端第三方应用程序(APP)侵权盗版、网络文学侵权盗版等一系列专项整治活动，进一步规范了网络转载版权秩序，提高了网络版权保护水平。

(2)加强培训，提高业务水平

根据自治区的实际情况，自治区版权局召开“剑网行动”动员部署会，明确突出版权执法监管、推动网络版权保护，明确案件信息公开和数据报送工作等具体工作要求。同时，通过邀请国家版权局、自治区公安厅网安总队等相关专家对参会人员进行培训，提高业务水平和业务素养。此次专项行动从源头上和根本上大量减少甚至杜绝通过网络销售侵权盗版制品的现象。重点培养基层版权行政执法队伍的执法能力，以开办学习班、研讨班等活动形式，使执法人员更了解当前

① 《启动“绿书签行动”。广西启动“绿书签行动”集中销毁61万件侵权盗版及非法出版物》，载广西壮族自治区广播电视局，http：//gbdsj. gxzf. gov. cn/html/news/zhengwuyaowen/23263. html，2019年1月24日访问。

版权保护形势、相关法律知识、网络技术和版权相关市场等，实现加强对执法人员的培训力度，促进内部执法经验交流的效果。①

(3)严格执法，加大集中整治力度

在全国积极发展版权产业的大背景下，广西积极响应并付出实际行动。广西全区版权部门加强各项版权工作，版权保护水平不断提升，版权产业得到促进发展，社会公众版权保护意识日益增强。

通过着力增强执法人员的执法意识、法律素养和执法能力，进一步全面提高基层执法水平，加大对侵权盗版现象的打击力度，加大对出版物市场、印刷复制企业聚集区、高校周边复印店等地的执法检查力度。重点对销售侵权盗版图书、音像制品、电子出版物以及网盘账号密码、盗版链接的网店进行打击。2016 年，自治区新闻出版广电局组织开展的“剑网 2016”专项行动和打击侵权假冒工作分别获得国家版权局和自治区打击侵权假冒工作领导小组办公室的高度评价和肯定。② “剑网 2017”行动成立专项行动联络小组，加强与自治区网信办、工信委、扫黄打非办等相关部门在工作中的协调配合，有效整治侵权盗版。据统计，2017 年全区共查缴各类侵权盗版出版物 2. 8 万多份，关闭 59 个违规网站、242 个未备案网站，约谈 93 家违规网站和微信公众号；受理包括国家版权局挂牌督办的“皮皮小说网”案、“威盘网”案在内的一批侵权盗版案件，其中数起案件被移交司法机关追究违法分子的刑事责任。通过“剑网行动”，2017 年查办侵犯著作权案件共计 24 起，较 2016 年同比增长 84. 6%，效果良好。③ 自治区版权局以“剑网 2018”专项行动为抓手，协调有关区直部门，组织全区各地版权执法力量，共同推进打击侵权盗版工作。全区共办理各类侵权盗版案件 156 件(其中网络侵权盗版案件 33 起，较 2017 年增长 37. 5%)，删除侵权链接 165 条，关闭网站 7 家，处罚金额 5. 95 万元。④

① 王文：《新闻链接“两会”提案选登》，载《中国版权》2011 年第 2 期。

② 《自治区新闻出版广电局 2016 年剑网专项行动和打击侵权假冒工作获肯定》，载广西壮族自治区广播电视局，http：//gbdsj. gxzf. gov. cn/html/qjgz/banquanguanli/20768. html，2019 年 1 月 18 日访问。

③ 《广西多措并举有效净化网络版权环境》，载广西壮族自治区广播电视局网站，http：//gbdsj. gxzf. gov. cn/html/qjgz/wangluoguanli/22844. html，2019 年 1 月 27 日访问。

④ 《广西发布 2018 年知识产权保护状况白皮书》，载国家知识产权战略网，http：//www. nipso. cn/onews. asp? id=46940，2019 年 6 月 3 日访问。

(二)文学

文化通过多种形式存在与传播，文学是其重要表现方式之一。作家通过独创性的语言结合不同的体裁将内心情感表现于外，融入民族文化重现一定时期、地域的社会生活。广西独具壮族特色的少数民族文学创作，也是中华民族新文化创作的源泉之一。广西文学发展状况如下。

1. 文学精品

2014 年 8 月 29 日，在“第十三届输出版引进版优秀图书推介活动”颁奖典礼上，广西 4 种图书获评版权贸易优秀图书。

广西壮族自治区新闻出版广电总局推荐选送的《宁子墨那代人》入选国家新闻出版广电总局组织开展的“2015 年优秀网络文学原创作品推介活动”名单，该作品是本次推介活动中唯一入选的民族地区网络文学作品。此外，广西壮族作家陶丽群创作的《母亲的岛》荣获中短篇小说奖，这是广西唯一一部入选“骏马奖”的作品。在国家新闻出版广电总局公布的“2016 年优秀网络文学原创作品推介活动”作品名单中，由自治区新闻出版广电局推荐的 3 部作品入选，占全国入选 18 部作品的 1/6，入选数量与上海相同，并列全国第二。

桂林市戏剧创作研究院将非物质文化遗产的理念精髓与现代空间文化相结合，融合新媒体以及传统手绘等多种艺术表现手段，于 2018 年 8 月 15 日打造出非物质文化遗产精品项目。《桂林有戏》的演出标志、海报及演出节目单三件作品经自治区版权局批准，获得作品登记证书，这是广西首个系统性版权保护的文化演出原创作品。

2. 加强版权对外贸易

2005—2015 年 10 年间，接力出版社已向美国、英国、法国、德国、加拿大、韩国、泰国、越南等 15 个国家和地区的 29 家出版社输出图书版权 308 种，其中输往东盟国家的图书达 128 种。2015 年输出图书版权种类最多，高达 106 种，其中输往东盟国家 34 种。

2014 年 8 月 27—31 日，接力出版社与香港中华书局共同举办《中国汉字听写大会·我的趣味汉字世界》新加坡中文版签约仪式，助力汉字文化在世界传播，让更多人能深入了解汉字以及汉字的书写文化。同年8月，《中国汉字听写大会·我的趣味汉字世界》图书由接力出版社出版。① 该系列图书使读者对汉字的演变过程有了更深入的了解，对中国历史文化名人有了全面的认识，对汉字背后的历史、风土人情、传统文化有了深层次的解读。《中国汉字听写大会·我的趣味汉字世界》系列图书版权输出新加坡，进一步深化了版权文化"走出去"战略，为版权贸易创造了条件。

2016年，《中国-东南亚铜鼓·老挝卷》版权输出协议在第23届北京国际图书博览会上成功订立，合同当事人有广西人民出版社、老挝新闻文化旅游部文物和遗产司，这是老挝首次与中国出版机构签订图书版权协议，巩固和发展了中老传统友谊。② 8月16日，经老挝文化旅游部部长批示，9月6—8日举行第19届"10+3"东盟领导人会议，共20多国首脑参会，届时《中国-东南亚铜鼓·老挝卷》将作为老挝国礼赠送给与会者。这是广西人民出版社出版的图书首次作为国礼赠与外国领导人。③

2017年，全区图书出版社共实现对外版权输出413种，同期版权引进495种，版权贸易逆差明显缩小。在"丝路书香出版工程"开展以来，截至2017年底，广西已与二十多个国家及地区达成合作出版协议，版权贸易图书共576种，其中输出164种。④

此外，2017年，广西人民出版社与柬埔寨出版与发行局达成版权贸易合作意向，推动两国的版权贸易的发展。

2020年4月26日，广西版权"走出去"座谈会在南宁召开，座谈会以广西版

① 《中国汉字听写大会·我的趣味汉字世界版权输出新加坡》，载广西壮族自治区广播电视局，http://gbdsj.gxzf.gov.cn/html/news/xitongdongtai/15351.html，2019年1月18日访问。

② 《第23届北京国际图书博览会签约备忘录》，载中国新闻出版广电网，http://www.chinaxwcb，2019年1月16日访问。

③ 《广西人民出版社实现版权贸易新突破出版图书首次作为国礼赠送外国元首》，载广西壮族自治区广播电视局，http://gbdsj.gxzf.gov.cn/html/news/xitongdongtai/19961.html，2019年1月22日访问。

④ 郑雅元、蔡丽萍：《广西文化贸易国际竞争力比较分析》，载《现代商贸工业》2017年第32期。

权“走出去”为议题，进行版权发展经验交流，针对广西版权发展中存在的问题进行分析，对广西版权的未来发展进行战略部署。会议提出，借助广西作为“海上丝绸之路”的重要连接支点和“丝绸之路经济带”的重要建设门户的区位优势，广西出版传媒集团积极开展对外贸易，版权贸易涉及英国、美国、德国、法国、澳大利亚、意大利、日本、越南以及港澳台等四十多个国家和地区。近年来，广西出版传媒集团共进行版权贸易图书 1257 种，其中对外输出图书 565 种。

（三）影视

电影艺术和电视艺术统称为影视，影视是一种艺术形式，其载体是拷贝、磁带、胶片、存储器等，目的是为了实现银幕、屏幕放映，以达到视觉与听觉的综合观赏效果。影视是现代艺术的综合形态，内容包括电影、电视剧、节目、动画。[①] 广西影视发展状况如下。

1. 电影整体发展趋势良好

据统计，2017 年全国电影总票房达 559 亿元，其中广西为 10. 33 亿元，占全国电影总票房的 1. 83%，这是广西年度电影总票房首次突破 10 亿元，同比 2016 年增长 15. 8%，创历史新高，排名全国第 18 位；全年放映场次 189. 5 万，同比 2016 年增长 25. 08%；全年观影人次 3271. 1 万，同比 2016 年增长 13. 47%。[②] 2017 年广西数字电影票房呈现两大亮点：一是票房占全国的总量比由去年的 1. 5%上升到了 1. 84%，增加 0. 34 个百分点；二是增长幅度较全国平均增幅 13. 45%多出 2. 35 个百分点，排名全国第 20 位。

2018 年上半年广西全区数字电影总票房收入为 6. 17 亿元，同比 2017 年增长 18. 5%；电影放映场数达 110 万场，同比 2017 年增长 24. 3%；观影人次达 1855 万人次，同比 2017 年增长 14. 3%。总结来说，广西电影总票房、电影放映场数、观影人数自 2009 年以来，一直呈增长趋势。2018 年春节期间（2 月 16 日到 2 月 21 日），广西各地影院票房收益良好。全区电影放映影院 220 家，放映 46682 场，

---

① 《影视》，载百度百科，https：//baike. baidu. com/item/%E5%BD%B1%E8%A7%86/158962？fr=aladdin，2019 年 2 月 18 日访问。

② 云亦云：《全区票房收入前三名电影院均在南宁》，载《南宁日报》，2018 年 1 月 26 日。

观影人(次)289万，票房1.08亿元，分别同比增长17%、22.88%、78.3%、90.8%，其中，票房增长90.8%，几乎翻一番。

广西对电影公益事业的建设努力也取得了重大成就。仅2018年前三季度，广西完成农村电影公益放映13.87万场，完成年度计划任务的80.55%，累计惠及观众1311.13万人(次)。全区农村电影公益放映事业为宣传贯彻党和国家政策、丰富农村文化生活做出了积极贡献，深受群众喜爱。①

2019年，广西新增数字影院12家，全区共有数字影院237家，较2009年的18家增长近13倍；新增银幕68块，银幕总数达到1161块。国产影片质量不断提升、人们观影习惯逐渐形成均是广西电影票房保持增长态势的主要因素。② 从电影院线来看，广西共经营20条电影院线，其中年票房占有率前三名的分别是：中影南方新干线、万达院线和广东大地院线，票房分别占比20.11%、19.9%和13.87%；从影院票房来看，广西共有162家影院年票房达100万元以上，29家影院年票房达1000万元以上，2家影院票房突破4000万元，其中，票房前三名的影院是：南宁沃美影城、南宁青秀万达影城和南宁万达悦荟店，票房数量分别是4190万元、4113万元和3562万元；从票房城市区域分布上看，总票房排前三名的城市是：南宁、柳州、桂林。其中，全区票房收入前三名电影院均在南宁，南宁总票房占全区41.1%，为4.247亿。③

广西境内多家电影产业相关的企业创作出多部优秀电影作品，以广西电影集团有限公司为代表，2014年，广西电影集团有限公司与法国泛欧亚电影公司等联合摄制出品的电影《夜莺》在首届中澳电影节中，荣获“最佳影片奖”。该片还先后获得2014年美国河流国际电影节竞赛单元“观众大奖”、捷克姿林国际电影节“金鞋奖”、第十四届丹麦哥本哈根国际电影节“国际评委会大奖”及国家新闻

① 《2018年前三季度广西农村电影公益放映惠及1311万农村群众》，载广西壮族自治区广播电视局，http://gbdsj.gxzf.gov.cn/html/infoDis/zdlyxxgk/sjfb/24243.html，2019年2月16日访问。

② 《半年广西电影票房收入同比大幅增长》，载广西壮族自治区广播电视局，http://gbdsj.gxzf.gov.cn/html/infoDis/zdlyxxgk/sjfb/24127.html，2019年2月3日访问。

③ 云亦云：《全区票房收入前三名电影院均在南宁》，载《南宁日报》，2019年1月26日。

出版广电总局颁发的"中国电影国际传播突出贡献奖"。① 2015 年，在第 52 届台湾电影金马奖，首次选择非台湾本土制作电影影片——《再见，再也不见》(原名《距离》)作为开幕式影片。这是广西电影集团有限公司摄制出品的"中国-东盟系列电影"，也是国家新闻出版广电总局 2015 年度"丝绸之路影视桥工程"项目的成果。2016 年，广西电影集团影片《碧罗雪山》在澳新国际电影节上荣获最佳外语片奖、最佳导演奖、最佳编剧奖、最佳女演员奖和最佳人文环境天鹅奖。2018 年 1 月 18 日，该片在广西第十四届精神文明建设"五个一工程"暨第八届广西文艺创作铜鼓奖颁奖表彰会中再创佳绩，荣获双奖。2018 年 6 月，由广西电视台、桂林市星闪影视文化传播有限公司以及桂林市公安局治安巡逻(特警)支队所联合摄制的首部桂林特警题材红色微电影《致命一击》在中国红色微电影颁奖典礼上荣获首届中国红色微电影盛典优秀奖。②

除了企业，自治区政府为保护影视版权提供了政策支持，促进影视产业的发展，带动相关产业的兴起。据统计，2017 年 1 月—8 月，广西数字电影票房达 7.54 亿元，比 2016 年增长 14.8%；2018 年春节期间，仅 2 月 16—21 日广西电影票房已破亿，高达 1.08 亿元，同比增长 90.8%。在 2018 年上半年，广西影视产业稳步发展，9 部电影备案获公示，4 部电影摄制已完成；3 部电视剧备案获公示，4 部电视剧摄制完成。③ 电影市场的繁荣直接推动了旅游产业的发展，如电影《刘三姐》里桂林山水的美誉透过荧幕远洋海外，吸引着国内外大量游客到桂林游玩，将桂林成功打造为国内的热门景点之一；再如，电视剧《花千骨》的拍摄，使大新德天瀑布成为新的旅游景点。随着生活水平的提高，电影成为受社会公众欢迎的娱乐消费点之一，大众对于影视的需求将成为影视产业发展的一大推手。

① 蒋锦璐：《〈夜莺〉获中澳电影节两项大奖》，载《广西日报》2014 年 11 月 24 日，第 001 版。

② 《广西电视台新媒体微电影《致命一击》获首届中国红色微电影盛典优秀奖》，载广西壮族自治区广播电视局，http://gbdsj.gxzf.gov.cn/html/news/xitongdongtai/23740.html，2019 年 2 月 16 日访问。

③ 《2018 上半年广西影视剧创作生产"涨势"喜人》，载广西壮族自治区广播电视局，http://gbdsj.gxzf.gov.cn/html/news/xitongdongtai/23672.html，2019 年 2 月 20 日访问。

2. 发展优秀纪录片

2015 年，由中央电视台纪录频道、广西电视台以及北京天聚地和文化有限责任公司三方联合制作的大型纪录片《秘境广西》创新国内纪录片生产模式。中泰合拍纪录片《家在青山绿水间》于 2016 年开始制作，以保护自然为主题，加强了两国在纪录片方面的交流与合作。

自治区新闻出版广电局在 2018 年 4 月 10 日发布了《关于做好广西 2018 年优秀国产纪录片推荐播映工作的通知(桂新广发〔2018〕70 号)》，高度重视广西纪录片的发展。4 月 11 日，国家广播电视总局公布 2017 年“双百计划”扶持项目名单，由自治区新闻出版广电局报送的两部纪录片《漆彩家园梦》和《坚守》入选该项目，推动相关作品宣传。5 月 23 日，广西电视台纪录片栏目《多彩中国》正式在印尼橙色电视频道播出，这是广西电视台首次以完整的栏目形式将优秀纪录片投入印尼市场中，印尼也成为继越南、泰国之后第三个《多彩中国》落地播放的国家。① 6 月 8 号，自治区新闻出版广电局转发国家广播电视总局关于实施“记录新时代”纪录片创作传播工程的通知，加大力度发展广西纪录片，进一步落实纪录片传播工程项目的实施。② 6 月 12 日，首部中国国际减贫纪录片《充满希望的村庄》启动，记录我国与东盟国家的减贫合作工作，双方可通过纪录片中的合作实践总结经验，更好地进行减贫，有效推进合作扶贫工作的开展。③ 6 月 25 日，贺州市校媒合作项目《潇贺往事·红色记忆》系列纪录片开播，记录贺州红色往事，追寻红色文化记忆。④ 7 月 31 日，纪录片《萤火虫》入选国家广播电视总局 2018 年第一批优秀国产纪录片目录，并将通过中国纪录片网和“记录中国”APP

① 《广西电视台〈多彩中国〉纪录片栏目在印尼开播》，载广西壮族自治区广播电视局，http：//gbdsj. gxzf. gov. cn/html/news/xitongdongtai/23583. html，2019 年 12 月 1 日访问。

② 《自治区新闻出版广电局转发国家广播电视总局关于实施“记录新时代”纪录片创作传播工程的通知》，载广西壮族自治区广播电视局，http：//gbdsj. gxzf. gov. cn/html/infoDis/gongkai/23552. html，2018 年 6 月 8 日访问。

③ 《首部中国国际减贫工作纪录片〈充满希望的村庄〉启动》，载广西壮族自治区广播电视局，http：//gbdsj. gxzf. gov. cn/html/demand/shipin/jiguanzhuanbao/1388. html，2019 年 6 月 14 日访问。

④ 《贺州市校媒合作项目〈潇贺往事·红色记忆〉系列纪录片开播》，载广西壮族自治区广播电视局，http：//gbdsj. gxzf. gov. cn/html/news/xitongdongtai/23704. html，2019 年 7 月 2 日访问。

向社会展播。[1] 7月19日，中柬合拍纪录片《家在青山绿水间——信任如树》献礼中柬建交60周年，该片以进行时的方式记录中柬的友好合作。[2] 8月，广西纪录片展播仪式在丹麦成功举办，通过文化交流进一步推动我国和丹麦的友好合作。[3] 9月21日，自治区新闻出版广电局2017年度广西优秀纪录片作品、栏目、制播平台及2018年重点纪录片资助项目扶持评审结果公示，帮扶优秀作品摄制，进一步推动广西纪录片发展。[4] 10月24日，中马合作推出马来语版中国美食纪录片，5部中国美食纪录片在马来西亚播出，增进马来西亚人民对我国美食文化的了解。[5] 10月29日，广西纪录片《人间三月天》和《秘境广西》在中央电视台展播，迎接广西壮族自治区成立60周年，弘扬广西优秀传统文化。[6]

3. 发展少数民族影视精品

广西有广西少数民族语电影译制中心等省市县级译制单位共8家，基本涵盖了壮、侗、苗、毛南等在广西分布的主要少数民族语种。译制数量从2010年10部电影发展到2014年译制故事片41部、科教片29部。截至2014年12月31日，放映少数民族语电影8700多场次，每年受益少数民族群众200多万人，2010年至2014年间受众数量增长超过8倍。

2015年，广西少数民族语电影译制成绩显著。共完成少数民族语电影译制

① 《纪录片〈萤火虫〉入选国家广播电视总局2018年第一批优秀国产纪录片目录》，载广西壮族自治区广播电视局，http：//gbdsj. gxzf. gov. cn/html/news/xitongdongtai/23796. html，2019年7月31日访问。

② 《中柬合拍纪录片〈家在青山绿水间——信任如树〉献礼中柬建交60周年》，载广西壮族自治区广播电视局，http：//gbdsj. gxzf. gov. cn/html/news/xitongdongtai/23822. html，2019年8月6日访问。

③ 《广西纪录片展播仪式在丹麦成功举办》，载广西壮族自治区广播电视局，http：//gbdsj. gxzf. gov. cn/html/news/xitongdongtai/24062. html，2019年9月5日访问。

④ 《自治区新闻出版广电局2017年度广西优秀纪录片作品、栏目、制播平台及2018年重点纪录片资助项目扶持评审结果公示》，载广西壮族自治区广播电视局，http：//gbdsj. gxzf. gov. cn/html/tzgg/24151. html，2018年9月21日访问。

⑤ 《中马合作推出马来语版中国美食纪录片》，载广西壮族自治区广播电视局，http：//gbdsj. gxzf. gov. cn/html/news/dongmengzixun/24286. html，2019年10月24日访问。

⑥ 《广西纪录片，〈人间三月天〉〈秘境广西〉在中央电视台展播　迎接自治区成立60周年》，广西壮族自治区广播电视局，http：//gbdsj. gxzf. gov. cn/html/news/xitongdongtai/24328. html，2019年11月2日访问。

资助故事片46部、科教片30部，分别是上一年度的118%和150%；完成少数民族语电影放映13766场，比上一年度增加了5166场，增长60%；共投入民族语电影译制和放映资助资金131万多元，是上一年度资助资金的123%，增加25万元。

2017年，广西电影集团少数民族语电影译制中心荣获“广西壮族自治区少数民族语文工作先进集体”称号。由广西电影集团有限公司少数民族语电影译制中心译制的故事片《笑功震武林》（三江侗语）荣获优秀少数民族语电影艺术三等奖。

2018年3月上旬，经典电影《举起手来》仫佬语译制版在广西电影集团少数民族语电影译制中心完成，这是全国首部仫佬语电影。同年9月25日，广西少数民族电影《爱+100年》入围第27届中国金鸡百花电影节少数民族电影展。这部电影讲述了广西百岁寿星夫妇的爱情故事，长寿文化题材电影向世界展示了广西团结、进步和繁荣的新景象。[①] 2018年10月22日，自治区新闻出版广电局印发通知并拨付79.953万元专项资金对全区少数民族语电影译制及放映工作给予补助。通过政府资金支持，有效保障了全区少数民族影视事业长足发展。[②]

4. 国际交流与合作取得良好效果

2015年广西电影集团完成译制电影《阿佤山》《天琴》和电视剧《狐仙》为越南、柬埔寨和缅甸等东盟国家语言的工作，促进了中国文化在东盟的传播。2017年，广西有关机构把40多部2000多集电视剧翻译成东盟国家语言，并在东盟国家播出。

2017年，广西电视台译制的多部影视作品输出到柬埔寨、越南、泰国等国家，受到当地群众的欢迎，这些影视作品包括《西藏天空》《超级工程》《小虎还乡》等6部影视作品。[③] 广西电视台国际频道承担丝绸之路影视桥工程项目，近

---

① 《广西少数民族电影〈爱+100年〉入围第27届中国金鸡百花电影节少数民族电影展》，载广西壮族自治区广播电视局，http：//gbdsj.gxzf.gov.cn/html/news/xitongdongtai/24153.html，2019年9月25日访问。

② 《自治区新闻出版广电局拨付近80万元扶持少数民族语电影译制及放映工作》，载广西壮族自治区广播电视局，http：//gbdsj.gxzf.gov.cn/html/qjgz/banquanguanli/24313.html，2019年10月29日访问。

③ 郑雅元、蔡丽萍：《广西文化贸易国际竞争力比较分析》，载《现代商贸工业》2017年第32期。

年来共向美国、法国、捷克、越南、泰国、柬埔寨等二十多个国家输出十多部广播影视版权。并先后与新加坡、越南、法国等多个国家合作录制影片，成绩显著，其中《夜莺》《再见，再也不见》等影片获得多种奖项。2017 柬埔寨-中国电影文化周在柬埔寨金边成功举行，通过搭建中国与柬埔寨电影合作平台，促进中国与柬埔寨人文交流和共同发展。

(四)音乐

音乐是一种有组织的乐音，它的基本表现手段是旋律、节奏或和声的人声或乐器音响等，是一种组织音构成的听觉意象。①

近年来，广西音乐界深入贯彻落实习近平总书记对文艺工作系列重要讲话精神，发挥民族文化资源优势，致力于文化精品创作生产，不断提升文艺创新创造能力，加强“美丽广西”宣传文化工作“十二个一工程”建设。通过不断发展，取得了以下良好成绩。

1. 开展系列活动

“文华奖”是专门用于奖掖专业舞台表演艺术的奖项，是我国舞台艺术的最高奖项。2014 年，《桂花雨》获文华大奖特别奖、《壮锦》获文华优秀剧目奖，二者都是广西本土原创剧目。另外，《桂花雨》女主角饰演者冯瑞丽获文华表演奖，这表明广西舞台艺术不断在探索中发展，实践中进步。

至 2015 年，广西已举办七届广西金钟奖比赛，取得良好的效果。此外，“美丽南方 · 广西”系列歌曲采风创作活动从 2015 年 8 月启动，至 2016 年已举办了四期培训班，共创作出 200 多首展现广西美丽风光和人文风情的原创作品。

由国家文化部社会文化图书馆司、国家民委文化宣传司和南宁市人民政府联合主办的南宁国际民歌艺术节，每年举办一次，传承了民歌艺术，加强了广西与全国各地、世界各地文化交流。此外，为庆祝广西壮族自治区成立 60 周年，《唱响广西——庆祝广西壮族自治区成立 60 周年青年歌手选拔赛》启动歌会于 2018 年 4 月 14 日晚在南宁民歌湖举行，这对传承传统文化、传播民歌艺术起到了重要的作用。

① 甘雯晖：《初中名著阅读有效教学初探》，广州大学 2011 年硕士论文。

2018 年广西壮族节日"三月三"期间，自治区政府通过打造"壮族三月三"文化品牌，弘扬广西传统文化。截至 2018 年 5 月 4 日，广西电视台 7 套频道每天播出《广西尼的呀》主题曲 20 次，目前共播出 540 次。2020 年《战疫情　奔小康　奋进新时代——2020 年"壮族三月三·八桂嘉年华"》活动启动，广西云客户端在 14 市、111 县市区的分端同时推出。活动特别节目展示了今年壮族三月三"战疫情、奔小康、奋进新时代"的主题。①

2. 不断产出艺术精品

2016 年，在"美丽南方·广西故事"系列歌曲采风创作活动中，共选出 23 首优秀作品，并将这批优秀作品汇编为《"美丽南方·广西故事"系列歌曲选集》，由广西人民出版社出版发行；以及《"美丽南方·广西故事"系列歌曲 CD》，由广西金海湾电子音像出版社印制出品。②

2016 年广西文化精品项目——贺州优秀原创歌曲专辑《潇贺长歌》，创作集成"潇贺古道"主题音乐歌曲 16 首。在 2018 年第六届全区基层群众文艺汇演中，参演曲目达 60 首。2018 年 2 月，由广西电视台举办的《唱响新时代——2018 广西原创歌曲演唱晚会》邀请了广西抗美援朝老兵、广西道德模范以及"广西工匠"等先进个人参加，有效推动广西歌曲原创事业进一步发展。

3. 国际交流与合作取得良好效果

2005 年广西人民广播电台创办了中越"同唱友谊歌"活动。从 2010 年起，大赛每年轮流在中越两国举办，"同唱友谊歌"活动已成为中越文化交流、深化友谊的重要桥梁。

中泰友谊歌会在中国广西和泰国曼谷轮流举办，首届歌会于 2008 年 10 月在南宁举行，至 2015 年已举办了六届。歌会的宗旨在于服务"一带一路"倡议、助力民心相通和促进中泰文化交流。

---

① 《2020"壮族三月三·八桂嘉年华"大幕开启　不一样的"三月三"　网聚也精彩》，载快资讯，https：//www. 360kuai. com/pc/9e48809b2e7f39e3b？cota = 4&kuai_so = 1&tj_url = so_rec&sign = 360_57c3bbd1&refer_scene = so_2020 年 03 月 26 日。

② 《"美丽南方·广西故事"系列歌曲选集出版发行》，载《广西日报》，2016 年 11 月 11 日。

2016年11月5日，广西经典彩调歌剧《刘三姐》于马来西亚文冬演出，取得绝伦的演出效果，为中马友好交流又添一笔重彩。

2018年，澜沧江—湄公河“同饮一江水·同唱友谊歌”首场活动成功举办，该活动推动了中国与澜湄流域各国之间的文化艺术交流，传播和平之声，架起两国间友谊桥梁。

(五)软件

互联网经济推动全球经济迅速增长，相关版权产业行业蓬勃发展，其中软件产业有着举足轻重的作用，具有巨大经济增长潜力的计算机软件已逐渐成为信息产业的核心。① 中国正处于信息技术时代，信息的掌握程度影响着人们的生活和工作质量，而软件作为构建全球信息一体化平台的一种技术，可以说在改变人类生活方式上功不可没。由于软件技术含量高，经济价值巨大，越来越多的人关注软件。但是随之而来也有一系列阻碍软件发展的行为，其中最为普遍的就是盗版行为。为了保障软件产业良好发展，广西有关部门采取了一系列强有力的措施。这些有力的措施为软件产业的发展进程扫清许多阻碍。广西壮族自治区软件版权的发展状况如下。

1. 软件产业总体发展呈增长趋势，但增幅不大

如图1-1所示，根据国家工信部公布的数据显示，到2017年底，广西共有软件企业220家，比上一年度增加了10家，软件业务收入776663万元，同比增长2.1%，其中软件产品收入102546万元，同比增长1.8%，运营服务收入353632万元，同比增长35.5%，信息技术服务收入667382万元，同比增长1.9%，嵌入式系统软件收入为6735万元，同比增长31.9%。从2015年的数据看，嵌入式系统软件收入仅为5191万元。

2012年至2013年是广西的软件企业数量增长最快的时期，2013年的企业数量对比2012年增长了43%。而2014年至2017年，广西的软件企业数量虽然呈上升趋势，但增长速度十分缓慢。

① 谷雨：《论计算机软件的知识产权保护》，重庆大学2010年硕士论文。

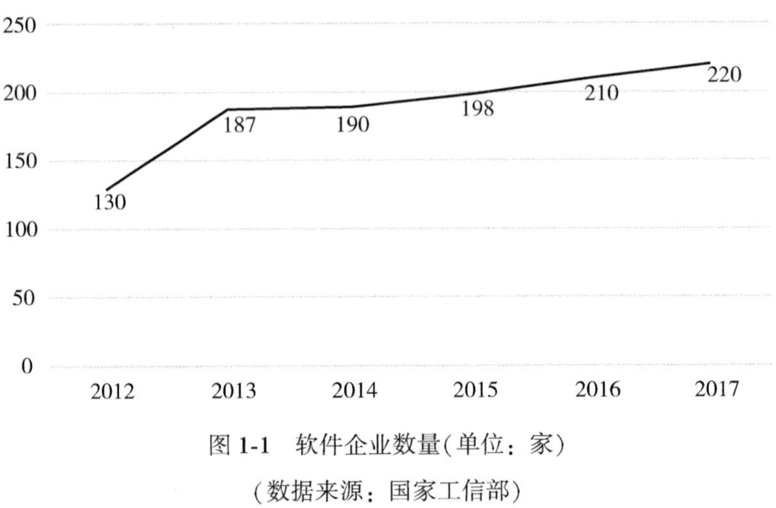

图 1-1　软件企业数量(单位：家)

(数据来源：国家工信部)

2. 拥有地理优势和政策支持，但创新能力不足

广西既临海又临边，南濒北部湾、面向东南亚，毗邻越南，与海南省隔着海南，邻省有广东、湖南、贵州、云南。“中国—南亚—西亚经济带”是“一带一路”的线路之一，广西作为交汇对接和陆海统筹的重要节点和关键区域，连接着缅甸、泰国、老挝、柬埔寨和越南等国家，可见广西在中国对外开放格局中地位突出，第十四届中国-东盟博览会也选择在广西南宁召开。① 地理上的优势给广西在对外贸易上带来极大的便利，通过与东南亚的来往，促进广西的软件贸易，带动相关电子产业经济的发展，地理位置优越无疑是广西软件发展的优势所在。

2017 年 4 月 12 日，《一带一路与中国发展战略》发布会在北京举行，各项“一带一路”的政策纷纷出台，广西凭借地理优势，在国际“一带一路”倡议中有着举足轻重的地位。

但是广西软件产业的发展仍存在很大的问题，如表 1-1 和表 1-2 所示，其中最主要的问题是创新能力不足。根据 2017 年国家工信部公布的数据来看，广西的软件企业数量为 220 家，与邻省广东差距较大。截至 2017 年，广东省软件企

① 《广西电商新跨越　经济增长新引擎》，载《国际商报》，2018 年 8 月 22 日。

业数量为3863家，其在软件业务收入、软件产品收入和信息技术服务收入这三个方面比2016年增长了10%以上。广西的经济正在蓬勃发展，然而在高新技术产业例如软件产业上，创新能力还需加强。

表1-1　　2017年1—11月软件和信息技术服务业主要经济指标完成情况表(一)　　单位:万元

单位名称	企业个数	软件业务收入		(一)软件产品收入		(二)信息技术服务收入	
		本期累计	同比增减%	本期累计	同比增减%	本期累计	同比增减%
合计	35368	490203232	14.5	149833266	12.6	264059397	16.9
北京市	2880	62755188	12.5	22297715	13.4	39346977	12.1
天津市	518	11370233	11.3	3031685	12.6	6391548	13.9
河北省	300	1872456	5.3	247142	9.4	1556106	6.4
山西省	81	187100	36.2	78488	46.0	90526	33.7
内蒙古区	60	269889	-0.1	95556	-20.4	172776	16.2
辽宁省	1900	17954043	6.1	8867583	7.8	8581908	4.6
吉林省	915	4767788	13.5	1026856	13.4	2666650	13.6
黑龙江省	516	1597386	11.8	596148	14.3	850251	11.0
上海市	1891	35328860	11.9	11937725	10.1	22291135	14.1
江苏省	4844	83780087	13.3	20390591	11.4	36133875	14.8
浙江省	1775	38637632	20.4	10286045	9.4	23458605	28.8
安徽省	521	2577614	30.6	1081666	18.1	1141559	40.7
福建省	2711	24660021	15.9	9057320	15.8	12957422	16.2
江西省	121	697412	18.0	317115	25.4	363986	12.1
山东省	4233	44202219	12.9	15813393	10.5	20864625	14.5
河南省	287	774745	7.6	281306	7.4	450924	8.0
湖北省	2575	13614353	17.2	6976820	17.4	5937550	17.5
湖南省	623	4279603	10.2	2095726	11.0	1742351	10.3
广东省	3863	85543744	15.5	17753322	12.9	45471593	21.9
广西区	220	776663	2.1	102546	1.8	667382	1.9
海南省	161	780954	39.2	258107	9.3	520469	60.8

续表

单位名称	企业个数	软件业务收入		(一)软件产品收入		(二)信息技术服务收入	
		本期累计	同比增减%	本期累计	同比增减%	本期累计	同比增减%
重庆市	1504	11079254	20.5	2458692	17.5	6259320	22.4
四川省	1415	24669865	15.5	9264689	15.3	15119331	15.9
贵州省	256	1268961	20.4	724848	25.9	534957	13.7
云南省	197	567158	48.9	123136	30.1	438078	54.6
陕西省	661	15274400	21.9	4415800	22.1	9410100	23.0
甘肃省	123	342452	15.9	112671	16.1	227330	16.4
青海省	22	9125	14.6	2473	176.1	4995	-12.4
宁夏区	65	133659	16.2	48657	17.6	71043	17.4
新疆区	130	430369	20.2	89446	21.7	336027	20.0

(数据来源:国家工信部)

表 1-2　**2017 年 1—11 月软件和信息技术服务业主要经济指标完成情况表(二)**

单位:万元

单位名称	其中:运营服务收入		集成电路设计		(三)嵌入式系统软件	
	本期累计	同比增减%	本期累计	同比增减%	本期累计	同比增减%
合计	68758937	17.2	19263956	15.0	76310569	10.1
北京市	18110217	24.0	393995	11.0	1110496	8.5
天津市	43800	1.9	1705872	13.5	1947000	1.9
河北省	83558	15.4			69208	-23.1
山西省	15876	-17.9	1116	4.0	18086	13.7
内蒙古区	300	-50.0			1557	-3.3
辽宁省	999471	3.7	25466	13.7	504552	2.8
吉林省	30606	14.4	1044	12.5	1074282	13.4
黑龙江省	173016	10.1			150987	6.3
上海市	9933925	-0.4	2695000	14.0	1100000	-8.3
江苏省	4747627	12.8	8226890	14.6	27255621	12.8
浙江省	6230560	30.6	447549	28.4	4892982	8.9

续表

单位名称	其中:运营服务收入		集成电路设计		(三)嵌入式系统软件	
	本期累计	同比增减%	本期累计	同比增减%	本期累计	同比增减%
安徽省	344994	43.6	58947	42.4	354390	44.3
福建省	1075414	15.8	970555	16.4	2645279	14.8
江西省	111031	7.9	24888	30.9	16311	20.0
山东省	5414158	12.6	1731420	15.2	7524200	14.1
河南省	120476	7.4	4017	7.4	42515	3.9
湖北省	817538	6.1	85259	-1.2	699983	12.2
湖南省	112130	21.9	17121	17.5	441526	6.2
广东省	16469773	22.5	1243431	11.2	22318829	6.0
广西区	353632	1.9			6735	31.9
海南省	193119	47.5	8331	-30.4	2378	108.9
重庆市	1455968	23.1	97279	18.5	2361242	19.0
四川省	1059201	9.4	712150	4.1	285845	2.7
贵州省	1692	15.9	753	22.0	9156	17.0
云南省	79365	71.1	99012	5590.3	5945	109.3
陕西省	588400	22.0	680100	24.1	1448500	15.0
甘肃省	98856	20.4	597	48.5	2451	-23.4
青海省	825	-31.8			1658	21.5
宁夏区	5227	10.9	32	-98.3	13959	6.7
新疆区	88184	3.7	43133	48.5	4896	13.7

(数据来源:国家工信部)

3. 软件正版化工作取得明显成效

近年来，盗版软件市场泛滥，价格便宜甚至不收取使用费用的盗版软件带给企业、机关和众多用户性能上的满足以及价格上的优惠，但这种盗版行为却严重侵害了正版软件权利人的合法权益。如果不对盗版行为加以整治，许多软件产品权利人的合法权益得不到保障，就可能打击整个软件产业的创造积极性，影响软件产业的健康持续发展。

广西在“十二五”期间积极展开软件正版化工作，据统计，截至2012年11月底，自治区共投入1.3亿元资金，购买173197套正版软件，全面完成自治区政府三级机关推进使用正版软件检查整改工作任务。除此之外，自治区版权局还联合自治区住建厅和自治区旅游局，在全区新闻出版、建筑勘探设计行业和三星级以上酒店共672家单位推进使用正版软件工作。截至2015年初，广西全区在软件正版化工作上加大投入力度，县级以上财政投入1.26亿元资金，购买20多万套正版软件，全面完成县级以上各级党政机关使用正版软件工作任务。① 据统计，截至2015年初，共有1140家企业进行了软件正版化工作，并且获得“全国软件正版化工作示范单位”称号有26家企业，还有65家企业获得全区使用正版软件工作优秀单位称号。②

跨入“十三五”后，广西加大力度推进软件正版化工作。2017年，自治区版权局对全区14个市、24个县(区、市)的210家机关单位开展使用正版软件工作年度考核，共抽查计算机2262台，基本掌握考核对象使用正版软件工作情况。广西各市政府版权部门共对836家机关单位进行了工作督查；举办107场使用正版软件的工作培训，共计1775家单位、9724人次参加培训。2017年，广西列入完成软件正版化工作目标的企业共计289家，全部按时完成工作任务并实现达标。

(六)游戏

游戏通常是指用各种程序和动画效果相结合的软件产品，伴随着科技的进步，新模式的游戏层出不穷，丰富了社会民众的娱乐生活。例如，“绝地求生”“王者荣耀”等游戏一经发行就风靡全国，收获众多玩家，产生了可观的经济收益。2016年，我国文化产业的增加值占国内生产总值的比重增速迅速，成为国民经济支柱性产业之一是必然趋势，游戏产业作为文化产业类型之一，其增长率呈现逐年高涨的趋势，附加值也持续增加，在一定程度上带动了其他文化产业的

① 《全国软件正版化工作座谈会在南宁举行》，载广西新闻网，http：//news. gxnews. c，2019年1月18日访问。

② 《广西主动出击重创网络侵权盗版》，载中国新闻出版广电网，http：//www. chinaxwcb，2019年1月22日访问。

发展，可见游戏产业的推动作用日益突出。① 可见，促进游戏产业的发展不但可以带动经济，而且可以提高相关产业的创新能力。广西游戏产业版权状况如下。

1. 游戏著作权登记数量较少，增长缓慢

2016 年，广西全区游戏著作权登记数量仅 76 件，与其他省市，特别是排名前三位的省(市)广东、北京、上海差距较大。广东 2016 年游戏著作权登记数量达到 7650 件，居全国第一，比广西高出 7574 件。从数据可以看出，两地的经济水平差距较大，广西的创新能力远远不及广东省等发达地区，广西仍需加大努力发挥自身优势，增强科技创新能力，提高经济发展水平。

2. 游戏产业起步晚，知识产权保护及技术团队建设不足

作为近年正在快速发展的产业，网络游戏已经成为经济增长的一个新亮点。2015 年，自治区新闻出版广电局实施五项举措促进游戏出版产业健康发展：第一，严把导向，做好区内国产网络游戏出版内容前置审查及管理，并按照总局的部署，要求游戏出版经营企业切实承担起移动游戏内容审核责任；第二，针对网络游戏审批事宜，制定相关的指南，并向社会发布，为了提高网络游戏审核工作效率，要精简网络游戏的申报材料，同时做好审查审批工作；② 第三，持续做好网络游戏出版事中事后监管；第四，扶持培育本地区网络游戏龙头企业，发挥示范带头作用；第五，推动制定吸纳网络游戏出版产业人才的政策措施，将网络游戏出版企业人才培训纳入数字出版人才的统一规划，统筹做好网络游戏出版人才及复合型人才队伍建设。

2016 年 4 月 27 日，自治区新闻出版广电局调研组赴桂林力港网络科技股份有限公司开展网络游戏出版产业基本情况调研。桂林力港网络科技股份有限公司是广西首家获批网络出版资质的民营企业，其目前运营的游戏产品用户覆盖全国及东南亚、欧美部分国际市场。通过座谈和实地调研，了解公司游戏开发的流程，掌握企业的发展现状，发现公司面临的困难。据调研，该公司目前主要面临

① 《文化产业将成国民经济支柱游戏引领作用明显》，载财经中心，http：//www.china.com，2019 年 1 月 22 日访问。

② 《前沿政策》，载《天津经济》2017 年第 12 期。

知识产权保护难，优秀研发人才及技术团队无法保持长期稳定等问题。自治区新闻出版广电局通过多种方式对区内网络游戏出版规模、发展方向、存在问题等方面的调研，掌握了广西网络游戏出版产业现状和存在的问题。桂林力港网络科技股份有限公司面临的问题也是广西众多游戏公司面临的问题，是阻碍广西游戏产业发展的重要原因。

3. 游戏产业融合"一带一路"建设，走出国门

东南亚地区是电子竞技发展的热土，尤其是越南和泰国，"英雄联盟""守望先锋""远古守卫 2"等游戏竞赛在当地颇受关注，电子竞技氛围良好。随着电子竞技游戏在东南亚不断兴起，该区域成为全球 PC 和手机游戏收益发展最快的区域之一，成为市场焦点。游戏开发者为了占据这一市场与当地游戏运营商或手机分销商展开了合作。

2017 年 5 月 28 日至 30 日，由自治区新闻出版广电局与自治区文化厅、自治区商务厅、中国-东盟博览会秘书处、中国动漫集团共同主办的首届中国-东盟博览会动漫游戏展在南宁国际会展中心举行。中国-东盟博览会动漫游戏展把握时代先锋，紧跟潮流，利用此次展会吸引新生代青年的关注，宣传电子竞技正面影响，开拓中国-东盟动漫游戏产业市场，深化中国-东盟动漫游戏企业间的交流合作，打造一个全方面的国际平台，进一步深化相关行业内部交流，凝聚共识，建立中国-东盟动漫游戏产业基地，优化产业布局和发展，助力中国动漫游戏企业"走出去"，以打开东盟投资市场为发展契机，推进中国与域外市场合作并逐步形成长效机制，积极推动中国-东盟自贸区升级版建设。同年 12 月 7 日，由自治区新闻出版广电局、自治区文化厅和自治区商务厅联合主办的中国-东盟游戏动漫产业的最高讲坛——2017"一带一路"（南宁）动漫游戏产业合作发展论坛（CAG+）在南宁举行。广西利用作为东盟博览会主办方的优势，将新理念创作模式与传统游戏产业融合，开拓东南亚市场。2018 年 4 月 29 日至 5 月 1 日期间，广西顺利举办 2018 中国-东盟动漫游戏展。该展会在"一带一路"文化产业国际合作中发挥先导作用，吸引了 18 个国家的机构和企业参展参赛参会，通过探讨国际沟通交流，倡导跨领域渠道合作，促进商务洽谈，进一步促进了中国和东盟各国的动漫游戏产业的合作。

（七）其他

1. 广告产业发展后劲不足

2014年至2017年，自治区党委宣传部、自治区文明办多次开展广西公益广告评选活动，并且多次进行广告监督管理督查，对非法违规的广告进行整治，维护广告产业的良好风气，促进广告产业发展。2015年10月，自治区政府颁布政策大力推动广西广告产业发展。《广西壮族自治区人民政府办公厅关于广告产业发展的意见》提出：广西应形成具有本土民族特色、富有时代特色的广告产业体系，要在2020年初完成广告产业体系的雏形，要做到服务广西、面向东盟、辐射西南中南。①

广告产业在2017年的发展不平稳，在2017年前三季度中，广西广播电视广告收入4.96亿元，同比2016年下降6.74%。其中，广播广告收入0.91亿元，同比2016年增长9.72%；电视广告收入3.94亿元，同比2016年下降10.11%。由此可见，广告收入降幅回落较大。由于广西广告产业传播介质单一，广告收入大多依赖于广播影视等原因，目前广告产业发展状况一般。

2. 实体书店产业采取新模式改革，积极响应时代进程

图书是文学艺术的主要载体。发展实体书店，扩大图书规模，对文学的发展有积极意义。2017年，自治区新闻出版广电局联合自治区党委宣传部、自治区发改委等11家单位联合印发《广西壮族自治区支持实体书店发展的实施意见》（以下简称《意见》），同时发布《关于"支持广西实体书店（民营）扶持资金"申报事项的通知》，计划用200万元资金，扶持全区十家民营实体书店的发展。这在广西尚属首次，必将有力推动全区实体书店的发展。

为顺应新格局，实体书店产业积极进行结构改革。广西新华书店集团作为发行类版权产业的代表积极顺应改革趋势，于2017年全面推动实体书店建设，多

① 《广西壮族自治区人民政府办公厅关于加快广告产业发展的意见》（桂政办发〔2015〕88号），2015年9月7日发布。

家实体书店通过贯标，同时对门店进行升级改造，各城区中心书城门店焕然一新。①《意见》出台后，截至2018年1月，全区共新增实体书店63家，新华书店实体店总数量达到170家，增长了58.88%。2017年4月，广西新华书店集团与广西出版传媒集团重组整合，充分发挥企业链平台优势，深度促进出版发行资源整合，全面实施集团“3+2+1”发展战略，效果显著。广西新华书店集团发行十九大文献读物及《习近平谈治国理政》等重点图书112.90万册；成功举办2017广西书展，到场读者达7万人次。此外，广西新华书店集团承办的越南河内“阅读体验中心”、靖西和那坡等国门书店建成开业，编纂出版《中国新华书店发展大系·广西卷》，取得了良好的社会效益；实现2017全年销发货总码洋同比2016年增长11.84%，营业总收入同比2016年增长2.83%，利润总额同比2016年增长4.59%，10多家市县公司门店完成改造升级并投入运营，经济效益明显上升。同时，“概念书屋候机体验厅”、隆林民族中学校园书店等社区书店和校园书店先后建成营业，为建设“书香校园”和实体书店转型升级探索新途径。

2017年，中国新华书店协会为庆祝新华书店成立八十周年发起纪念活动——“最美新华书店”评选，最终评出80家全国“最美新华书店”。其中，广西新华书店集团股份有限公司旗下的桂林书城、隆林县新华书店门市部、防城港市国门书店榜上有名。同年，广西第一家升级改造的融合多元业态的乡镇实体书店——钦州市新华书店有限公司大寺分店正式开业，该店经营面积120平方米，经营图书文体用品等100多个品种。

广西实体书店不断探索转型升级，这对激活实体书店生命力，推动广西全民阅读活动起到了重要作用。具体而言，实体书店建设现状呈现以下特点：①总量规模取得突破进展。2017年新华书店集团实体书店取得规模效益，新增63家门店，其总量达170家，增幅达58.88%，形成较强的市场竞争能力，促进产量的快速发展；②实体书店升级改造取得新成效。实体书店通过提升经营管理，突出创新和服务，对门店软硬件设施进行了全方位的升级改造。经改造升级的书店，如桂林书城、防城港市国门书店荣获“最美新华书店”称号；③实体书店凸显“体验”新功能。通过建设“体验式”门店，强化公共文化职能，增强文化时尚感，提

① 石建锋：《〈意见〉引领创新发展》，载《新华书目报》，2017年12月21日。

升门店文化品味、打破读者对传统门店的认识，引导全民智慧阅读。如，为凸显文化特色，防城港市国门书店转型“图书+咖啡+文化活动”文化交流平台，开展品类多样的文化活动，通过“朗读者”“与影同行”等文化沙龙，打造服务转型“新体验”；④校园书店引领融合发展新模式。大力发展“校园+书店”模式，满足多样化需求，真正做到让学生在校园中体验服务转型，使传统实体书店焕发了新活力。现阶段致力打造“书香校园”，已建成4家中学校园书店和2家高校校园书店。⑤社区书店零突破产生新影响。实体书店通过文化和服务资源融合互补等方式，结合当地社区特点进行针对性主题服务，积极推动社区书店建设，让社区人民更好地接受书店服务。如，玉林市公司通过共建共治，结合当地党群建造“红色书店”推进社区书店发展；⑥镇网点建设工作取得新进展。实体书店加大建设力度，坚持标准化网点建设，注重和多形式的便民服务相结合。新华书店集团对广西乡、镇实体书店建设项目投入大量资金，2017年10月至12月建成30多个乡镇网点，服务质量大大提升。①

3. 中国-东盟版权贸易服务平台项目正式启动

2018年，中国-东盟版权贸易服务平台项目全面推进实施。中国-东盟版权贸易服务平台项目是广西出版传媒集团重点项目“中国-东盟文化港”的核心部分，也是中国-东盟版权文化沟通、版权产品展示、资讯交流、版权代理、版权贸易等专业综合服务的平台。平台项目主要以互联网平台为基础，依托云计算、机器翻译、跨语言搜索引擎等先进技术，为中国和东盟各国版权业搭建沟通的桥梁。项目的启动将为中国版权产业“走出去”及东盟版权产业“引进来”提供重要的保障，将有利于推动版权贸易的全面升级，进一步促进我国和东盟版权贸易的繁荣发展，对促进中国-东盟版权文化交流具有重要意义。为进一步深入贯彻实施中国版权文化“走出去”战略，广西出版传媒集团制定发展规划，以东盟国家为战略核心，通过版权贸易输出、多国战略合作、海外设立战略平台等方式，发挥广西版权资源优势，全面推进中国-东盟版权贸易服务平台项目建设。

① 石建锋：《〈意见〉引领创新发展》，载《新华书目报》，2017年12月21日。

二、广西版权产业发展与保护政策

(一)基本理论概述:版权制度与经济发展的关系

1. 版权的缘起:从保护出版商权利到保护作者权的转变

作品是当代市场经济中重要的社会资源之一,亦是当代世界各国法律重点保护的权利对象。对版权的深入研究,能够推动版权理论的创新与发展,帮助民众提高版权意识,促进版权的保护与利用。

(1)版权现代化过程

版权,即作者权,源于图书印刷出版业兴起的欧洲,经历了由保护翻印权到保护作者权的转变。14 世纪以后,随着欧洲经济的复苏与发展、城市的兴起与生活水平的提高,思想启蒙运动率先在欧洲萌芽,为书籍的传播奠定了基础。文艺复兴运动的盛行直接推动了印刷出版业的快速发展,印刷出版逐渐得到政府的重视。15 世纪末,威尼斯共和国授予印刷商冯·施贝叶为期 5 年的印刷出版专有权,这是西方第一个由统治阶层颁发的保护翻印之权的特许令。版权在这一时期表现为"翻印权"。虽然确立了印刷特许权利,印刷商未经作者允许直接印刷其作品的现象仍十分严重,侵犯作者权力的问题日渐凸显。1525 年,德国印刷商盗用行为频繁发生,由于没有相关法律规制,这些印刷商无偿占有原创作者作品的现象屡见不鲜,宗教改革领袖马丁·路德也遭遇了某些印刷商未经允许直接翻印他的手稿的事情,对此他出版了《对印刷商的警告》的小册子,揭露并强烈谴责了印刷商的盗用行为,对这种行为提出了抗议,这是欧洲第一个原创作者要求享有"作者权"的代表,对后世关注个人利益、保护作者权利有深远影响。① 洛克是英国著名的思想家,他在 1690 年提出《论国民政府的两个条约》,他认为进行精神创作作品的作者与其他劳动成果的创作人一样,都是花费了相当时间和劳动,因此理应获得相应的报酬。② 洛克的"作者权"思想更加明确其切身权利,为

① 吴汉东:《知识产权法》,北京大学出版社 2014 年版,第 15 页。

② 郑成思:《版权法》,中国人民大学出版社 1990 年版,第 11~13 页。

保护作者的经济权利奠定了思想基础。

“版权”一词源于16世纪英国王室的特许，与最先授予翻印权的威尼斯共和国颁布的特许令一样，都基于保护出版商的利益，英国亦经历了从保护出版商权利到保护作者权利的过程。新兴的图书印刷出版业在英国起步较晚，起初发展缓慢，大量图书仍需进口。统治者为了更好地发展和管理图书印刷出版行业，颁布了由国王任命的“国王的印刷业者”专职国家印刷出版业，即国王的特许令。英国议会权力不断扩大严格限定了国王在经济、政治、宗教等事务中的权利，1662年，英国议会为了加强管理版权，颁布了《许可证法案》，国王特许制度由此被废除。《许可证法案》使英国版权制度得到进一步完善，英国议会对版权的管理也更加规范。然而，法案成立图书印刷出版商公司版权垄断体系的倡议，引起了其他印刷商的强烈不满。1695年，图书出版商公司再次要求议会通过许可证议案，被下议院拒绝，导致了图书出版行业盗版情况加重，严重阻碍了出版业的发展，使出版业陷入困境之中。为改变这一现状，更加明确版权权属关系，1709年，安娜女王签署了议会通过的法案——《为鼓励知识创作而授予作者及购买者就其已印刷成册的图书在一定时期内之权利的法》(即《安娜法》)，明确保护作者的经济权利，注重保护作品的复制权。

《安娜法》开创了版权法的先河，成为史上首部版权法，它的颁布废除了王权特许制度，确立了作者的版权主体地位，是版权近代化的一个重要标志，对世界各国的版权立法产生了重大影响。英国长期被英国图书出版商公司垄断出版权的情况也随之结束。作者权作为一种私人财产权得以确立，近代版权制度开始适用于司法领域。至此，英美法系的版权制度正式确立。

1793年，法国颁布《作者权法》，该法确立著作权脱离“印刷”“出版”的制度，成为保护作者权的专属法律。至此，大陆法系开始使用著作权或作者权的概念，而英美法系则使用版权概念，版权的法律保护制度在此之后也开始在全球普及开来。

由于信息传播技术的迅速发展，国与国之间的信息传递速度日益加快，各国开始感到仅在一国之内保护版权无法对版权人的所有权益进行完整保护，1886年，在瑞士伯尔尼，各国签订了《保护文学和艺术作品伯尔尼公约》，该公约从国际层面对作者版权进行了保护，至今已有178个公约成员国。

(2)我国版权制度发展史

版权的概念是我国的舶来品，虽然我国很早就发明了纸张与活字印刷术，并在宋代就有了版权的萌芽，但是由于传统的封建集权统治，封建统治者垄断了绝对的资源和权力，使得商人和士绅对于政治的依赖严重，缺少自治的权利，因此无法对国家权力产生制度性约束。同时，中国封建时期的集权官僚政治制度对于国家法律的审查缺乏约束规则，也是封建时期我国未形成版权制度的一项重要原因。①

鸦片战争之后，中国的市场大门被打开，知识产权法律制度也随之不断的被迫革新。最早在太平天国时期，由洪仁轩颁布的《资政新篇》中提出了知识产权制度，由于初期国外对中国市场输出时知识产权问题并不突出，因此《资政新篇》并未得到落实。随着资本主义国家对中国市场的进一步深入，知识产权问题日益突出，资本主义国家逐步与中国签订了知识产权条约。1903 年，《中美通商行创修订条约》由清朝政府与美国签订，其中中文出现"版权"一词，标志着近代我国版权保护制度逐步明晰起来。受西方文化影响，清政府大修新律，1910 年颁布《大清著作权律》，成为我国近代第一部版权法律；1915 年，北洋政府颁布《北洋政府著作权法》，基本是清末著作权法的翻版；1928 年，南京国民政府颁布《著作权法》与《著作权法实施条例》，进一步细化了版权的具体规定；1930 年颁布《出版法》，对作品出版进行了进一步限制。

新中国成立后，文化部于 1955 年颁布了《保障出版物著作权暂行规定(草案)》，是新中国第一次出现著作权保护的部门规章，但由于建国初期的政治经济生活尚未稳定，该部法案并未得到很好实施便被废止。改革开放之后，我国才进一步完善版权相关法律。1980 年，我国重新颁布《关于书籍稿酬的暂行规定》；1982 年广播电视部发布《书籍稿酬试行规定》《录音录像制品管理暂行规定》《美术出版物稿酬试行办法》《图书、期刊保护试行条例实施细则》和《美术出版物稿酬标准》；1984 年颁布《图书、期刊版权保护试行条例》；1986 年国家颁布《录音录像出版物版权保护暂行条例》；1980 年《中华人民共和国个人所得税法实施细则》与 1985 年《中华人民共和国继承法》均承认了版权作为合法财产；1987 年《民法通则》生效后，版权所有者可以依照《民法通则》对侵权人进行起诉。

① 李雨蜂：《枪口下的法律：中国版权史研究》，知识产权出版社 2006 年版，第 78 页。

1990 年，《中华人民共和国著作权法》颁布，至今已经过两次修订，我国的版权法律制度不断完善，目前正在第三次修订中。1992 年，我国加入《保护文学和艺术作品伯尔尼公约》。2001 年，我国加入 WTO，签订《与贸易有关的知识产权协议》(TRIPS)，并第一次修改《著作权法》以适应国际协定的要求。随后，我国逐步出台了《计算机软件保护条例》《著作权集体管理条例》《信息网络传播权保护条例》和《最高人民法院关于审理著作权民事纠纷案件适用法律若干问题的解释》等法律法规与司法解释，版权保护在我国逐步形成体系。

根据当前我国著作权法的规定，“版权”与“著作权”是同义语，是指自然人、法人或其他组织对文学、艺术和科学作品所享有的专有性的权利，即我国融合了英美法系与大陆法系关于版权的观点，提出将版权与著作权不作区分对待的观念。这主要基于知识产权国际公约的签订以及版权和著作权的差异日益缩小的发展事实，因此我国著作权法将这两个法律术语当作同义语看待。

2. 版权的作用：保护创新与鼓励创新并举

版权已成为市场经济发展的核心竞争力之一，对版权既要从立法、司法、执法等法律层面进行保护，又要以其经济权利属性鼓励创新，形成良性的权益循环，这是保护版权的意义所在。

首先，版权是一项法定权利。版权在知识产权体系中占有重要地位，它是现代社会发展中必不可少的财产权利。在立法领域，我国出台了一系列法律法规对版权进行保护。我国《著作权法》形成了科学有效的版权保护体系；《民法典》第一百二十三条明确规定民事主体依法享有知识产权的客体包括作品、发明、实用新型、外观设计、集成电路布图设计等具体方面，从权力客体的角度规定了知识产权的内容。这表明立法层面对版权保护的积极态度，坚定为保护版权提供立法保障的决心。

在司法领域，随着版权纠纷案件不断增多，司法体系增设专门的知识产权法院来协助传统法院处理版权纠纷案件，体现了司法审判领域的改革以及对版权保护工作的重视；在执法领域，相关执法部门严抓严惩盗版、山寨行为，维护国家经济秩序，积极主动宣传版权相关知识，努力提高执法人员自身以及社会公众的版权保护意识。由此可见，我国从立法、司法、执法对版权实行全方位的保护，旨在保护文学艺术作品的创新以及科技创新，为创新提供坚实的法律保障。

其次，版权是一种无形资产，以其经济利益属性推动着创新。在我国版权保护体系下，文学艺术创新可以为公民、法人带来可观的经济收益。国家保护版权有助于鼓励公民、法人进行文学艺术作品创作的创新。根据我国《著作权法》的规定，公民、法人以及其他组织可以通过出版、发行、许可、转让作品等形式获得相应的报酬。随着科技的进步与发展，知识产权已成为企业重要的核心战略资源，是现代企业竞争优势所在，关乎企业的生存和发展。而版权在其中占据十分重要的位置，版权管理已经成为现代企业必需的战略布局之一。企业加强对版权的管理，不仅能够保护自身版权权益不受侵害，而且还能激发企业创新的活力，不断加大研发投入，以创新促进企业发展，提高整体经济效益。企业健全的版权管理制度，有利于鼓励公司员工积极创新，带动相关产业的全面创新。在国家大力鼓励创新创业的大时代背景下，版权产业积极调整产业结构，不仅促进了文化事业的发展，还推动了相关产业的经济发展。

3. 版权与创新驱动发展

在科学技术引领创新浪潮的时代，包括版权在内的知识产权已经从法律层面上升至国家基本战略的高度，版权驱动创新、创新驱动发展已然成为国家重要的发展战略。随着国家知识产权战略的深入实施和知识产权强国建设的推进，版权已成为激励创新的重要支撑。2017 年 1 月，国务院印发《“十三五”国家知识产权保护和运用规划》，这是知识产权规划首次被列入国家重点专项，版权保护工作成为国家文化软实力提升的重要部分，版权强国建设应时代之需被提上日程。2017 年 3 月 1 日，《中国电影产业促进法》正式生效，这是我国近年来保护版权的重要立法，对促进电影产业、版权产业的发展起到了立法保障的积极作用。在国家政策持续利好、立法日渐完善的背景下，我国版权产业结构将不断升级，为推进版权强国建设、打造创新型国家创造良好的环境，提供坚实的基础。

版权相关产业是我国创新驱动发展的“引擎”，创新驱动发展战略为版权产业的发展保驾护航。针对各个地区不同的经济发展状况，通过发展特色版权产业，加强版权管理，增强版权保护意识，鼓励个人、企业积极主动创新，推动经济结构升级，实施以版权推动实业创新，以创新驱动经济发展，以版权保护稳定支撑创新驱动发展。随着国家创新驱动发展战略的进一步实施，国家加强版权司法保护力度与执法力度，开展相应的版权社会服务工作，为企业打造版权产业优质品牌、加强版权管理、推动版权兴企模式的发展创造了良好的环境。我国版权经济快速增长，相关版权产业已进入发展新时期，具体表现为作品创作创新能力增强、版权运用范围扩大、作品版权的保护制度更完善、版权管理水平不断提高。①

（二）广西版权产业保护与发展的基本政策

近年来，随着版权产业在我国的兴起与发展，各地越来越重视版权。为积极响应国家实施的知识产权强国、版权强国、创新驱动发展等长期发展战略，广西根据区内版权发展实情制定了相应的发展措施，出台了相关的版权政策，为促进广西版权事业的发展提供政策支持。

1. 坚持走版权产业国际化道路，实施“走出去”战略

为了更好地发展版权对外贸易，2018 年 1 月 29 日，广西新闻出版广电局制定《广西新闻出版广播影视走出去扶持资金管理办法》，旨在进一步推动实施财政资金带动版权产业走出去的发展战略，以资金扶持激发版权产业走出去的动力，推进广西新闻出版国际传播能力建设，深入贯彻落实“一带一路”倡议，将广西新闻出版广播影视业融入一带一路建设之中，进一步增强广西版权产业的对外输出能力。

在经济全球化不断深化的大背景下，广西版权的发展秉承着产业国际化、“走出去”的时代理念，凭借依托与东盟国家邻近的地理位置优势，以及东盟发展战略的政策支持，探索出了“以东盟区位优势带动版权走向国际”的版权发展之路。在版权事业发展过程中，广西找准在东盟的定位，结合自身发展优势，逐渐创立自己的品牌，积极主动将具有高度品牌识别度的优秀作品推向东盟市场，提高品牌的市场知名度，加强与东盟国家的版权合作，建立长期稳定的版权战略合作伙伴关系，为版权作品的输出提供实质保障。同时，在东南亚国家和地区组

① 刘仁：《版权事业迎发展　跃马扬鞭启新程——党的十八大以来我国版权事业发展成就综述》，载《中国版权》2017 年第 5 期。

织举办一系列图书展会，进一步向东盟国家推介广西的作品，拓宽广西版权贸易国际化之路。

在版权贸易发展过程中，广西积极实施“走出去”战略。例如，在 2015 年第 22 届北京国际图书博览会上，广西组织 8 家图书出版社积极参与版权相关产业对外交流与合作，展示了广西出版产业“走出去”的实力。博览会期间，广西代表团还与英、法、美、日等 10 个国家和地区的出版商建立版权贸易合作关系，达成贸易合作共识的图书共计 133 种。2018 年，第 25 届北京国际图书博览会上，由广西出版传媒集团主办，漓江出版社和广西科学技术出版社承办的中国-东盟版权贸易服务平台项目正式启动，该项目立足于广西、服务全国、对接东盟、面向世界提供版权贸易服务。该项目主要分为建设“中国-东盟版权贸易服务网”和建设中国-东盟(北京、南宁)版权图书展示中心及驻东盟各国的中国文化中心两大部分，旨在为多方搭建沟通桥梁，共同促进中国-东盟出版产业的稳定、繁荣，此项目的启动标志着广西版权产业“走出去”进一步加深。①

另外，根据 2018 年 4 月 25 日自治区版权局在广西版权工作新闻发布会上发布的 2017 年度广西版权工作情况，2017 年间广西有关机构把 40 多部 2000 多集电视剧翻译成东盟国家语言，并在当地播出；全区 2017 年度图书出版社共实现对外版权输出 413 种，同期版权引进为 495 种，广西出口至国外的版权贸易差额显著缩小。② 在 2019 年 4 月 24 日自治区版权局在广西版权工作新闻发布会上，指出 2018 年共输出图书版权 503 种，引进图书版权 368 种，是广西多年来难得的输出图书品种数量超过引进数量的年份。③ 由此可见，近年来广西出版业逐渐受到国际社会的认可，广西版权发展势头良好。

---

① 广西壮族自治区广播电视局：《中国-东盟版权贸易服务平台项目正式启动》，载广西壮族自治区广播电视局网，http：//gbdsj. gxzf. gov. cn/html/news/xitongdongtai/23996. html，2018 年 10 月 30 日访问。

② 广西壮族自治区广播电视局：《自治区版权局发布 2017 年度广西版权工作情况》，载广西壮族自治区广播电视局网，http：//gbdsj. gxzf. gov. cn/html/qjgz/banquanguanli/23305. html，2018 年 10 月 30 日访问。

③ 《广西版权工作新闻发布会在南宁举行(图)》，载广西新闻网，http：//www. gxzf. gov. cn/xwfbhzt/gxbqgzxwfbh/mtbd/20190425-745369. shtml，2020 年 5 月 17 日访问。

2. 传统出版业和新兴出版业并举，加快新兴出版业发展

出版业在版权产业中占有举足轻重的地位，是版权产业中重要的一个分支，但由于技术条件的限制，长期以来图书出版仅限于传统纸质出版。从东汉时期蔡伦改进造纸术到北宋时期毕昇发明活字印刷术，版权技术的革新以及广泛应用直接带动了以纸张为载体的传统出版的兴起与发展，以此形成的传统出版业的供应链一直维系着出版业的生存根本。随着第三次科技革命的到来，人类文明从蒸汽时代和电气时代逐渐发展成为信息时代，信息技术与互联网技术迅速发展成为人类生活中不可缺少的一部分，数字出版作为新兴出版业迅速崛起，出版业进入了全新的转型期。作为新兴出版模式，数字出版颠覆了以纸张为出版媒介的传统出版模式，数字出版利用互联网传播数字产品内容，包括互联网书籍、数字杂志、网络文学等系列的形式，极大简化了出版程序，更加方便读者获取产品的相关信息，成为广大群众青睐的出版方式，也冲击着传统出版业的主导地位。

随着经济发展和产业结构优化升级，出版业在产业结构中的作用愈加明显，已经成为广西经济发展的一个重要支撑点。数字出版成为出版业的战略性产业和发展导向，而传统出版业仍然占据广阔市场。2015 年，结合区内出版产业的发展实际，自治区新闻出版广电局、财政厅联合出台了《关于推动传统出版和新兴出版融合发展的实施意见》(以下简称《意见》)，《意见》坚持以先进技术为支撑，逐步探索出版模式与管理体制创新，在改革传统出版业的同时鼓励数字出版业的发展，进一步加快全区出版业的发展步伐。为了推动出版业的持续健康发展，广西立足传统出版，充分发挥技术优势，积极主动加快促进传统出版与数字出版在内容、管理方面的融合，坚持融合促发展的理念，同时培育壮大数字出版产业，形成传统出版与数字出版共存发展、优势互补的产业发展格局，加强文化强区建设。

《意见》提出应当突破传统出版，更新利用专业采编和内容资源的优势，拓展到新兴出版；建立系统的出版内容生产平台，如统一管理全媒体资源等。另外，要注重培养出版行业的服务意识，强化用户理念，增强受众的体验感等，以提高生产和服务创新内容的质量。同时，《意见》通过集结管理优质的资源，着力建设国家重点平台，其中包括国家级出版内容发布投送平台、国家学术论文数字化发布平台等，旨在创建出版行业相关平台的开放接口，实现数据信息共享。

电子商务有其得天独厚的优势，其时效性和便捷性突破了传统出版的局限，可以有效地扩大客户资源、扩展内容传播渠道，因此《意见》指出要加大力度建设、完善电子商务相关平台，支持实体书店与电子商务合作，融合线上和线下实体渠道、电子商务渠道和移动商务渠道，建立优质地服务模式，坚持以用户为中心，建立出版网络社区等传播载体。《意见》为了达到更高标准，积极创新版权行业新形态，将新兴网络技术优势发挥到极致，建立和完善了"三个刚需"方面的衔接生产技术体系内容，具体包括用户、生产和技术。在出版行业高度融合发展的过程中，难免出现相关部门的工作内容分工问题，《意见》针对这一问题提出：出版单位和版权相关的政府职能部门要各司其职，明确出版单位主要担当促进融合的主体并且要不断适应发展过程中的创新要求，政府职能部门的主要任务是为融合发展提供政策保障和管理服务。①

3. 加强版权保护，促进合理利用

加强版权保护是广西版权产业发展的重要保障。广西深入贯彻党的十九大精神，全面落实《国务院关于新形势下加快知识产权强国建设若干意见》和《广西深入实施知识产权战略行动计划(2015—2020年)》，积极推动版权保护与经济社会发展深度融合，实行严格的版权保护制度，全区版权保护状况进一步改善，为版权强区建设提供了有力支撑。

《广西壮族自治区知识产权事业发展"十三五"规划》明确要求，实行严格的版权保护机制，加快推进版权纠纷行政执法程序建设，加强版权执法队伍建设，提高版权纠纷相关执法水平，强化区内重点领域版权的预防能力，打造版权保护网络协助平台，建立预防与保护的长期有效行政执法机制，重点打击侵犯版权等知识产权的违法犯罪行为，实施版权纠纷多元化解决机制以及版权相应的品牌保障机制。同时，要强化区内企业的版权保护意识，指导企业加强对版权的规范管理，提高全区整体版权保护水平，为全区版权产业高效发展构建优质的市场环境，以促进版权产业向更高层次、更加快速的情形发展。

① 广西壮族自治区广播电视局：《有关负责人就〈关于推动传统出版和新兴出版融合发展的指导意见〉答问》，载广西壮族自治区广播电视局网，http://www.gxpprft.gov.cn/show-179-18281-1.html，2018年12月10日访问。

在大力加强版权保护的同时，全方位提升作品的合理利用也是促进版权业发展的重要一环。版权产业的创新发展需要不断加强行政执法的保障的同时，还需要建立版权转化体系来保证作品的合理流通。随着版权产业结构调整，广西根据“十三五”战略规划部署，制定《广西知识产权区域布局试点实施方案》和《广西特色型知识产权强区建设试点工作实施方案》，积极鼓励企业将版权成果推向市场，加快作品通过许可等方式流动转化，加强版权创新成果投向市场运用的能力，引导企业、个人将优质作品商业化运用，搭建企业创新与市场需求的转化桥梁，进一步推动金融资本在区内的合理流通，促进社会资本与版权创新的紧密结合，从而建立版权作品合理利用的有效体系。

三、广西版权产业保护状况

（一）版权产业保护成效显著

随着创新驱动发展战略的深入实施和版权强区建设的推进，版权保护工作成为发展广西文化产业的重要任务。经过自治区政府各部门的努力，广西在行政执法领域和刑事司法领域的版权保护取得一定成果，版权保护工作进入新阶段。

1. 行政保护方面

广西积极加强行政执法制度建设，提高执法队伍整体执法水平，确保版权保护工作持续有效开展。广西积极开展全民保护版权活动，通过优选活动推选出优秀版权保护单位，以激发全民的版权保护动力。2017 年，共推选出接力出版社有限公司、广西日报社、广西民族大学、广西经济管理干部学院、南宁峰值文化传播有限公司、齐迹智慧金融孵化基地、广西英腾教育科技股份有限公司、桂林力港网络科技股有限公司、广西临届数字科技有限公司、桂林坤鹤文化传播有限公司份等全区十家版权保护优秀单位。①

① 广西壮族自治区广播电视局：《自治区版权局发布 2017 年度广西版权工作情况》，载广西壮族自治区广播电视局网，http：//gbdsj. gxzf. gov. cn/html/qjgz/banquanguanli/23305. html，2018 年 12 月 1 日访问。

广西相关部门通过出台一系列执法工作制度，进一步规范版权行政执法。2017 年，自治区版权局颁布实施《广西新闻出版广播影视(版权)行政执法调查取证制度》和《广西新闻出版广播影视(版权)行政执法告知说明制度》，进一步规范版权工作执法程序，确保科学、民主、有效执法；制定实施《广西新闻出版广播影视(版权)异地行政执法协助制度》，提高异地版权行政执法过程中相关部门的组织协同性、执法机构权责意识，加强跨区域版权保护；出台实施《广西新闻出版广播影视(版权)重大行政执法决定法制审核制度》，强化内部版权行政执法监督机制，在作出区内重大行政执法决定之前提出审核意见，以此相互监督制约，保障决定的可执行性与可操作性。

加强行政执法队伍建设，进一步提高行政执法人员的执行能力。广西认真落实国务院《关于进一步深化文化市场综合执法改革的实施意见》文件精神，积极推进版权综合执法队伍建设，严格实行文化市场综合执法人员上岗资格管理制度，定期组织开展版权业务培训活动。2017 年 1 月 9 日，自治区版权局开办《广西壮族自治区广播电视管理条例》学习培训班，组织各行政机构负责人、各市文化市场综合执法机构负责人等集中学习条例精神。运用包括自治区政府网、版权局网、法院网等区内版权监管平台，提高版权行政管理和执法人员的监管能力，落实版权执法相关标准规范和文化市场综合执法责任制。利用自治区人才培养政策的财政投入，与人力资源部门协同合作培养新时期的版权执法人员，提高行政执法人员的整体业务素质。行政保护是版权保护的重要手段，行政保护制度的制定与完善对于版权工作的开展意义重大。

广西根据区内版权发展实际，积极出台一系列版权保护政策，深入实施版权强区、创新驱动发展等基本战略，逐步完善版权保护体系。经过长期不懈的努力，版权行政保护成绩凸显，有力地促进了相关产业发展，在文学、影视、软件、动漫等各类型文化产业都取得了新成效。据统计，2019 年广西壮族自治区版权局领导下的广西版权保护协会完成作品著作权登记 3003 件，同比增长较为迅速。①

① 广西版权保护协会：《广西版权保护协会 2019 年十大事件》，载广西文明网，http：//gx. wenming. cn/xwcb/xwcbhydt/202004/t20200421_5537283. htm，2020 年 4 月 26 日访问。

(1)文学产业方面

文学是文化教育的重要领域，也是弘扬民族文化，加快文化强区建设的关键。《广西壮族自治区国民经济与社会发展十三五规划》明确要求文化产业的跨越发展以及文化区域影响力的提升，注重文化产业的保护与发展。近年来，广西各级版权行政管理部门积极开展打击盗版图书、报刊、电子出版物等盗版文学的专项行动，严厉打击盗版文学，为推动全区文学的迅速发展奠定了良好的基础。2017 年 4 月 24 日，广西开展全区盗版书籍及非法出版物集中销毁活动，其中，柳州市公开销毁盗版侵权及各类非法出版物 5 万余件，桂林市销毁非法书刊 7502 件，玉林销毁 6 万多件，百色共销毁 1.1 万多件，贵港市销毁盗版书籍 3000 余本、非法报刊 5000 余份。此次活动覆盖全区 14 个市，销毁各类盗版图书及非法出版物约 58.5 万件，参与执法的人数达 4000 多人。同时，各市还通过展出宣传报、发放宣传资料以及开展“打击盗版，从我做起”的签名活动等形式增强群众维护正版文学、打击盗版行为的版权意识。

政府采取的一系列保护文学作品的举措有力地推动了广西文学的发展。随着版权保护政策措施的不断完善，广西文学工作者的创作热情被激发出来，新的优秀作品不断涌现。例如，杨彩艳的小说《我们的童年谣》、康雪的组诗《照耀》、黄祖松的散文《日久他乡即故乡》等。有不少作品，尤其是长篇小说成功改编为电视剧，还有一些作品在海外出版，其中较为著名的为广西作家东西所著的《篡改的命》，截至 2018 年 7 月，已经翻译成越南文、瑞典文、俄文等多种国外译本在海外发行。[①] 据广西作家协会主席东西所述，广西作家的作品已被翻译为多种外文出版或发表，截至 2018 年底，译文包括英、德、日、柬文等 12 国语言，不久后将出版捷克文和西班牙文。[②] 不仅扩大了广西文学在国内外的影响力与知名度，也推动了文学桂军在新时期的发展。

(2)影视产业方面

信息技术的进步促进了影视的传播，同时，互联网版权侵权行为的增多也给影视版权保护带来了新的挑战。针对网络影视盗版侵权问题，广西认真贯彻落实

① 广西日报:《东西作品〈篡改的命〉俄文版出版》，载新华网，http://www.xinhuanet.com/book/2018-07/10/c_129909921.html，2018 年 12 月 30 日访问。

② 广西日报:《东西与“文学桂军”》，载广西新闻网，http://www.gxnews.com.cn/staticpages/20180919/newgx5ba183af-17658544-2.shtml，2018 年 12 月 30 日访问。

国务院颁布的《电影管理条例》以及第十二届全国人大常委会通过的《电影产业促进法》，在版权工作任务中以影视版权保护为重点，组织部署各部门开展打击网络版权侵权的“剑网行动”，加强对影视方面的版权管理，有效净化区内网络影视版权环境。

据统计，2017 年全区共关闭 59 个违规网站、242 个未备案网站，政府相关部门还约谈了 93 家违规网站和微信公众号。这些网站的违规内容涉及非法复制文学作品、非法传播盗版影视作品等方面，其中以“爱丫丫影视网”侵犯版权案、北海市合浦县王某侵犯版权案为典型代表。2017 年 12 月 29 日，河池市文化广电新闻出版体育局经调查发现，黎某经营的“爱丫丫影视网”未获版权许可便通过网络等媒介非法传播享有版权的影视作品，认定其构成影视版权侵权，给予黎某罚款 10000 元的行政处罚，并且该局还依据相关法律法规关闭该网站。北海市合浦县王某未经版权许可，私自复制、发行他人录音录像制品，并且通过相关网络向公众传播。合浦县文化市场综合执法大队通过调查取证，最终对王某处以没收光盘 500 张，罚款 3000 元的行政处罚。政府相关部门通过不断加大打击影视侵权行为的力度，为广西影视产业的发展铺平道路。

(3) 软件产业方面

软件产业是一个重要的新兴产业，推动软件正版化成为政府保护软件版权的重要工作任务。软件盗版目前在国内仍是一个很普遍的现象，发展版权产业首先就是要提高人们权利保护意识，自觉尊重他人的著作权。自 2017 年起，广西壮族自治区新闻出版广电局(版权局)开始重视推进本地区的相关政府机关、国有企业等机关使用正版软件的工作，在巩固县级以上各级政府机关在相关设施中使用正版软件工作成果的基础之上，发挥国有企业的带头作用，大力推进其他相关企业在日常工作中使用正版软件并取得一定成效。① 此次软件正版化工作的推进从五个方面协同开始。

第一，在整体上强化保障，确定各部门的具体工作任务。在本地区软件使用正版化工作中将责任落实到具体个体，要求各部门在工作中相互协调、统筹资源和政策联动，并建立相互监督制度，分工明确，更好地发挥各部门的长处。

① 中华人民共和国国家版权局：《广西稳步推进软件正版化工作》，载国家版权局网，http：//www. ncac. gov. cn/chinacopyright/contents/518/357128. html，2019 年 2 月 18 日访问。

第二，从计算机采购源头上加强对计算机软硬件资产管理。政府通过印发通知的形式，从经费预算保障、采购组织实施、采购行为、软硬件资产管理、版权信息核验等五个方面对本地区政府机关所包含的计算机软件和硬件资产采购管理进行规范，对政府机关各类软件采购的最高价格进行限制以及软件的配置标准和采购方式进行明确的规定，对于各种软件的使用期限和更换年限也都设定了明确的标准，对于软硬件台账管理的要求也更加明确，促使全区各地各级机关单位把好采购源头关，加强计算机软硬件资产管理工作。

第三，制定相关人员的工作考核办法，以年度考核的方式来巩固其成员工作成果。目前，全区各地各级政府机关均已基本全面地建立包括软件管理维护、采购预算、软件资产管理、合同管理、工作责任落实和追究等在内的软件正版化工作机制；2017 年 7 月印发《广西壮族自治区政府机关使用正版软件工作考核办法》，采取书面考核与实地检查相结合、各单位自查与考核组抽查相结合的方式进行，从年度计划与总结、领导机构和责任人落实情况、长效机制建设情况等 12 个方面对全区各政府机关软件正版化工作进行全面的考核。并且将自治区、市、县(市、区)三级党委、人大、政府、政协、法院、检察院、民主党派、人民团体等各有关中直驻桂机关全面纳入考核范围。当前已完成对全区 14 个地级市及各区直机关软件正版化工作 2017 年度考核，基本掌握考核对象使用正版软件工作情况。

第四，深入推进国有企业软件正版化工作。国有企业在我国经济发展中占据着非常重要的位置，只有首先加强国有企业软件正版化的工作，才能以此为基础带动其他相关企业自觉使用正版软件。本次工作是以培训会的方式进行，要求全区各家国有企业在企业内部都要建立和完善推进机关使用正版软件工作的领导机构，建立健全正版软件使用管理、安装卸载、升级维护以及工作考核、责任追究等各项相关的长效管理机制。同时通过联动监督的方式实现对相关工作的管控，保证各企业使用正版软件工作的顺利进行。2017 年全区列入完成软件正版化工作目标的企业共计 289 家，全部按时完成工作目标。

第五，积极做好使用正版软件的宣传教育工作。充分利用报纸、网络等媒介，在人民群众中积极开展相关版权保护的普法工作，从意识层面提高社会公众的版权保护意识，推进版权产业的发展。

2017年是广西实施软件正版化的重要一年，自治区版权局稳步推进全区政府机关、国有企业的软件正版化工作，不断巩固各级政府机关使用正版软件的工作成果。根据2017年数据，自治区版权局对全区14个市、24个县区的210家机关单位进行了使用正版软件情况的考核，共抽查计算机2262台；对全区836家机关单位进行软件正版化工作检查；举办107场软件正版化的相关工作培训，共有1775家单位、9724人次参加培训工作；全区共有289家企业按时完成软件正版化工作目标，有十家企事业单位入选广西版权保护优秀单位。

2018年9月，自治区人民政府使用正版软件工作领导小组印发了《广西推进企事业单位使用正版软件工作规划》（以下简称《规划》），《规划》要求自治区内各党政机关所属企事业单位以及其他各类企业和事业单位要遵循统一领导、分级负责、政府推动、行业配合、由易到难、逐步推进的原则，分行业、分批次、分类型地做好各类软件的全面正版化工作，并且通过组织不定期督导检查、纳入年度考核、建立"黑白名单"制度及纳入全区版权保护优秀单位评选考核内容等措施来巩固全区版权保护成果。①

软件正版化是科技创新的一个支撑点，在信息技术高速发展的趋势下，软件开发已经成为经济发展的重要因素，有效助推广西深入实施创新驱动发展战略，保护与鼓励区内实践创新，促进广西软件产业的发展，树立广西政府与企业良好的信誉与形象。

（4）动漫产业方面

在互联网基础设施逐步完善，创新水平不断提高的条件下，动漫产业迅速发展，成为大众娱乐消遣的新渠道。广西动漫产业虽然起步较晚，但其发展迅速，是自治区政府重点保护的产业之一。广西将《著作权法》保护版权的基本原则同广西版权保护实践相结合，联合自治区文化厅、科技厅等相关部门出台《关于推动广西动漫产业发展的若干意见》（以下简称《意见》）。《意见》强调，各有关部门应当积极鼓励作者将动漫作品进行版权登记，加大动漫产业版权保护力度，加强动漫市场监管，为动漫产业发展创造公平竞争的市场秩序。政府通过引导资金支

① 广西壮族自治区广播电视局：《自治区人民政府使用正版软件工作领导小组关于印发〈广西推进企事业单位使用正版软件工作规划〉的通知（桂正版发〔2018〕1号）》，载广西壮族自治区广播电视局网，http：//www.gxpprft.gov.cn/html/tzgg/24192.html，2019年1月21日访问。

持、土地政策的支持，在有效地推进动漫产业迅速发展的同时，积极推动发展了多家具有影响力的动漫企业，建立了系列文化动漫产业园，培养了大批专业动漫人才。截至2018年，区内的南宁市、柳州市、桂林市等重点城市中动漫企业以及关联企业已经超过100家，其中覆盖了动画片、漫画制作、图书出版、电视、电影、音像制品、舞蹈、游戏制作、网页制作、动漫产品等动漫相关的各个领域，动漫产业在广西的经济发展中已经呈现出全力上升的态势。随着中国-东盟自由贸易区区以及“一带一路”倡议的进一步深入，广西与东盟国家的动漫产业的交流日益密切，2018年多部国内动漫电影、电视剧、书籍翻译成东南亚语言并出口至东南亚国家，有力的提升了中国动漫产业的国际化水平。

2018年6月3日，广西动漫协会成立大会暨“你好，新时代”中国-东盟动漫创作大赛在南宁举办。广西动漫协会的成立是区内动漫产业发展的一大推动力，标志着广西在动漫产业管理、制度保护方面迈上一个新台阶。同时，广西动漫协会对于全区动漫产业发展的支持与引导也将推动政府出台保障动漫产业健康发展的相关政策，使广西动漫产业的发展壮大形成良好有序的态势。近年来，广西致力于加强对动漫行业的监管，逐渐获得东盟国家对广西动漫产业发展的认可，东盟国家与广西之间的版权交流活动日益增多。2018年东博会动漫游戏展中，众多东盟国家组团来邕，寻求与中国在动漫游戏领域的合作。马来西亚的艾尼蒙特工作室制作的动画片《元素英雄小波波》在中国腾讯视频上线后的4个月时间内，其播放总量达到2500万。广西中视嘉猴影视传媒投资有限责任公司与泰国辉煌国际集团在2017年的首届动漫展上签订了1000万元的动漫合作项目，合作项目涉及的范围非常广泛，包括影视作品制作、版权代理、动漫周边产品推广销售等。2018年8月，广西本土动画片《白头叶猴之嘉猴壮壮》在泰国当地电视台播出，这是一部以中国一级保护动物白头叶猴为原型，以广西山水、壮族文化为背景制作的动画产品。①

动漫产业的发展有助于国家文化软实力的提升，有助于推动民族文化“走出去”战略的良好实施，有利于形成我国民族文化的专属品牌。文化输出的方式多种多样，近年来我国动漫产业快速发展，广西可设计具有本土民族特色和生活风

① 广西日报：《产业搭平台　动漫连东盟》，载广西政府网，http：//www.gxzf.gov.cn/gxydm/20180518-695196.shtml，2019年1月21日访问。

情的动漫形象传播到外地，甚至传播到国外去，通过展示特色动漫形象进行文化输出，这可以增强广西的文化自信，也有利于让更多的人认识广西、了解广西、爱上广西。

(5)其他

除以上列举的文学、影视、软件、动漫之外，版权保护还包括游戏、音乐等著作权法规定的其他内容，这些保护对象都形成了相应的经济产业，建立产业经济链，促进着经济文化的发展。广西认真落实文化部制定的《网络游戏管理暂行办法》，加强本土游戏的创新开发，加快引进优质游戏以及开发游戏周边市场，在满足大众对健康游戏的需求的同时，保障广西游戏产业的持续发展；此外，广西依托丰富的特色民族音乐资源，以《著作权法》等相关法律法规为依据，通过版权注册的形式保护传统民族音乐，利用与各大音乐平台的版权合作关系形成产业优势，促进广西音乐产业升级，带动广西整体经济的发展。

2. 司法保护方面

司法保护方面，广西各级人民法院和人民检察院坚持依法审判的原则，秉承司法审判结合版权产业发展实际的理念，推动司法审判领域的改革创新，不断提高版权纠纷案件的审判质量，充分发挥司法体系对于版权保护的关键性作用。2019 年，全区各级法院共受理各类知识产权案件 5407 件，比 2018 年同期增长 98.49%，其中版权纠纷案件 3255 件。① 针对版权纠纷案件显著增多的情况，自治区知识产权局认真贯彻落实国务院《关于加强知识产权审判领域改革创新若干问题的意见》精神，重视对侵犯版权案件的审判，组织区内各级法院与检察院对版权纠纷案件出现的问题进行探讨，形成共识并用于指导司法实践工作。

(1)自治区版权管理机关定期发布十大版权保护典型案例

广西壮族自治区广播电视局每年均发布版权保护案例情况，2017 年，共有十件侵犯著作权案入选广西十大版权保护典型案例，其中包括南宁市“皮皮小说网”案、南宁市“威盘网”案、河池市“爱丫丫影视网”案、桂林市七星区莘莘文印轩案、桂林市雁山区学友文印工作室案、北海市合浦县王某某案、桂林市全州县

① 《2019 年广西法院知识产权审判十大案件公布》，载广西新闻网，http：//www.gxnews.com.cn/staticpages/20200421/newgx5e9eca13-19467558.shtml，2020 年 4 月 26 日访问。

涛涛日用品百货批发部案、桂林市雁山区博雅文印部案、桂林市七星区优优文印店案、桂林市全州县源通音像店案等，这些案例对社会版权保护起到了良好的启示与借鉴作用。①

典型案例一：网络版权侵权

南宁市“皮皮小说网案”，南宁市公安局的查处与南宁市西乡塘人民法院的判决都严厉地对网络文学侵权进行了打击，同时对于老百姓日常生活中的版权保护意识也起到了提升作用。案由如下：2015 年 7 月，著作权人向广西壮族自治区南宁市公安局治安支队投诉称“皮皮小说网”侵犯了该著作权人的合法权利，随后公安局开始对该案进行全面调查。经查表明，自 2010 年起，魏某某擅自对著作权人的文学作品进行大量复制，未经著作权人许可将复制的内容发布到自建的“皮皮小说网”上，随着网站传播的快速进展，“皮皮小说网”浏览量大增，魏某某便开始利用“皮皮小说网”进行商业广告宣传，以获得非法利益。2014 年，魏某某与陈某某签订“皮皮小说网”买卖合同，后陈某某获得该网站所有权。但是陈某某在购入该网站时，对魏某某未经权利人许可擅自复制他人文学作品并在该网站上发布的情况是明知的，陈某某并没有及时停止侵害行为，而是继续经营并且接商业广告进行宣传，共计获得 72 万元的非法利益。在网站转卖后，该网站的维护管理人员覃某先后受雇于魏某某、陈某某，参与非法复制、发行他人享有著作权的文学作品超过 41000 部。事发后，犯罪嫌疑人魏某某、陈某某和覃某分别对被害单位进行赔礼道歉，并赔偿损失，取得其谅解。经广西壮族自治区西乡塘区人民法院审理后判决，2017 年 6 月，三名犯罪嫌疑人被判处侵犯著作权罪，分别判处有期徒刑缓刑，并处罚金。② 同样的典型案例，如“威盘网”案、河池市“‘爱丫丫影视网’侵犯著作权案”也是被告人未经著作权人许可的情况下通过网络向公众传播音乐作品，最终判决分别是南宁博大全讯科技有限公司被南宁市文化新闻出版广电局处以 3 万元罚款的行政处罚；爱丫丫影视网负责人黎某某被河池市文化广电新闻出版体育局对其处以罚款一万元的行政处罚。

---

① 《自治区版权局发布 2017 年度广西版权工作情况》，载广西壮族自治区广播电视局网，http：//gbdsj. gxzf. gov. cn/html/qjgz/banquanguanli/23305. html，2018-04-30，2018 年 12 月 1 日访问。原网址失效。新网址：http：//gbdsj. gxzf. gov. cn/zmhd/xwfb/t2916624. shtml。

② 国家版权局：《广西南宁“皮皮小说网”侵犯文学作品著作权案》，载国家版权局网，http：//www. ncac. gov. cn/chinacopyright/contents/11143/372817. html，2018 年 12 月 1 日访问。

典型案例二：版权复制权侵权

以桂林市雁山区博雅文印部侵犯著作权案为例。由于秦某所经营的打印店未经著作权人许可，私自复印并向学生出售，累计复印书籍教材达 29 本，严重侵害了版权所有者的权益，桂林市文化新闻出版广电局对该文印店作出没收侵权复制品及罚款 2000 元的处罚决定。此外，另一典型案例桂林市七星区莘莘文印轩侵犯著作权案与此案类似，同样是擅自复印未经权利人授权书籍材料，侵害了版权人的权利，最终也被桂林市文化新闻出版广电局予以处罚。这两个案例在我们日常生活中十分常见，几乎每个高校都存在私自复印教材或者其他图书未经过原作者许可的情形。此案例再次给予了全社会文印商家知识产权警告，杜绝随意复制他人著作权作品，如果销售数额达到一定标准，后果不仅是没收侵权物与罚款，甚至将会受到刑法的惩罚。

典型案例三：销售盗版作品侵权

以北海市合浦县王某某侵犯著作权案和桂林市全州县源通音像店侵犯著作权案为代表，两件案例均为直接销售传播未经著作权人许可的录音录像制品，使著作权人遭受巨大损失，侵权人最终也受到当地版权管理部门的行政处罚。

典型案例四：包装装潢侵犯版权

以桂林市全州县涛涛日用品百货批发部侵犯著作权案为典型，谢某某经营的日用品批发部，在其商品外包装上未经著作权人许可使用他人的图形作品，并销售获得盈利，最终受到全州县版权管理部门没收违法所得并罚款 2000 元的行政处罚。此案例表明商标(商品装潢)权与版权是具有交叉内容的，版权可以成为商标(商品装潢)权的在先权利，反之商标(商品装潢)权亦可以成为版权的在先权利，而不能对其侵犯。

(2)广西法院系统定期发布知识产权审判典型案件

广西各级法院定期发布知识产权纠纷典型案例，推动知识产权保护影响力。例如，2020 年 4 月 21 日，广西壮族自治区高级人民法院公布了 2019 年知识产权审判十大案件，其中包括“广西南丹莫老爷酒业有限公司与广西洞藏原浆贡酒酒业有限公司著作权侵权纠纷案”典型的著作权侵权案件①；2018 年 4 月，广西壮

① 《2019 年广西法院知识产权审判十大案件公布》，载广西新闻网，http：//www.gxnews.com.cn/staticpages/20200421/newgx5e9eca13-19467558.shtml，2020 年 4 月 26 日访问。

自治区高级人民法院公布了“2017 年广西法院知识产权审判十大案件”，其中包含了“王梦祥与广西寿乡国际旅游集团有限公司著作权权属、侵权纠纷案”“许氏食品厂和太平聚龙食品厂商标、著作权侵权纠纷系列案”等具有影响力的典型性的版权案例。① 2017 年 5 月，南宁市中级人民法院发布《南宁法院知识产权保护状况(2012—2016 年)白皮书》，公布了 2012—2016 年南宁法院知识产权司法保护十大典型案例，相关数据显示，南宁市两级法院在 2012—2016 年这五年间累计新收知识产权民事案件 3035 件，比上一个五年新收案件增加 1989 件，审结 2918 件。其中，南宁市中级人民法院共受理了 3 起不服专利侵权处理纠纷行政案，审理知识产权刑事案件 66 件；因查处侵权盗版案件工作中所作的贡献，宾阳县法院、南宁中院分别荣获国家版权局“全国查处侵权盗版案件有功单位”一等奖及二等奖。② 自治区级与市级法院公布的典型案例无疑将对广西版权保护带来重要的警示作用，对于健全未来在版权保护领域的司法审判也有重要作用。

自治区级典型案例一：广西南丹莫老爷酒业有限公司与广西洞藏原浆贡酒酒业有限公司著作权侵权纠纷案

原告广西南丹莫老爷酒业有限公司(简称莫老爷公司)系涉案“莫府贡酒”书法作品的著作权人；莫老爷公司认为广西洞藏原浆贡酒酒业有限公司(简称洞藏公司)在其出品的酒瓶以及其店铺门头、宣传海报、店铺内展示柜墙壁上牌匾所使用的“莫府贡酒”字样与其作品相同，故以侵害作品著作权为由将洞藏公司诉至法院。洞藏公司辩称其使用的作品与莫老爷公司的书法作品完全不同，且该作品取得著作权登记应受法律保护。法院认为，将莫老爷公司的“莫府贡酒”美术作品与被诉侵权作品进行比对，二者构成实质性相似。洞藏公司的作品虽然获得登记，但其登记及创作的时间均晚于莫老爷公司，故判定洞藏公司使用“莫府贡酒”的行为构成著作权侵权，应承担停止侵权、赔偿损失的责任。③

---

① 广西新闻网：《广西高院公布 2017 年广西法院知识产权审判十大案件》，载广西新闻网，http://news.gxnews.com.cn/staticpages/20180425/newgx5ae075a0-17261595.shtml，2018 年 12 月 30 日访问。

② 新华网：《南宁中院发布知识产权司法保护状况白皮书》，载新华网，http://www.xinhuanet.com/local/2017-05/03/c_129586141.htm，2018 年 12 月 30 日访问。

③ 《2019 年广西法院知识产权审判十大案件公布》，载广西新闻网，http://www.gxnews.com.cn/staticpages/20200421/newgx5e9eca13-19467558.shtml，2020 年 4 月 26 日访问。

此案件向大家普及了著作权的产生时间，即“以作品完成之日起”就产生著作权，并非要以著作权登记为前提，进行著作权登记采用“自愿登记，形式审查原则”，进行著作权登记能够很好的进行确权，但是著作权登记往往不能够实质地对所有原创作品进行区分，最终的独创性由法院根据作品的独创性、创作时间、登记时间以及实际使用情况进行综合审查，因此本案揭示了著作人在创作的时应对作品原稿以及创作过程进行记录，以更好的在被侵权时有据可循。

自治区级典型案例二：王梦祥与广西寿乡国际旅游集团有限公司著作权权属、侵权纠纷案

原告王梦祥所创作的摄影作品《白鸟岩》在2008年河池市旅发委联合举办的“探秘红水河”广西旅游摄影大赛中获得一等奖，被告广西寿乡国际旅游公司作为大赛赞助商赞助了本次比赛，被告经河池市旅游局许可，使用了该获奖作品在其宣传广告中，原告认为广西寿乡国际旅游公司未经许可使用其摄影作品侵害了自己的著作权。法院审判后，认为广西寿乡国际旅游公司获得主办方的授权并非合法有效的授权，其在商业广告上使用他人作品的行为侵犯了王梦祥对其作品享有的著作权，法院依法判令停止侵权并赔偿王梦祥经济损失。①

此案件表明，任何著作权创作比赛的作品权利归属情况，除非比赛主办方明确表明所有参赛作品著作权归属于比赛主办方或是赞助商，并应有相应的书面文字材料规定著作权的归属，否则擅自使用参赛作品进行其他活动将侵害参赛作品所有人的著作权。

自治区级典型案例三：许氏食品厂和太平聚龙食品厂商标、著作权侵权纠纷系列案

许氏食品厂和太平聚龙食品厂同时生产柳城县太平镇著名地方特色产品“牛腊巴”，许氏食品厂是第3801882号“许师傅”商标的持有人，许氏食品厂认为太平聚龙食品厂在其生产销售的牛腊巴包装袋上贴有与“许师傅”商标相同或近似的标识侵害其商标专用权。太平聚龙食品厂的合伙人莫昊雨是美术作品《许师傅》的著作权人，太平聚龙食品厂亦以该作品申请注册了第9808390号艺术体

---

① 《广西高院公布2017年广西法院知识产权审判十大案件》，载广西新闻网，http：//news.gxnews.com.cn/staticpages/20180425/newgx5ae075a0-17261595.shtml，2018年12月30日访问。

“许”字商标，莫昊雨认为许氏食品厂在未经权利人许可的情况下，在其生产的牛腊巴产品外包装上使用了莫昊雨享有著作权的作品，侵犯了莫昊雨的著作权。由此双方分别向法院提起系列侵权诉讼。法院审理后，分别认定许氏食品厂侵犯太平聚龙食品厂的著作权，太平聚龙食品厂侵犯莫昊雨《徐师傅》作品的著作权。①

知识产权中的专利权、商标权、版权都是相互影响而又相对独立的，在各类产品销售经营时必须充分考虑到其他知识产权的在先性，自身产品不仅仅需要考虑到版权，对于商标权、专利权也应进行全面的预警，此案件给生产企业起到了警示。

(3)加快行政与司法衔接

为应对版权问题的复杂性，广西积极探索相应的保护机制。自治区新闻出版广电局出台实施《广西新闻出版广播影视(版权)行政执法与刑事司法衔接工作制度》，建立健全行政执法工作与刑事司法工作的衔接机制，对涉嫌犯罪的行政执法案件及时移交司法机关，将相关证据材料移送侦查机关进一步研判，确保不遗漏任何一件版权犯罪案件，确保版权犯罪案件能够进入诉讼程序，加强行政执法与司法审判对版权保护的主导作用，对于版权犯罪案件的行政执法力度日益增强，以及证据制度的完善为整体的司法保护带来巨大推动作用。

(4)自媒体时代典型案例

在自媒体的时代，网络使用者对网络信息的使用所占据的主动权越来越突出。对于在网络上某个网站或者是某篇文章等看到的满意的图片或者文字都会主动收藏、下载，并且粘贴到自己的社交平台动态中进行发表。但是，类似于微信朋友圈这样的网络空间并非法外之地。网络使用者无论是在网络上随意吐槽，还是擅自传播他人作品，都必须经过著作权人同意，否则这些无意之间的一个小举动都有可能对他人造成侵权。

广西某网络公司“葫芦娃”版权侵权案成为一个典型案例，给予广大网民予以警示：微信朋友圈并非法外之地，一言一行需谨慎。动画片“葫芦娃”作为80、90年代的经典动画片，不仅陪伴了一代人的成长，而且在大家心目中也占据着

① 《广西高院公布2017年广西法院知识产权审判十大案件》，载广西新闻网，http://news.gxnews.com.cn/staticpages/20180425/newgx5ae075a0-17261595.shtml，2018年12月30日访问。

一定地位。但是，不少人也借此进行炒作，有的人打着“葫芦娃”的情感牌进行游戏代言，甚至上了热搜。在这个国民对国产版权意识不断提高的时代，国民对于知识产权侵权的警惕性也越来越高。广西某网络公司就因为利用“葫芦娃”大做文章，被上海美术电影制片厂控告涉嫌著作权侵权。具体原因是广西某网络公司写了一篇名为《娶1个广西女人等于娶了7个葫芦娃！友仔们赞成吗?》的文章，文章用7个葫芦娃不同的性格形象生动地诠释了广西女人在不同场合下的7中形象，并且还加了葫芦娃的配图将文章放在了这家公司的微信公众号上。作者借助“葫芦娃”的噱头，吸引广大阅读者的好奇进行阅读，以此增加点击量。这篇文章被上海电影制片厂的工作人员看到后，对该家网络公司进行了控告维权，上海电影制片厂对法院提出该家网络公司在文章创作过程中未经过原版权人授权同意，擅自使用“葫芦娃”的图像，涉嫌侵犯了《葫芦娃》出品方的著作权。因此，上海电影制片厂请求停止侵权、赔礼道歉、赔偿损失。最终，双方达成调解协议，该广西网络公司对于其所做出的侵权事件赔偿了上海美术电影制片厂总计1.6万元。①

（二）版权产业保护的不足之处

广西在行政执法领域和司法审判领域的版权保护取得一定成绩，版权产业得到进一步发展，但仍然存在不足之处，主要表现在以下几个方面。

1. 行政保护有待加强

（1）版权保护意识和执法环境欠缺

广西仍属于经济欠发达地区，版权教育制度和人才培养机制尚未健全，群众传统观念根深蒂固，版权保护服务意识薄弱，包括版权人在内的公众对于版权保护的觉悟性不高。除此之外，版权有关单位行政执法能力和水平有待提高，执法力度不强。处理版权问题具有一定程度的专业性，要求行政执法人员在具备过硬的法律知识的同时，还需要具备知识产权方面的专业知识，其中包括对盗版物品

① 广西新闻网：《微信用“葫芦娃”图像　广西某网络公司侵权赔1.6万》，载广西新闻网，http：//www.gxnews.com.cn/staticpages/20180426/newgx5ae10ab1-17262057.shtml，2018年12月31日访问。

的辨认与识别。因为如果行政执法人员不能在第一时间发现版权违法行为，则会错过打击版权违法行为的最佳时机，导致严重阻碍版权保护工作的开展。

(2)行政执法公开透明度不够，行政监督机制亟待加强完善

虽然《政府信息公开条例》对政府信息公开作出了明确要求，但一些部门未能依法充分公开政府信息，行政执法公开透明度不够。同时，缺乏相应的监督制度，党的监督、权力机关的监督、司法监督以及群众监督等监督形式未能发挥整体效能，不能形成各行政部门之间的制约与监督关系，导致行政执法效率低下，行政执法形象欠佳。

版权行政执法与刑事司法两类程序没有良好的衔接。受制于种种外在因素，例如地方保护主义、侵权物鉴定成本、以罚款数额代替其他行政执法措施等等，版权行政执法与刑事司法之间的衔接还存在相当程度的问题。

2. 司法保护力度不够

广西对版权方面司法保护力不足主要体现在司法审判人员版权审判专业化程度不高，版权司法意识薄弱。司法审判机制不够健全，目前相应的配套制度也远不能满足版权发展的需要，版权培训工作没有得到重视，导致版权司法审判人才不足以及审判过程中版权司法观念的缺失，版权的司法保护工作呈现疲软态势。

随着版权纠纷案件的不断增多，对司法程序的效率提出了更高的要求。显然，我国现行的具有时间长、耗时久等特征的司法程序已和版权纠纷的处理所要求的相应程序格格不入。司法审判机构改革进程缓慢，传统的司法审判机构已经不能全面解决版权纠纷问题。广西司法机关应当借鉴北京、广东设立知识产权法院的经验，结合广西实践经验，创新版权案件的司法审判机制。

四、广西版权社会服务体系建设

(一)社会服务体系建设获得的成绩

1. 全区版权登记数量增加，登记服务平台显成效

据统计，2019 年广西作品著作权登记共 3003 件，较 2018 年同比增长约

71%，而2015年著作权登记数量仅为241件，4年来增长了近15倍，版权登记数量不断增加(见图1-2)。

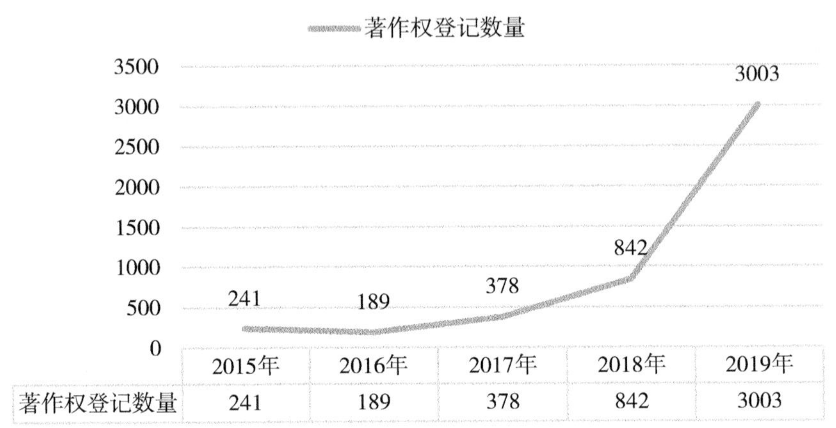

	2015年	2016年	2017年	2018年	2019年
著作权登记数量	241	189	378	842	3003

图1-2　2015—2019年著作权登记情况

(数据来源：国家版权局)

广西版权作品登记机关为广西壮族自治区版权局，办理机构为广西版权保护协会。为了使著作权登记办理流程更为便利和高效，自治区版权局在官方网站上设立了“政民互动”栏目，对于群众关于版权登记等问题的咨询做到及时回复，以最快速度解决群众问题，引导群众进行著作权登记。

2016年6月28日，自治区版权局授权桂林市文化新闻出版广电局(版权局)设立地方著作权登记工作站，负责当地著作权登记业务，当日即受理作品登记16件。同日，自治区版权登记工作站也正式入驻广西民族大学，利用广西民族大学面向高校、联合企业、辐射东盟的优势，使版权登记服务成功链接高校与企业，并且服务于中国-东盟版权产业发展。这一创新举措完善了地区版权登记服务制度，为广大创作者提供了更为便利和高效的版权登记服务平台。自成立以来，两个版权登记工作站运转良好，受理作品登记数量持续增多，有效地发挥了地区版权登记工作站的作用。

除此之外，2017年4月21日，广西电视台录制了“2017广西优秀版权登记作品展播活动启动仪式”节目，这是由自治区新闻出版广电局、自治区版权局联动广西电视台和广西民族大学联合承办的。该节目展示了作品登记程序，宣传了版权保护的重要性和必要性，加深版权和社会经济的融合，通过展播活动的开展，向社会公众展出了许多广西优秀的文字、音乐、软件、影视等类别的版权登记作品。该节目的成功播出，有利于增强社会大众的版权保护意识，一定程度上对广西文化产业的发展起到推动作用。①

2. 版权中介服务机构职能拓展，服务水平大幅提高

随着社会成员版权保护意识的增强，版权中介服务作为一种市场化力量发挥着越来越大的作用。版权中介服务可发挥专业性服务机构的桥梁作用，弥补普通民众版权利用方面专业知识的不足，满足广大作者的需求，以此不仅可以更好地保护著作权人的作品，也可以通过一系列融资活动使著作权人的作品的经济效益达到最大化。政府部门通过授权有条件的代理机构或者企业开展版权中介服务，包括版权代理登记、转让、变更、补正等业务，鼓励其将版权资源通过实体交易平台、电子商务平台等在国内外市场进行合法的运营，如质押融资、进出口贸易等，盘活版权产业市场，推动版权产业的发展壮大。

现阶段，广西版权中介服务机构主要分为三类：一是直接进行版权登记等行政手续代理的服务机构，即广西版权保护协会；二是专门进行知识产权代理服务，其中包括版权代理业务的服务机构，即区内的各家线上或线下的知识产权服务公司；三是专门针对版权法律维权及相关法律问题咨询的律师事务所及其他法律机构。这三类中介机构服务范围和职能既有区别又相互联系，构成了广西版权产业社会服务体系中最为重要的一部分。版权服务呈现出中介机构数量不断增多、服务类型多样化、服务范围向全方位拓展的发展趋势，是广西版权产业社会服务体系建设水平不断提高的体现。

第一种版权中介服务机构——广西版权保护协会，是国家授权的、开展广西区内作品著作权登记的官方办理机构，主要负责版权登记、变更转让等相关业务，同时宣传普及版权法律知识等。广西版权保护协会的前身是广西版权研究会，由于版权保护事业的不断发展，为更好地协助版权行政管理部门做好社会服

① 广西新闻网：《广西公布一批优秀版权登记作品，受版权保护》，载广西新闻网，http：//wzhd. gxnews. com. cn/staticpages/20170425/newgx58ff6c7d-16135204. shtml，2019 年 4 月 15 日访问。

务工作，切实保护著作权人的权益，经社团登记管理机关批准，1996 年 12 月更名为广西版权保护协会，目前有单位会员 21 家，个人会员 63 人，本会现有常务理事 28 人，理事 38 人。自成立以来，协会不断优化和完善自身管理体系，在版权登记业务上，积极与自治区版权局进行对接，成为接受全区版权登记数量较多的服务机构之一。协会每年都会协助自治区版权局举办有关版权知识的各类宣传活动，热心解答群众对于版权保护相关的问题。同时，协会还提供版权纠纷调解服务，获得群众的一致好评，且多年被自治区版权局评为“十大广西版权保护优秀单位”。

第二种版权中介服务机构——提供版权代理服务的知识产权代理服务公司。随着版权保护在知识产权保护中地位的提高，提供版权代理服务的知识产权代理服务公司数量不断增加，服务范围持续拓展，服务质量不断提升。据国家企业信用信息公示系统显示，广西现有的从事版权代理的知识产权服务公司在 160 家以上，这些公司同时可以开展线上受理和线下服务，群众在网上向代理服务公司提供材料便可足不出户办理版权登记事宜，并可以在网络上随时追踪版权登记进展情况，实现了网络服务与群众需求的结合，优质快捷的服务平台便利了群众进行版权登记和问题咨询，更好地实现了版权保护。在广西，这样的服务机构逐年增多，且随着群众版权保护意识的不断增强，这些代理服务机构的版权服务业务数量逐年增加，成为推动广西进行版权登记保护和版权产业发展的重要动力。

第三种版权中介服务机构——提供版权法律问题咨询及法律维权的律师事务所及其他法律服务机构。这些机构提供法律服务水平不断提升，在版权产业发展司法保护中的作用越来越重要。版权相关产业的发展必须依靠国家完善的法律以及相应的法律服务保障机构，各类型专业的知识产权律所和知识产权法律服务机构便是版权产业法律保护的一把利剑。据统计，广西目前登记在案的律师事务所有 1075 家，且其中将知识产权法律维权作为工作服务内容的律师事务所有 100 多所。越来越多的律所将知识产权维权服务纳入日常业务中来，业务多集中于南宁、柳州和桂林。律师事务所通过提供著作权保护法律问题咨询、诉讼代理等方式为群众提供专业的版权维权法律咨询服务。广西壮族自治区律师协会设立专门的知识产权保护专业委员会，开展知识产权保护包括著作权法律维权问题咨询和研讨、调解著作权纠纷、诉讼代理等工作，起到协会联合带动作用，为区内形成良好的版权保护法律机制和版权产业发展氛围做出了贡献。

各类版权中介服务机构在各自的领域发挥着保护版权的功能，又与其他的版权中介服务机构相互依存，共同促进了广西版权产业的发展和壮大。随着知识产权的发展，版权保护的范围不断扩大，著作权人法律保护意识的增强，促进了各类版权中介服务机构的产生和壮大，由此将逐步形成一个良性的循环。

3. 广西积极开展版权国内外传播与交易平台建设

根据广西壮族自治区知识产权局发布的《广西深入实施知识产权战略行动计划(2015—2020年)》(以下简称《计划》)，《计划》重点建设文化领域，鼓励创新文化产品及其商业模式，努力开发和打造自治区文化品牌，同时基于中国-东盟贸易优惠政策，与国内外电子商务合作，建立多个电子商务交易平台，促进版权交易，为版权产业“引进来”“走出去”战略的实施提供了更多的资源和机遇，提升了版权产业发展活力，推动广西版权产业经济发展，以更好的实现文化强国的目标。

版权对外交易服务平台建设方面，广西地理位置十分优越，既包含了海路的海港出口，又拥有对东南亚国家的独一无二的陆地接壤位置，海陆皆通达，对外发展潜力巨大。基于中国与东盟十国于2002年签订的《中国与东盟全面经济合作框架协议》，中国-东盟自由贸易区建立，依靠独一无二的地理与政策优势，东盟成为广西版权产业对外发展的重要基地。

在版权对内交易服务平台建设方面，广西于2017年与泛珠三角区域“9+2”省区共同签署了《“一带一路”背景下泛珠三角区域知识产权合作协议》，在建立政府引导、市场拉动的版权交易服务平台上达成了共识。

自中国-东盟自由贸易区建立以来，依托广西知识产权交易中心、国际版权交易中心，自治区大力推动版权贸易走向东盟，贯彻落实“走出去”战略，积极建设国内外影视节目传播与服务平台。据统计，2015—2017年共支持132个新闻出版广电项目走出国门，扶持资金共计800万元。其中广西电视台与柬埔寨国家电视台、老挝国家电视台于2014年合作推出《中国剧场》栏目；2016年，又签署了《中国动漫》合作协议，联合开展译制和推广《哪吒传奇》《小鲤鱼历险记》等一批中国优秀动漫片；2017年，国家新闻出版广电总局办公厅公布“丝绸之路影视桥”2017年度重点项目及储备库项目名单，广西《〈中国剧场〉东南亚(柬、老、缅、马)译制推广(第二期)》项目在50个重点项目中位列第三。

同时，广西电视台及广西电台还积极进军其他国外市场，推动影视作品版权出口且推出一系列优秀的影视剧和纪录片作品：广西电视台与俄罗斯欧亚广播电视协会联合摄制抗日战争胜利纪录片《寻找巴布什金》；摄制中国-东盟海洋合作年国家项目——电视纪录片《中国-东盟海洋合作年》并在国外展播；举行希腊广西电视展播周，播出《相约广西》《秘境广西》等七部广西优秀影视记录作品；其中，广西电影集团和法国联合拍摄的电影《夜莺》在印度和北美放映，并且参加了2015年第87届奥斯卡最佳外语片奖角逐，这是广西影视作品首次冲击奥斯卡奖项，意义非凡。综上所述，广西影视作品版权传播交易平台正不断完善，版权出口成果不断的提升质量，加强了对外文化影响，是推动版权产业在国际贸易中提高出口效率的重要因素之一。

图书出版方面，中国图书展销暨版权贸易洽谈会自2008年在广西开办以来，至今已有十年的积淀。建立起优质的广西-世界图书版权交易服务平台，其主要面向东南亚国家以及“一带一路”沿线各国。借助展销会和洽谈会的平台优势，大力宣传广西优秀图书作品，促进国内外版权贸易的交流与沟通，积极促成图书版权交易，拓宽广西图书版权出口路径。乘着“一带一路”建设的东风，广西还启动了“海上丝绸之路丛书”出版计划，推进广西图书出版国外市场，加快高质量图书版权出口速度，增强广西图书版权出口外贸影响力。

同时，通过广西电视台、广西电台、东盟博览会等版权传播和交易平台，积极引进国外优秀版权作品，丰富国内文化市场。截至2017年，全区8家图书出版社实现对外版权输出图书版权413种，同期版权引进495种，版权贸易逆差明显缩小;① 2018年广西共输出图书版权503种，引进图书版权368种，是广西多年来难得的输出图书品种数量超过引进数量的年份。② 2017—2019年，广西出版

---

① 广西壮族自治区广播电视局：《自治区版权局发布2017年度广西版权工作情况》，载广西壮族自治区广播电视网，http：//gbdsj. gxzf. gov. cn/html/qjgz/banquanguanli/23305. html，2018年10月30日访问。原网址失效，新网址：http：//gbdsj. gxzf. gov. cn/zmhd/xwfb/t2916624. shtml。

② 《广西通报2018年以来版权工作情况》，载当代广西网，http：//www. ddgx. cn/html/2019/0425/27342. html，2020年06月02日访问。

传媒集团达成输出图书版权 565 种，引进图书版权 692 种，内容涵盖时政、少儿、艺术、文学和科技等类别，版权输出国家和地区达 40 多个，海外分支机构设点与项目境外落地稳步推进，国际传播能力不断提高。①

2017 年全区涉外版权合同备案登记达 336 件，2018 年全区涉外版权合同备案登记达 290 件，数量实现稳步上升趋势(见图 1-3)。

图 1-3　2014—2018 年广西涉外版权合同登记备案数量

综上所述，广西版权交易传播和交易平台建设不断完善，为广西的版权产业提供了绝佳的宣传和交易平台，促进创作成果在国际间转化流通，盘活地方版权产业经济发展，版权产业发展潜力大且趋势向好。另外，由于海陆都与东南亚国家连接，广西地理位置优越，拥有了对东南亚得天独厚的地理位置优势，对外贸易十分便捷。

根据自治区知识产权局发布的《广西深入实施知识产权战略行动计划(2015—2020 年)》精神，自治区积极鼓励文化领域商业模式创新，加强文化品牌开发和建设，建立一批国内外版权交易平台，为版权产业"引进来""走出去"战略的实施提供更多的资源和机遇，提升版权产业发展活力，拉动广西版权产业经济发展，以更好的实现文化强国的目标。

---

① 《加快版权"走出去"提升文化软实力》，载搜狐网，https：//www.sohu.com/a/392030944_100016145，2020 年 06 月 02 日访问。

在版权对外交易服务平台建设上，目前有广西知识产权交易中心，同时积极利用每年东盟博览会在广西南宁召开的有利条件以及自治区新闻出版广电局的宣传优势，推动版权对外输出，增加优秀版权引进，促进创作成果在国际间转化流通，盘活地方版权产业经济发展。

4. 版权质押评估机构兴起，版权评估体制优化

版权质押融资是知识产权质押融资的一种，是近年来国家大力鼓励支持的一种实现版权价值的形式，主要是利用无形资产进行质押融资。版权质押与普通版权许可利用不一样，版权质押融资具有担保的作用，对于盘活无形资产，发挥版权这一无形资产的保值增值优势一种重要手段。当前，我国正大力推动实施国家知识产权战略，正在不断加强知识产权的保护与运用，在此大背景下，通过版权质押融资的形式，以无形资产带动有形资产的价值实现，是我国转变经济发展方式，推动企业转型升级的重要方式。

版权质权融资与专利商标质押融资一样，主要包含两种途径：一是直接将版权质押给银行，但由于银行对于个人以及普通企业的质押门槛较高，版权质押融资想要通过银行快速实现几乎不可能；二是通过委托专门从事版权质押评估的资产评估机构对版权进行综合性的评估，直接链接银行、保险、金融证券行业以及质押相对方根据评估结果确定是否具有经济发展价值，以供双方参考。不同于发达地区，广西的版权产业发展起步较晚，版权质押理念以及质押服务体系的建设也较为缺乏，如何运用好广西优秀的版权资源，以获得更大的利益变成亟待解决的问题。随着知识产权强国概念的兴起，作为知识产权强国建设中不可缺少的关键要素，版权产业的金融融资作用不可小觑。随着 IP 热的不断升温，版权质押成为企业或个人金融融资的重要手段之一，版权质押的评估体系建设的好坏成为版权金融融资作用能否真正实现的关键问题。

针对以上问题，2017 年，广西加大了版权质押金融融资的宣传力度，多次组织宣传活动进企业、进园区，积极鼓励市场主体利用版权资源进行金融融资，盘活版权经济发展活力。同时，积极引进知识产权评估机构，填补版权质押评估市场空白，促进评估机构与本地银行对接，充分利用市场的调节力量，为广西版权产业的发展提供更大、更好的机遇和平台。

2017年4月，由国家知识产权局中国专利技术开发公司发起、经国家工商行政管理总局授权批准的，专业从事知识产权评估和企业价值分析的权威认证机构国家知识产权评估认证中心广西子中心成立。① 作为广西境内较为专业且权威的知识产权质押评估服务机构，广西子中心不断创新知识产权质押评估服务体制建设，掌握相关行业最新动态，为知识产权质押融资交易相关人提供专业且权威的评估分析，广西子中心秉持公正严谨的态度促成了多笔知识产权质押融资交易，在一定程度上为广西建设更为完善和优质的版权质押评估机构服务平台提供了优秀范例，推动了广西的版权质押融资发展。

近几年，广西在探索版权质押融资与商业银行、资产评估机构、金融证券投资机构、交易相关方以及司法、执法机关之间和谐发展的路径上不断努力，同时不断优化现有的版权评估体制，为今后拓宽版权融资渠道打下了坚实的基础。

(二)社会服务体系建设中的不足

1. 版权登记服务平台便民服务制度仍需完善

首先，现有登记服务平台辐射面较小，部分地区想要实现版权快速登记仍有一定困难。广西目前有三个版权登记办理点，分别是位于南宁市自治区版权局工作大楼内的广西版权保护协会、桂林市新闻出版广电局(版权局)，以及位于广西民族大学内的广西知识产权发展研究院版权登记代办处，三个登记点集中在南宁和桂林市，辐射全区能力有限。对于其他市县地区的群众来说，想要快速进行版权登记或及时获取准确专业的登记信息咨询服务仍有一定困难。针对这种情况，需要政府积极地对全区版权登记情况进行社会调查，可以通过链接地区高校和企业，也可针对各地区版权发展状况在全区合理授权布局版权登记点，建构形成“三角形”全面辐射体系，做到版权登记服务平台建设更贴近人民，更好地服务广大创作者。

其次，版权登记服务平台的信息公开制度仍需完善。广西版权服务咨询的官方网站是广西新闻出版广电局，在网页页面结构上，机构职能、政务公开、网上

① 《国专(广西)知识产权评估认证中心在广西南宁成立》，载人民网，http://gx.people.com.cn/n2/2017/0418/c179430-30050984.html，2018年12月1日访问。

服务、政民交互、政务要闻等版面一目了然，内容也及时更新。但是，有关版权登记、保护的如版权登记点的位置，版权登记所需的准备文件这样的基础信息都不能直接在首页找到，对于普通群众来说，要想仅仅通过官网获得关于版权登记和保护的信息着实有些困难。针对这种问题，需要政府充分了解民情，站在群众的角度设计网页，完善有关版权信息公开版面，更好实现便民利民目标。如何完善有关版权信息公开版面，更好实现便民利民目标，是政府在登记服务平台建设上需要解决的问题。

2. 版权传播与交易服务平台仍有较大的完善空间

广西目前的版权传播和交易平台主要利用与东南亚国家合作建立的电视及广播平台以及一年一度的东盟博览会及图书展览会传统形式。2018 年广西创新构建了中国-东盟版权贸易服务平台，这对于版权贸易发展十分有利，但是仍然存在发展模式僵化、内容涉及面窄、容易发生趋同、难以创新的问题。从版权进出口贸易的内容上看，图书出版以及影视剧作品占了大部分，而其他形式的版权作品普遍较少，陷入出口面窄、创新点不足的困境。

反观版权产业大国如美国以及韩国，其每年版权贸易出口的内容都十分丰富，内容涵盖影视剧作品、图书、音乐、APP 软件、摄影作品等，每年因此所产生的经济价值巨大。实际上，广西有众多优秀的版权资源，不仅仅是影视剧作品或是图书，许多富有民族风情的音乐，民俗文化摄影作品，创意建筑设计等都可以作为版权贸易出口的对象。因此，版权传播与交易服务平台的建设十分关键。综上，广西要想在版权贸易出口上做好文章，在平台建设上就应积极利用新媒体网络传播广、速度快的优势不断扩大传播广度和深度，主动挖掘更多优秀的版权资源，丰富交易内容，优化版权交易平台服务，推动更多优秀版权产品走向世界。

3. 政府对版权服务及评估机构管理不足，不利于保护著作权人

在广西，版权中介服务机构的市场准入后监督管理机制仍存在一定的空白。版权中介服务分为线上与线下两种。针对线下服务，广西设置了三个版权登记点直接受理群众版权登记服务，因其具有稳定的地址和明确的管理机制，且受自治

区版权局的直接管理，相对来说较为可靠。线上服务则指网上的知识产权代理机构，因其与客户之间不直接接触，而通过提供线上网络咨询和指导、线下代理的方式帮助创作人办理版权登记及其他手续，不利于双方信任的建立，网上的知识产权代理公司的资质也不能得到保障，这些都不利于著作权人权利的保护。

随着知识产权事业的不断发展，广西各地针对线上服务已有众多知识产权代理机构从事版权代理活动，其与客户之间不直接进行面对面沟通，而通过提供线上网络咨询和指导、线下代理的方式帮助创作人办理版权登记及其他手续。虽然这些机构的成立通过了国家知识产权局的批准并在自治区知识产权局备案，但后期对于代理机构的管理仍存在着较大的空白。针对版权质押评估机构，也存在着市场准入后没有统一的管理机制和监督体系，对机构的运营监管不到位，对于可能存在的“黑代理”“黑中介”的现象预防不足等现象。普通群众对于中介机构及评估机构的认识较为模糊，如果没有一个科学合理的监控管理机制，很难让广大群众放心地将自己的作品交付他人。因此，政府应着手组织完善地区知识产权中介机构和质押评估机构的监督管理体制，定期监督检查代理机构，并建立和完善地区代理、评估机构信用信息公示系统，定期公示代理机构信用信息，保障群众的知情权，同时有利于群众甄选代理机构，实现版权利益的最大化。

4. 部分地区版权社会服务体系仍较为落后，区域发展不平衡

虽然从总体上来看近几年广西的版权产业发展取得了前所未有的进步，但是基于起步晚，发展时间较短的原因，整体发展水平及社会服务体系的建设较其他发达地区来说较为落后，主要体现在部分地区的版权社会服务体系发展水平较低、区域发展不平衡等方面。通过对比数据可知，无论是版权登记办理点还是版权中介服务机构，大多集中在经济较为发达的地区，如南宁和桂林，其中仅南宁市内成立的知识产权代理服务公司就占到全区登记总数的60%以上。相对于这些经济较为发达的地区，一些经济发展较为落后的市县便存在着许多问题：如某些地区知识产权保护意识较为落后，对于本地优秀传统文化的保护力度不足，对于版权等知识产权发展的宣传不到位，政府没有积极扶持和鼓励本地知识产权中介机构评估机构的建设，缺乏主动建设和完善地区版权产业的社会服务体系的积极性，导致产生即使有很优良的版权资源也没有得到相应的利用和保护的现象，这

不仅是地区自身资源的浪费，更是整个社会智慧财产的流失。

因此，做好各级政府的版权等知识产权意识的提升工作，加大专项资金扶持力度，向真正有优秀版权资源但社会服务体系发展较为落后的地区实施更多的政策倾斜，社会服务体系较为完善的地区积极对不完善地区进行帮扶，充分发挥广西版权协会、广西律师协会等社会组织的作用。通过政府政策调节与社会组织的共同努力，实现全区版权产业社会服务体系的平衡健全发展。

五、广西版权产业发展成效

（一）传统出版业发展质量提升

传统意义上的出版产业多是指以纸为媒的出版产业，它主要是利用专业化的技术和仪器，将著作权人的智力成果以文字的形式生产印刷出来，通过这种媒介传递给受众。受众在阅读出版物的时候得到精神的满足和知识的增长。同时，在出版产业链的各个环节中，著作权人、出版商等都可以获得相应的利益，这也是推动传统出版产业在近代可以不断发展的一个重要原因。广西传统出版业通过发展，取得了如下良好的成绩。

1. 传统出版业喜获多项资助

2015 年，广西传统出版业获得来自国家新闻出版广电总局及国家出版基金项目等多项资助，国家新闻出版广电总局下达给广西的 2015 年少数民族文化事业发展补助资金 405 万元，主要补助自治区的出版项目，总计 15 个；另外，自治区获得多项国家出版基金项目，资助出版基金共计 206 万元，其中有 9 个图书项目获资助。而在国家出版基金规划管理办公室公布的 2016 年度国家出版基金资助项目中，广西共有 7 个项目入选。在 2017 年度国家出版基金资助项目中，广西 7 个出版项目共获得 702 万元资助，与 2016 年同比，增加 425 万余元。2019 年度国家出版基金项目中，广西 10 个出版项目入选，再次刷新获资助记录。①

① 《广西 10 种图书入选——2019 年度国家出版基金资助项目评审结果公示》，载八桂书香网，http：//www.gxbgsx.com/news/show-25761.html，2020 年 4 月 10 日访问。

2018年，自治区新闻出版广电局高度重视全区出版业的发展，对2018年全区出版工作提出了"五个着力"要求。第一个着力是围绕中心工作，着力做好主题出版，着力于十九大精神和习近平新时代中国特色社会主义思想，围绕相关主题，推出相关主题的图书出版，除此之外，对于重要的历史事件的重点内容要及时做好相关创作及出版。第二个着力是树立精品意识，着力推进精品出版，要着力于图书质量，不仅要求数量，还要提高相关出版物内容的质量，立足于人民群众的需求，推出与时俱进的、顺应时代发展要求的高质量的文学著作，实现出版物的供给侧结构性改革，推进出版行业创新模式革新。第三个着力是保持高度清醒，着力抓好出版导向和图书质量，要着力抓好出版导向和图书质量，时刻保持警惕，认真落实相关政策，落实导向管理全覆盖要求，全面加强质量管理，提高图书质量。第四个着力是把握重要机遇，着力推动出版"走出去"。"走出去"指要着力于社会现实，抓住机遇，顺应时代的潮流，实施"走出去"发展战略，推动优秀的出版作品依托"一带一路"走出国门，加强与其他国家的友好合作。第五个着力是打牢出版业发展基础，着力加强队伍建设，着力于出版行业人才培养，加强出版业队伍的建设，紧抓出版行业培训，提升编辑校对人员专业水平和把关能力，着眼于专业人才对出版事业的有效提升作用。① "五个着力"的提出将全方位促进广西版权事业的发展。

2. 传统出版行业捷报频传

"十二五"期间，广西区内各出版单位积极配合党和国家及自治区党委、政府的工作，积极策划主题出版重点选题，推出了一批宣传阐释社会主义核心价值观、"中国梦""四个全面"战略布局等理论读物，推出了一批庆祝新中国成立65周年、纪念中国人民抗日战争暨世界反法西斯战争胜利70周年等主题的重点出版物，推出了一批宣传"美丽南方"主题的优秀文艺出版物，获得了良好的社会效益。"十二五"期间，广西共有43个项目入选"十二五"国家重点出版规划，共有《云朵一样的八哥》(接力出版社)、《英国国家图书馆藏敦煌遗书》(广西师范大

① 中华人民共和国国家新闻出版广电总局：《广西"五个着力"部署2018出版工作》，载国家新闻出版广电总局网，http://www.sapprft.gov.cn/sapprft/contents/6582/358851.shtml，2019年2月18日访问。

学出版社)、《侗族琵琶歌》(广西民族出版社)、《辛亥革命：孙中山与广西》(广西金海湾电子音像出版社)等 17 种图书和音响制品获得“五个一”工程奖、中国出版政府奖、中华优秀出版物奖等国家级出版奖项。① 在“十三五”国家重点出版规划中广西共有 24 个项目入选，对推动广西传统出版行业的发展有重要意义。

出版业的发展，离不开发行行业的质量。广西期刊传媒集团荣获“2011—2014 年度广西企业文化建设先进单位”称号，广西教育出版社和接力出版社获评 2014 年“百社千校书香童年”阅读活动先进出版单位，广西新华书店集团、广西新华文盛图书有限公司南宁民族大道店等 43 家出版物发行门店被广西书刊发行业协会评为“2013—2014 年度广西出版物发行业‘文明店堂’”。

2015 年，2 种图书获选“2015 年最美绘本”，1 种图书获评 2015 年度“中国最美的书”，2 种图书选题入选 2015 年主题出版重点出版物选题目录，2 种图书荣获 2014 年度全国优秀古籍图书奖，3 种图书荣获金牛奖，4 种图书获 2015 年度优秀古籍图书评奖，5 种图书入选第三届“向全国推荐百种优秀民族”图书目录，8 种图书入选“2015 年度中国影响力图书推展·第叁季”目录。

2019 年，1 种图书入选“最美的书”，广西师范大学出版社 3 个项目获得 2019 年度国家古籍整理专项经费资助；广西民族出版社“那书苑”荣获 2019 年全国全民阅读优秀项目；广西师范大学出版社 4 种图书斩获三项大奖，其中，《艺术永不眠》《珞珈筑记》荣获银奖，《拍手为歌》荣获铜奖，《金缮：惜物之心》荣获优秀装帧设计奖。

3. 积极参与各类出版业活动，加强国内国际合作

通过参加各类出版业有关活动，提升自身影响力。在中国国际展览中心举行的 2015 北京图书订货会上，广西组织广西出版传媒集团及所属出版社、广西师范大学出版社、广西民族出版社等 8 家出版单位参会参展，共设展位 30 个，展出图书 1424 种，现场订货册数 365.06 万册，码洋达 8291.31 万元。

“十二五”时期，广西出版业大力推动国家“一带一路”倡议实施，积极大胆

---

① 广西发展与改革委员会：《广西新闻出版业“十二五”发展回顾和“十三五”发展展望》，载广西发改委网，http：//www.gxdrc.gov.cn/sites_34015/jyhfwyc/dcyj/201610/t20161009_698101.html，2019 年 1 月 31 日访问。

实施"走出去"战略，"走出去"获得优异成绩：广西 8 家出版单位与 30 多个国家和地区达成版权贸易的图书 2600 多种。成功举办了 2 届中国-东盟出版博览会，展示展销 2 万多种中国和东盟的图书。澳大利亚视觉出版集团协助广西师范大学出版社集团取得新股东身份，这对广西实现资本"走出去"具有里程碑意义；另外，广西接力出版社也在埃及成立了分设机构。与此同时，《中国-东盟博览》杂志落地印尼、马来西亚、泰国，直接在当地出版发行；中越文杂志《荷花》落地越南。①

在 2016 年第二十三届北京国际图书博览会上，广西师范大学出版社集团正式宣布成功收购英国 ACC 出版集团，开启国际化战略发展。同年，广西师范大学出版社进军中东欧"魔法象"品牌，开启国际化进程。

2017 年，第 27 届全国图书交易博览会在河北省廊坊国际会议展览中心开幕，广西共有 8 家出版单位组成广西展团参展，广西展团共设 16 个特装展位，共展出 2500 种图书。此外，书博会期间 8 家出版单位向当地捐赠约 4000 册桂版优秀图书，价值 7 万码洋。同年，广西师范大学出版社及其发起的艺术设计国际传播共享平台"艺术之桥"参加了 2017 年法兰克福国际图书展览会。书展期间，在"全球第一书业媒体"的美国《出版商周刊》推出的重点关注的 9 家大学或学术研究机构旗下的出版社中，广西师范大学出版社得以入选。

同时，在中国国际展览中心举行的 2017 北京图书订货会中，8 家出版单位共 26 个展位组成广西出版展区出展。在此次订货会上，广西出版协会、广西书刊发行业协会荣获 2017 年北京图书订货会"优秀展团组织奖"。

通过不断加强与其他省份出版机构的合作，促进自身发展壮大。2015 年，广西期刊传媒集团与内蒙古、辽宁两地期刊出版机构达成战略合作。2016 年，广西出版传媒集团有限公司与联合出版(集团)有限公司签署了全面合作协议，广西师范大学出版社与南方文学杂志社达成战略合作，广西期刊传媒集团与多家少数民族地区青少年报刊单位达成合作意向。2017 年，广西师范大学出版社与香港城市大学出版社达成合作，在香港会议展览中心签署战略合作协议。

① 广西发展与改革委员会：《广西新闻出版业"十二五"发展回顾和"十三五"发展展望》，载广西壮族自治区发展和改革委员会网站，http：//www.gxdrc.gov.cn/sites_34015/jyhfwyc/dcyj/201610/t20161009_698101.html，2019 年 1 月 31 日访问。

2018年9月，由广西国资委举办的产权交易平台服务“一带一路”建设创新论坛在广西南宁举办。目前，在广西国资委管理的企业中，有12户企业开展境外投资和对外合作业务，同时在23个国家有合作项目，在140多个国家设立了经销机构。中国与柬埔寨到目前为止已经建交60周年，我国通过与柬埔寨的建交过程在柬埔寨设立的产权交易平台，对广西的知识产权事业具有重要意义。因此，在“一带一路”的建设中，版权产业也对我国“一带一路”达成的许多战略合作具有重要意义。①

2018年11月，2018年台湾广西图书展在台北举行，自2010年起，广西壮族自治区新闻出版广电局已经连续9年在台湾举办广西图书展系列活动，九年来，广西在台湾累计销售图书超过5万册，码洋超过200万元，向台湾20多家文化、教育机构和组织赠送了价值200多万元的桂版优秀图书，达成桂台版权贸易图书80余种。②

2019年北京图书订货会广西出版传媒集团组织参展图书品种2103个共计2984册，发货码洋204295.90元，展会期间订货码洋共计3577万元。③

4. 图书精品不断涌现

2016年起，广西区内多种精品图书不断涌现并获得认可。2016年有1种图书入选2016年向全国青少年推荐百种优秀出版物目录，1种荣获2016年度“世界最美的书”金奖，2种图书荣获2016年度“中国最美的书”称号，2种图书入选“2016中国好书”，3种图书入选“中国教育报2016年度教师推荐的十大童书”，4种图书获第六届中华优秀出版物奖，6种图书获第37届优秀社科读物优秀图书奖。

2017年，有1种图书入选“2016—2017年度十大最具科学早教气质的推荐绘

---

① 广西国资委：《广西国资委举办产权交易平台服务“一带一路”建设创新论坛》，载广西国资委网，http：//www.szgzw.gov.cn/xxgk/ywgz/ccgl/gzdt/201809/t20180918_14097876.html，2019年2月20日访问。

② 《2018台湾广西图书展系列活动在台湾举行》，载八桂书香网，http：//www.gxbgsx.com/news/show-25192.html，2019年1月31日访问。

③ 广西出版传媒集团：《“奋进新时代，壮美新广西”2019北京图书订货会广西展团综述》，载八桂书香网，https：//www.sohu.com/a/289338665_100016145，2020年4月12日访问。

本”，1种图书获2017年度“世界最美的书”银奖，3种图书入选2017年度“中国最美的书”，4种图书入选2017年度“大众喜爱的50种图书”，4种图书在“2017海峡两岸书籍设计邀请赛”上获奖，8种图书入选“中国教育报2017年度教师喜爱的100本书”，9种图书在第26届“金牛杯”优秀美术图书奖中获奖。

2018年，4种图书入选“第二届向全国推荐中华优秀传统文化普及图书”名单，4种图书入围第十三届“文津图书奖”推荐书目。

（二）新兴出版业茁壮成长

进入信息时代，信息技术迅速发展普及，互联网成为生产活动中不可缺少的一部分。以高新技术改造传统出版业而形成的新兴出版业迅速崛起，目前最具有代表性的为数字出版业。目前数字出版业已形成了电子图书、数字报纸、数字期刊、网络原创文学、网络教育出版物、网络地图、数字音乐、网络动漫、数据库出版物、手机出版物等新业态。截至2019年年底，全区新兴出版业取得了较大成绩。

1. 广播电视电影和影视录音制作理念创新，创收收入稳中有增

为适应互联网时代的发展步伐，广西于2013年就已经上线运行了交互式网络电视IPTV集成播控平台。2017年9月10日，IPTV节目总量约为200TB，总用户数已达2226258户，其中高清用户数1791107，占总用户数80.45%，标准用户数435151，占总用户数19.54%，相比2016年9月的1112418户，增加了1113840户，增长率100.13%，广西广电融合媒体云平台已初步建成。①

根据《2019年广西壮族自治区国民经济和社会发展统计公报》显示，在2018年实现用户净增12.98万户后，截至2019年底，2019年用户净增53.76万户，达到了606.71万户。宽带用户也在2019年净增了66.7193万户；截至2019年，全区共有广播电视台90座，有线广播电视用户641.03万户，数字电视用户635.46万户。年末广播节目综合人口覆盖率为97.81%，电视节目综合人口覆盖率为98.92%。

除了已经建设的互联网和媒体相融合的新模式，广西还采取了中国媒体与

① 刘倩玲：《广西文化产业年度报告》，载《新西部(上旬刊)》2018年7月。

"一带一路"沿线国家合作传播的新模式。广西在积极建设"一带一路"项目——中国-东盟(广西)电视中心的同时，还成功举办了主题为"构建丝路文化，促进合作共赢"的新闻出版广播影视专题展、首届广西书展等展会。值得特别强调的是，广西人民广播电台通过与缅甸国家广播电视台合办《中国电视剧》栏目，将"一带一路"的理念与媒体行业融合在一起，开创了新的发展模式。

广播电视电影和影视录音制作业方面，2016 年营业收入为 44.2 万元，同比增长 5.6%，在西部省份中排名第 4，列西部省份增速排名第 3 位；在 GDP 相近的省份中排名第 7 位，全国增速排名第 9 位。2017 年上半年营收为 12.11 万元，同比 2016 年有所下降，总体来说广西广播电视电影和影视录制作业 2017 年营收在我国西部省份排名第 5 位，增速排名第 8 位；在 GDP 相近的省份中排名第 8 位，全国增速排名第 20 位。[①] 据广西壮族自治区新闻出版广电局统计，2017 年 12 月 20 日，全区广播影视创收收入 47.34 亿元，同比 2016 年增长 2.36%。其中，自治区级 34.17 亿元，同比 2016 年下降 1.05%；地市级 2.65 亿元，同比 2016 年增长 8.15%；县级 0.29 亿元，同比 2016 年增长 0.94%。

2018 年度，广西广电公司营业收入为 243079.49 万元，其中有线电视基本收视费收入、宽带业务收入及增值业务收入共 125345.87 万元，占营业收入 51.57%；专网代建收入为 65823.16 万元，占营业收入 27.08%。

2. 影院及银幕增加，年度数字电影总票房首创新高

(1)2017 年

2017 年，广西共计 211 家城市数字影院，比 2016 年增加了 35 家，广西的城市数字影院银幕数量达 1001 块，影院座位数增加到 133882 个。[②] 全区电影院线票房创新高，2017 年广西数字电影总票房为 10.33 亿元，同比 2016 年增长 15.8%；年度电影总票房首次突破 10 亿元，占全国票房总量 559 亿的 1.83%，排名全国第 18 位；[③] 全年放映场次 189.5 万，同比 2016 年增长 25.08%；全年观影人次 3271.1 万，同比 2016 年增长 13.47%。

---

① 刘倩玲：《广西文化产业年度报告》，载《新西部(上旬刊)》2018 年 7 月。

② 刘倩玲：《广西文化产业年度报告》，载《新西部(上旬刊)》2018 年 7 月。

③ 《广西年度电影票房首破 10 亿》，载广西壮族自治区广播电视局网，http：//gbdsj.gxzf.gov.cn/html/infoDis/zdlyxxgk/sjfb/23603.html，2018 年 12 月 30 日访问。

在2017年中，影院单体票房基本上与上年持平，票房总量增长源于新建影院，2017年全区共新增影院47家、银幕274块、座位35716个，目前全区影院银幕1099块、座位146383个。

(2)2018年

2018年，中国的电影市场取得了令人瞩目的成绩，电影银幕总数位居世界首位，超过6万块。2018年，广西票房继续上涨，广西年度数字电影总票房为11.16亿元，同比2017年上涨8%，年度票房再次超过10亿，突破11亿元，创历史新高，占全国票房总量600亿元的1.98%，排名第18位。为解决我国中西部城市与乡镇电影水平发展不平衡的现状，我国国家电影局出台了相关政策。广西积极响应中央政府的号召，在科技影视上面采取了积极的措施。其中在南宁登陆的广西首家超大银幕IMAX影城即是具有代表性的成果之一。“永恒·晶钻IMAX影城”拥有400个座位，IMAX影厅里有整面墙式弧形银幕、阶梯式人体工程学座椅、震撼全场的环绕立体声等视觉盛宴。不仅如此，经过升级改造的广西科技馆球幕影院对于满足大量对科技和电影充满极大兴趣观众带来了极大福音。该影院的电影都是采用超广角鱼眼镜头、圆顶式结构和半圆形球幕，以8k效果的激光投影技术将天体、天文等现象展示出高清、炫彩的画面，独具特色的裸眼3D效果给观众展示数不尽的视觉盛宴。①

(3)2019年

2019年我区电影票房收入13.08亿元，与上年同比增长9.27%；与全国的5.4%相比，增长近4个百分点。据全国电影票务综合信息管理系统显示，我区电影票房收入在全国省区排名中居第18位。②

3. 动漫产业融合发展，多项计划有序实施

动漫产业方面，广西积极采取了“一带一路”与动漫产业融合的新模式。2017年5月28日至30日，首届中国-东盟博览会动漫游戏展在南宁国际会展中心举行。此次动漫游戏展，有展览有赛事，旨在充分发挥东博会的平台作用和资源优

① 广西人民广播电台：《广西科技馆球幕影院升级改造亮相》，载腾讯网，https://xw.qq.com/amphtml/20190213C09GFE00，2019年2月19日访问。

② 《2019年广西电影票房创新高》，载广西文明网，http://gx.wenming.cn/dyj/dyhydt/202002/t20200212_5416892.htm，2020年4月12日访问。

势，为国内动漫游戏企业"走出去"投资东盟搭建平台，推动中国-东盟动漫游戏产业合作。其通过集中展出一批适合中国和东盟市场的动漫游戏产品及衍生品，有力促进中国和东盟动漫游戏产业的深度交流与合作。

2017 年 12 月 7 日，"一带一路"(南宁)动漫游戏产业合作发展论坛(CAG+)在南宁开幕。该论坛由自治区新闻出版广电局、文化厅和商务厅联合主办，以"中国动漫游戏产业的全球化未来"为主题，国内外专家学者共同探讨在中国引入"Pitch Bible"合作模式，并力争以此市场先导的作用实现首批国内产品面向海外的输出。这是迄今为止中国-东盟游戏动漫产业的最高讲坛。论坛上，接力出版社与腾讯企鹅影视、南宁峰值文化完成了三方战略合作协议的签署仪式。根据协议，上述三方将共同开发《海豚帮帮号》动画系列片项目，并将整合各自优势资源，力争将《海豚帮帮号》打造成为以动画为新形式传播中国传统美德，宣传"人类命运共同体"意识，进入"一带一路"沿线国家学龄前儿童市场的优秀案例，推动中国优质动画产品"走出去"。2019 年中国-东盟博览会文化展暨动漫游戏展邀请 200 多家来自"一带一路"沿线国家的、符合展商需求的优质买家参会，开展精准的贸易配对与现场洽谈，形成了较大影响力。①

动漫作品方面也小有成就。由广西电视台制作的《少数民族民间故事动画系列片》之《百鸟衣》在第十三届中国国际动漫节"金猴奖"动漫大赛中获得了"综合类动画系列片提名奖"。这是广西电视台制作的动画作品第二次获得这一中国动漫业界规格最高、最具权威性奖项的提名。2017 年 12 月 4 日，国家新闻出版广电总局下发通知，广西电视台申报的动画片《少数民族民间故事动画系列片(第二季)》入选第二批"中国经典民间故事动漫创作工程"重点电视动画片扶持项目，并获扶持 100 万元。

目前，广西拥有 10 家国家认定动漫企业、28 家自治区级动漫骨干企业、16 家自治区动漫人才培养基地，产品领域覆盖原创、代工、展会、漫画、手游、cosplay、渠道和交易平台等各个方面。②

① 中国-东盟博览会：《隆重开幕！2019 东博会文化展和动漫游戏展燃爆全城!》，载中国-东盟博览会网，http：//www. caexpo. org/index. php？ m = content&c = index&a = show&catid = 420&id = 235929，2020 年 4 月 12 日访问。

② 韦峭：《推动中国优质动漫游戏产品"走出去"》，载《南宁日报》2017 年 12 月 8 日，第 08 版。

4. 网络文学大赛成功举办，参赛作品大幅度增长

作为网络空间构成的重要组成部分，网络文学的影响力在不断扩大。2017年9月29日，由自治区新闻出版广电局主办的第三届广西网络文学大赛正式截稿，共收到投稿5864篇，投稿数较第二届大赛增长约81.99%。本届大赛新增设了诗歌组，共收到诗歌组稿件3052篇，占比约52.05%。2017年12月12日，第三届广西网络文学大赛终评会在南宁召开。大赛评委经过认真细致地评选，最终《归去来兮》《故乡尽头的祖父》和《一个人的远山》等33部作品获奖，其中，小说、散文、诗歌各11篇。2019年11月30日，第五届广西网络文学大赛在南宁召开，共评出《黄檗向春生》《粥映山河》《一个乡下人和他的祖国(组诗)》等48篇获奖作品。

5. 八桂书香网获评“全国出版业优秀网站”

2015年1月27日上午，以“融合发展互补共荣”为主题的第八届全国新闻出版业网站年会暨新闻出版业互联网发展大会在北京隆重召开。本届年会发布了《2014全国新闻出版业网站年度报告》，公布了2014年度“全国新闻出版业百强网站”“融合发展示范网站”“优秀网站”和“年度创新人物”“优秀CEO首席信息官”等奖项的评选结果，“八桂书香网”等13家新闻出版网站获“优秀网站”称号。

(三)版权执法力度加强

为了更好的保护版权产业的发展，为版权产业保驾护航，广西版权行政管理部门加大版权保护执法力度，在作品版权保护、打击侵权盗版行为方面也取得很大成效。

1. 打击网络盗版侵权

一项著作权的保护除了事前完善的政策措施予以保护之外，还应该有全面的事后救济手段。信息技术的快速发展和互联网技术的普及促进了著作权人作品传播的同时，也为不法分子侵害他人的著作权打开了方便的大门，使得互联网侵权盗版案件显著增加。2019年全区共查办各类侵权盗版案件97件，办结58件，关

闭侵权盗版网站 13 家，删除侵权链接 14 条，移送司法机关 3 件。[①] 据广西壮族自治区版权局统计，2017 年广西壮族自治区全区共查办各类侵权假冒案件 151 起，收缴各类侵权盗版制品 40 余万件，其中版权案件 24 起，数量同比 2016 年增长 84.6%。从案件类型来看，互联网侵权盗版案件数量显著提升。

对于网络版权侵权行为，自治区版权局采取了一系列的措施，形成“组合拳”，有效地遏制、打击了各类侵犯他人著作权的行为。每年自治区版权局都会组织全区各市开展打击网络侵权盗版“剑网”专项行动，严厉打击网络侵权盗版的行为，同时把整治非法传播影视剧等作品的侵权盗版行为，查处非法传播影视剧等作品的网站、手机 APP、网络云存储空间等作为工作重点。[②]

2. 严格执法，严厉打击有偿新闻刊登

广西版权管理部门严格执行国家广播电视总局出台的《出版管理条例》与《报纸出版管理规定》，定期对区内出报刊发行出版业进行检查，严厉打击出版业余报刊业中出现的有偿新闻刊登行为，保持报刊业的健康发展。

经典案例：右江日报社有偿新闻案件

案情简介：自 2015 年 5 月起，右江日报社与百色市相关县(市、区)的 36 个乡镇、单位签订《“走转改”新闻采访培训战略合作协议》(以下简称《协议》)，在这 36 个乡镇、单位建立“‘走转改’新闻采访培训基地”。每份《协议》均明确：甲方(即右江日报社)利用自身的《右江日报》《百色早报》、“百色新闻网”“百色在线”的“两报一网一台”作为平台，多方位为乙方(即有关乡镇、单位)作宣传，由《右江日报》《百色早报》开设“基层传真”“乡镇风采”“一线亲历”“来自乡镇新闻采访基地的报道”等专栏，择优刊播发乙方新闻报道。其中，短、新、活的报道可以刊登在《右江日报》一版开设的“我在现场”栏目里。对乙方的重大活动，甲方派出联系记者参与报道，或者与县委宣传部连线及时报道。其中，每年在《右江日报》及《百色早报》发表乙方新闻作品不低于 30 篇，每篇字数在 500～1500 字，刊登的新闻作品由“百色新闻网”负责转载。《协议》同时明确：为确保甲方“两报一网一台”在协议年度内按时按质按量完成乙方上稿任务，乙方向甲方支

① 数据来源于《2019 年广西壮族自治区知识产权保护状况(白皮书)》。

② 赵娟：《我区多举措保护著作权人权益》，载《广西日报》2018 年 5 月 3 日，第 011 版。

付宣传协办费 2 万元/年（个别《协议》宣传协办费为 1.5 万元/年）。经自治区版权执法部门调查核实，右江日报社与 36 个乡镇、单位开展"'走转改'新闻采访培训战略合作"，共收取 33 个乡镇、单位宣传协办费 71 万元。①

根据《出版管理条例》第二十一条、第六十六条第二项的以及《报纸出版管理规定》第三十九条、第六十三条第十一项的相关规定最终自治区版权执法部门给予右江日报社警告处分，没收违法所得的 71 万元并处 1 万元罚款的行政处罚。②

3. 作品管理不断加强规范

此外，自治区版权局还建立了实名登记制度，为文字作品、摄影作品、影视作品、美术作品等各类作品的作者颁发能够证明作品版权归属的作品登记证书等一系列的措施，来保护著作权的相关合法权益。针对新闻作品转载秩序混乱的问题，自治区版权局于 2017 年 6 月向全区印发《关于加强新闻作品转载秩序管理的通知》，对规范全区新闻作品转载秩序起到了积极的促进作用。③

自治区版权局《加强新闻作品转载秩序管理的通知》主要作出四个方面要求："一是明确《著作权法》、著作权相关法规中有关作品转载的规范，包括自由转载新闻作品的类型，新闻作品获得著作权人授权的法定条件，以及转载著作权人授权作品时不得擅自修改作品标题和作品内容原意等；二是指导广西新闻单位学习《著作权法》和著作权相关法规，使工作人员更加了解比较复杂的特殊作品的权利归属，如职务作品、约稿和投稿作品，同时要完善各新闻单位的作品版权管理制度；三是呼吁广西新闻单位之间积极进行新闻作品转载工作过程中的合作，规范新闻行业行为，协调好同行之间的利益关系，维护新闻单位间共同竞争和正当利益，做好行业自律；四是要求各级政府的版权行政管理部门加大对新闻工作的

---

① 广西壮族自治区广播电视局：《典型案例　以案释法　报纸刊登有偿新闻》，载广西壮族自治区广播电视局网，http：//gbdsj. gxzf. gov. cn/html/infoDis/yasf/24014. html，2019 年 1 月 21 日访问。

② 广西壮族自治区广播电视局：《典型案例　以案释法　报纸刊登有偿新闻》，载广西壮族自治区广播电视局网，http：//gbdsj. gxzf. gov. cn/html/infoDis/yasf/24014. html，2019 年 1 月 21 日访问。

③ 《广西加大版权执法力度　打击侵权盗版行为》，载新浪网，http：//gx. sina. com. cn/zimeiti/2018-04-26/detail-ifztkpin2847965. shtml，2019 年 2 月 18 日访问。

监管力度，严厉打击未经许可转载、非法传播他人作品的侵权盗版行为。”①

（四）其他

民族出版通过加工少数民族文字以及具有少数民族特色的文稿、图画、乐谱、音像等知识信息，以出版物的形态复制于特定载体，并向特定公众传播的行为。② 广西壮族自治区作为我国的少数民族聚居地之一，具有浓厚的少数民族文化特色。近年来，广西在民族出版方面取得了不凡的成绩。

2017年《少数民族民间故事动画系列》丛书入选“原动力”中国原创动漫出版扶持计划。同年9月16日，广西电视台选送的动画片《独弦琴》以京族独特的民族文化、服饰、建筑特色和精良的3D制作水平脱颖而出，荣获中国电视艺术家协会卡通艺术委员会等单位主办的“新光奖·第6届中国西安国际原创动漫大赛”“最佳丝路国际艺术民族动漫提名奖”。随后11月29日，在纪念国务院颁布“《壮文方案》60周年暨广西少数民族语文工作先进表彰大会”中，广西电影集团少数民族语电影译制中心荣获“广西壮族自治区少数民族语文工作先进集体”称号。

2018年9月，国家新闻出版署发布公示，指出国家民文出版项目库总共确定168个增补项目，其中包括145个图书项目、23个音像电子出版物项目。广西人民出版社的《家风十章（壮文版）》《民族语文故事（壮文版）》、广西科学技术出版社的《中华名医谈百病丛书（壮文版）》《医博士健康问答丛书（壮文版）》《壮医药文化（壮文版）》和广西师范大学出版社的《中国西南布依族摩经汇编（布依文）》等6个项目增补入选，③ 体现出广西民族文化版权产业的进一步发展，对于版权产业意义重大。

---

① 广西人民政府：《自治区版权局发布通知要求：进一步加强新闻作品转载秩序管理》，载广西人民政府网，http：//www.gxzf.gov.cn/sytt/20170719-634476.shtml，2018年12月31日访问。

② 满福玺：《民族出版业发展导论》，中央民族大学出版社2007年版。

③ 广西壮族自治区广播电视局：《广西6个项目增补入选国家民文出版项目库》，http：//gbdsj.gxzf.gov.cn/html/news/xitongdongtai/24110.html，载广西壮族自治区广播电视局网，2019年1月31日访问。

第二章　广西版权产业发展问题分析

一、广西版权产业发展目标

(一)着力推进民族文化创意产业

文化作为一个国家软实力的一种，历来成为国家经济发展战略规划的重点。2017年，习近平总书记在党的第十九次全国代表大会上的报告中明确提出，要坚定文化自信，推动社会主义文化繁荣兴盛。① 在经济全球化和数字化大背景下，我国民族文化创意产业正处于发展高峰期。早在2016年，中央层面就注意到民族自治区的文化发展情况，国务院于2016年12月印发了《“十三五”促进民族地区和人口较少民族发展规划》。该规划中明确提出，少数民族具有特色民族文化，应将这些文化资源投入国内国际市场，深度挖掘其巨大的市场竞争潜力，完备民族特色文化产业链，扩大产业规模，推动文化产业发展。在民族文化繁荣发展行动中，就包括对少数民族非物质文化遗产、语言、文字、出版物、古籍、传统体育基地等文化内容实施针对性的挖掘和保护。

广西是多个少数民族聚居的地区，各少数民族历史悠久、文化灿烂，拥有特殊的自然环境和社会发展历程。以此为基础，充分发挥文化优势，利用好山歌、地方戏、特色工艺等民族民间文化资源，加大文艺创作和推广力度，着力推进自治区民族文化创意产业已经成为广西发展版权产业的重要任务。以《“十三五”促

① 《习近平：决胜全面建成小康社会　夺取新时代中国特色社会主义伟大胜利——在中国共产党第十九次全国代表大会上的报告》，载新华网，http：//www. xinhuanet. com/politics/19cpcnc/2017-10/27/c_1121867529. htm，2020年4月22日访问。

进民族地区和人口较少民族发展规划》为指导，在今后乃至较长的一段时间内，广西将以下列文化资源为重点，挖掘、保护和发展民族文化创意产业：

1. 骆越文化

骆越文化是骆越方国时期流传下来的文化，因其独特的生产方式、政权统治和地理位置，造就了现如今丰富的物质文化和精神文化，具有浓厚的地域特色。据广西骆越文化研究会发布的消息称，曾有错误论断称壮族先民古骆越人没有文字。但是，在 2011 年 10 月，广西骆越文化研究会专家在广西百色发现了写满占卜辞和祭祀文的石板和大石铲碎片，证实了早在四千年前古骆越文就已经存在。古骆越文字表现出古骆越文化的精髓，是中华文化源头的重要体现之一。作为在中国发现的古老成型文字之一，古骆越文的发现改写了中国文字的历史。① 另外，其长期的多民族杂居特征，使得不同文化种类之间产生了更多的交流与碰撞，增添了骆越文化的多元性色彩。骆越文化资源非常丰富，地域特色十分鲜明，其中蕴含着的历史文化、民族文化、红色文化、山水文化与边关文化资源为发展民族文化创意产业提供了得天独厚的条件。广西壮族自治区崇左市宁明县作为我国骆越文化的根祖地，自 1995 年至 2016 年连续 21 年保持“全国文化先进县”荣誉称号，这也充分表明了国家对宁明历史文化地位的认可。因此，广西要抓住机遇，在保护骆越文化的同时，抓好骆越文化产业发展，推进骆越文化版权产业的发展，让其成为广西发展版权产业中必不可少的组成部分。

2. 花山岩画

花山岩画资源是战国至东汉时期岭南左江流域壮族先民骆越人巫术活动遗留下来的遗迹，是国内外著名的古代涂绘类岩画点，至今已有 1800～2500 年的历史。1988 年由国务院公布为全国重点文物保护单位，其特色在于规模宏大，场面壮观，图像众多，现存图像 1900 多个，主要包括人物、动物和器物 3 类（以人物为主），② 是广西左江流域岩画的典型代表。物质文化遗产的稀缺性和不可再

① 《骆越文化没有自信?》，载百度百家号，http：//baijiahao. baidu. com/s？ id = 1603119625342526030&wfr = spider&for = pc，2019 年 2 月 12 日访问。

② 《走遍岭南 | 广西花山岩画：一段不为人知的历史传说》，载南方艺易商城网，http：//bbs. yy289. cn/t-13528. html，2019 年 2 月 10 日访问。

生性使花山岩画资源具有经济价值的增值性和进入文化产业的潜质。充分发挥花山岩画“品牌”文化的社会价值，通过对其版权产业的深入研究和开发利用，激发花山岩画的独特产业功能，让文化遗产与版权产业之间形成相互影响、互相促进、相辅相成的关系，这样既可以彰显花山岩画的文化内涵，又可拓展产业联动模式，进而推动文化和商业的融合发展。

3. 印象·刘三姐文化

清清的漓江水，俊秀的桂林山，每年都吸引着世界各地的游客前往，而其中在桂林市阳朔县演出的《印象·刘三姐》成为了游客们不可错过的经典观赏项目。2004年，中国第一部全新概念的山水实景演出《印象·刘三姐》在桂林市阳朔县首次上映。凭借悠久的历史积淀和文化的精心打造，在短短两年的公演时间里，该地区的旅游总收入就增加了5亿多元，景区和县城土地增值平均达5倍以上。2018年6月，阳朔统计局发布了2017年阳朔县国民经济和社会发展统计公报，公报数据显示：2017年阳朔县全年共接待游客1550万次，增长7.6%，全年旅游总消费达132.5亿元，增长12.4%。[①] 而《印象·刘三姐》从公演之初至今累计观看人数已达16111万，累计上演5860场次，总票房收入2.1亿元，净利润近1亿元，[②] 该演出也成为当地GDP增长的主要动力。不仅如此，《印象·刘三姐》这一文化产品的打造还带动了阳朔地区的交通、住宿、美食、娱乐、文化纪念产品、土特产等各类商品和服务的强劲增长，推动了阳朔县土地的增值，有效拉动了当地的房地产、建筑、酒店住宿、手工艺品制作等相关产业的迅猛发展，形成了以旅游为核心，辐射餐饮、住宿、交通、手工艺制作等相关领域的完整产业链。《印象·刘三姐》这几年来荣获多项荣誉称号，版权对该剧取得如此巨大的成就功不可没。可以说，《印象·刘三姐》不仅让世界各国游客看到了广西特有的风土人情和民俗文化，更是带动了当地经济社会文化的全面发展。所以，继续着力推进《印象·刘三姐》这一民族文化创意成就，是广西版权产业发展现阶段

---

① 《阳朔县2017年国民经济和社会发展统计公报》，载广西桂林市阳朔县人民政府门户网站，http://www.yangshuo.gov.cn/zfxxgkzl/tjxxl/201806/t20180619_816334.htm，2019年2月10日访问。

② 《还记得〈印象·刘三姐〉吗？被“破产”后迎新生》，载搜狐网，http://www.sohu.com/a/220804131_155679，2019年2月10日访问。

的重要任务之一。

4. 坭兴陶

坭兴陶是一种具有鲜明地域文化属性和民俗文化特征的工艺品。产自广西钦州的坭兴陶具有1300年的悠久历史，2006年曾被作为国宾礼品赠送给东盟十国领导人。① 2008年，钦州"坭兴陶烧制技艺"被列入国家非物质文化遗产保护名录。② 在广西自治区领导的支持和关怀下，广西钦州的坭兴陶产业由最初的一家发展到如今超过三百家的庞大生产制造规模，生产总量和总值也在逐年增加。早在2012年，广西坭兴陶的总产值就已经突破了五亿元人民币。为了让广西坭兴陶产业更上一层楼，广西自治区人民政府自上而下都制定了扶持政策。2017年钦州市人民政府办公室发布《关于加快县域特色旅游发展实施方案的通知》，指出要积极发展以坭兴陶为主题的住宿产品，同年还发布了《钦州市坭兴陶土资源保护条例》。2018年广西壮族自治区人民政府印发的《北部湾城市群发展规划广西实施方案》中，提到了要将坭兴陶文化创意产业园建设成国际旅游休闲目的地。同年，钦州市政府出台《钦州市坭兴陶土资源保护专项规划》，对2018—2030年有关工作做出了规划以及制定要达到的目标。

总体而言，广西自治区要将工作重心放在钦州坭兴陶相关的各类文化产品打造上，通过对坭兴陶相关历史文化的系统挖掘和整理，充分发挥广西自治区民族多元文化融合的特色，讲好坭兴陶的历史故事和从中体现出的民族文化特色，从表现形式、思想内涵、价值推广等多维度进行资源整合，从整体上推动坭兴陶民族文化创意产业迈上一个新的台阶。

(二)重点培育网络版权产业新型业态

国家战略性新兴产业规划确定了节能环保产业、新兴信息产业、生物产业、新能源产业等7个新兴产业领域，新兴产业的发展与其版权保护程度息息相关。国务院于2018年4月发布《关于落实〈政府工作报告〉重点工作部门分工的意见》

---

① 《文化丨坭兴陶》，载搜狐网，http：//www.sohu.com/a/291231276_556660，2019年2月10日访问。

② 《广西钦州：千年古陶　智能"窑变"》，载人民网，http：//gx.people.com.cn/GB/n2/2020/0420/c347802-33962140.html，2020年4月20日访问。

(以下简称《意见》),在《意见》中,指出要加大力度推进新兴产业结构的合理调整和优化升级,延伸产品深度加工和新兴产业链,同时促进这些新兴产业群纵向一体化发展。2015 年 8 月,国务院发布《促进大数据发展行动纲要》(以下简称《纲要》),《意见》的内容一定程度上体现了继续贯彻落实《纲要》部署的总体目标和主要任务的需要,另外提出要发明制造符合时代要求的人工智能,并能够应用到生活或生产中去。我国互联网市场拥有丰富的数据资源和应用市场优势,目前我国互联网用户规模世界领先,因此要将"互联网+"广泛部署,加快大数据在医疗、养老、教育、文化、体育等多领域内的应用。对此,自治区相关单位对作为文化新兴产业重要组成部分的版权产业非常重视。据国家版权局网络版权产业研究基地发布的《中国网络版权产业发展报告(2018)》显示,2018 年中国网络版权产业市场规模达 7423 亿元,同比增长 16.6%。2006 年至今,中国网络版权产业连续十余年保持高速增长态势,已经崛起成为推动我国版权产业振兴的核心支柱,并在全球网络版权产业格局中占据了举足轻重的地位。① 由此可见,随着经济的发展和人们认知水平的提高,越来越多的网络用户愿意用金钱来换取更高质量的网络内容,而这一转变则改变了传统网络版权产业采用的"内容免费+广告投放"商业模式,进而转变为"用户付费"模式。

2017 年 1 月发布的《广西壮族自治区知识产权事业发展"十三五"规划》强调:要提高版权产业创造影响力,做大做强新闻出版产业,提高规模化、集约化、专业化水平。以提高内容创新能力和生产能力为重点,巩固提升图书、报纸、期刊等传统出版产业。以业态创新、产品创新和内容创新为重点,加快发展音乐、数字动漫、网络游戏、手机出版、网络文学、数字教育等新兴出版产业,争取拥有互联网出版资质的单位达到 30 家以上,年产值上亿元的企业达到 3 家以上。进一步发挥广播影视内容产业的核心优势,大力繁荣电影、电视剧、影视动画、纪录片、网络剧、微电影等内容产业,建设影视文化强区。该文件的出台为广西自治区未来五年版权产业的发展方向和工作重点提供了全方位的规划和指引。

1. 音乐

随着互联网的普及以及信息技术的发展,网络为原创音乐的传播与复制提供

---

① 《中国网络版权产业高速增长　去年市场规模 7423 亿元》,载人民网,http://media.people.com.cn/n1/2019/0430/c40606-31058470.html,2020 年 5 月 22 日访问。

了便利条件，各大网站争相提供数字音乐下载功能，为音乐版权的保护与利用带来了新的机遇和挑战。音乐网络传播也以其低成本、高效率、个性化等优势，在丰富了人们生活的同时，充分与其他相关文化产业融合，逐步演变成一种更加多元和有巨大发展空间的数字音乐产业。保障音乐版权产业的健康有序发展，积极地为音乐原创者、音乐传播者及音乐爱好者服务，事关我国音乐产业健康发展，也是社会主义文化建设的重要组成部分。如何借助互联网平台，搭建一个科学而且合理高效的数字音乐传播机制，以达到多方共赢、利益分享的效果成为新课题。对此，广西要重视音乐版权在文化产业价值链中的作用，充分借鉴国内外音乐版权产业发展历程中的经验教训，通过重点构建广西新型音乐版权产业价值链模型，使整个版权产业链能够更加快速和高质量发展。

2. 数字动漫

文化发展是广西前进的重要支撑。2017 年 10 月，党的十九大在北京召开，习近平总书记在会上强调，展现中华文化魅力和时代风采的关键在于，深度开发我国优质历史文化底蕴，包括思想观念、人文精神、道德规范，并紧跟时代步伐，继承优势、不断创新。① 这一重要论断为广西文化产业的整体发展指明了方向。

目前，广西的数字动漫产业发展尚处于起步阶段，但是近年来发展迅速。迄今为止，广西共有国家认定的数字动漫企业 10 家，自治区级数字动漫骨干企业 28 家。初步形成了涵盖漫画、动画、动漫演出、新媒体动漫、动漫软件及动漫衍生产品开发等较为完整的动漫产业体系。② 广西也在国家“一带一路”建设的发展机遇下，借助东盟博览会的平台举办中国-东盟博览会动漫游戏展，积极开拓东盟市场，同时将多部题材好、制作精良的动漫作品在泰国、马来西亚等东盟国家主流媒体上播放。2018 年 8 月 29 日，广西壮族自治区人民政府发布的《广西数字经济发展规划(2018—2025 年)》提到要建设中国-东盟网络视听产业基地，

---

① 《习近平：决胜全面建成小康社会　夺取新时代中国特色社会主义伟大胜利——在中国共产党第十九次全国代表大会上的报告》，载新华网，http：//www. xinhuanet. com/politics/19cpcnc/2017-10/27/c_1121867529. htm，2020 年 4 月 22 日访问。

② 李虹：《广西民族元素在影视动画中的创新应用》，载《广西教育(高等教育)》2020 年 7 月。

培育一批面向东盟的数字出版、动漫游戏、网络视听、网络文学及社交网络服务企业。这为广西的数字动漫走出国门，走向国际提供了政策支持。

广西将持续扶持动漫产业，推动广西动漫图书出版以及衍生产业的发展，重点培育数字动漫新兴产业，努力实现优秀地方传统文化的动漫化与信息化传播。

3. 网络剧

在概念上，网络剧是一类网络连续剧，它通过手机、电脑等网络设备媒介，在互联网上进行传播。相较于传统的电视剧，网络剧因其准入门槛低，制作费用及成本小，能够让有创作想法的人实现当“演员”“作家”的梦想而迅速流行。随着互联网技术的快速发展，网民将自己的作品投放到视频网站变得非常容易。虽然网络剧的制作要求不高，作品水平也良莠不齐，但因其开放的思维模式，即能够追随网络热点与精准的受众，用最快的时间推出吸引大众关注的网络作品而得到人们的喜爱。根据烯易发布的《2019 网络剧行业研究报告》，我国网络剧自 2013 年出现快速增长，并在 2015 年达到顶峰。但自 2016 年开始，新上网剧数量持续减少。① 2018 年，全网共上新 283 部网络剧，较 2017 年减少了 12 部，处于增速变缓的变革期。② 如图 2-1 所示。

由此可见，网络剧具有巨大的发展前景和增长空间。未来，5G 时代的到来更是为网络剧的发展提供了更多的机会。为此，广西要抓住机遇，充分发挥多民族文化融合特色和优势，形成一批具有较大社会影响力的网络剧。对于政府行政管理部门而言，在监督网络剧的同时，还应当重视和加强审核管理长效机制建设，重点培育广西的网络剧版权产业，使其快速发展。

4. 微电影

微电影又称“新媒体电影”，它是指能够通过互联网新媒体平台传播 30~60 分钟之内的影片，这种影视方式非常迎合当前移动互联网和轻松休闲的网络文化。微电影近年来在互联网上颇为流行，这也是行业发展趋势的反映。在经历了

① 《2019 网络剧行业研究报告》，载搜狐网，https://www.sohu.com/a/310937784_120100217，2020 年 5 月 24 日访问。

② 《〈2019 中国网络视听发展研究报告〉完整版解读》，载智能电视网，https://news.znds.com/article/38287.html，2020 年 5 月 24 日最后访问。

图 2-1 2012—2019E 网络剧数量(部)

(数据来源：中国网络视听节目服务协会 烯易据各视频平台数据整理)

2011 和 2012 两年备受追捧的爆发期后，微电影在近几年文化市场上异军突起，产生了《失爱》《老男孩》等代表性作品。目前，许多企业已经开展针对微电影的营销投资，并取得了较好的市场效应。也出现了很多与微电影相关的上下游产业，目前已经形成了爱奇艺、PPS、搜狐、乐视、优酷、土豆、腾讯等大型微电影视频平台。

据报道，2019 年广西电影票房收入 13. 08 亿元，与上年同比增长 9. 27%；与全国的 5. 4%相比，增长近 4 个百分点。全区数字影院放映电影 266 万场、观众 3605 万人次，与上年同比分别增长 16. 67%、5. 69%。① 关于电影产业的发展，从目前的票房和增长趋势来看，发展态势良好，增长较为迅猛。在稳定广西电影票房持续增长局面的同时，也要抓住微电影产业这一热门网络版权产业，让微电影产业获取利益的方式更加多元化。通过推送广告、增加互联网上的点击率、开发周边新产品、举办大学生年度微电影节、微电影版权交易等多种渠道来实现大规模的营销利益，推动广西微电影产业的蓬勃发展。

5. 网络游戏

数字产业是国家经济发展的重要来源之一，近年来，我国网络游戏产业发展

---

① 《2019 年广西电影票房创新高》，载广西文明网，http：//gx. wenming. cn/dyj/dyhydt/202002/t20200212_5416892. htm，2020 年 5 月 24 日访问。

迅速，备受社会关注。网络游戏通过互联网进行传播，其服务器处理终端包括游戏运营商和用户计算机，游戏客户端软件是发出和接受网络游戏信息的窗口。网络游戏具有娱乐性、持续性和个体性的特点，一般支持多人进行在线游戏，可在游戏中取得虚拟成就，是人们休闲、交友的一种途径。① 随着网民数量的不断增长，网络游戏也逐渐渗透到许多人的日常生活中，成为人们日常娱乐的一部分。网络游戏相关产业在顺应时代变化发展的同时，它作为一种新兴的文化产业也在文化版权产业中发挥着举足轻重的作用。

从规范上来看，2018 年 10 月全国人大常委发布的《中华人民共和国广告法（2018 修正）》对网络游戏中的广告行为进行了规范，文化部、教育部、国家新闻出版广电总局也出台了相关政策对网络游戏运营行为进行规范。从市场上来看，2017 年中国网络游戏市场规模达到 2031 亿元，同比增长 22.6%。② 从网民规模上看，截至 2019 年 6 月，我国网络视频用户规模达 7.59 亿，较 2018 年底增长 3391 万，占网民整体的 88.8%。③ 由此可见，网络游戏的发展不管是在政策上还是在市场中均有良好的表现。在发展趋势上，随着移动客户端的普及，人们对移动客户端的使用频率超过了 PC 端，因此在网络游戏中移动端游戏将成为今后增长的重点，网页游戏的市场会受到一定程度的挤压。对此，广西自治区相关部门要高度关注重视网络游戏产业的发展，扶持做大做强网络游戏企业，瞄准未来发展方向，通过人才、资金、政策等多方的扶持，推动广西网络游戏产业的快速发展。

6. 手机出版

手机出版是网络出版的一种，其实质是将著作、图画、声频、视频、符号等多种媒体形式的内容数字化，利用信息网络向公众提供网络出版物的服务。依托

① 《网络游戏》，载百度百科网，https://baike.baidu.com/item/%E7%BD%91%E7%BB%9C%E6%B8%B8%E6%88%8F/59904?fr=aladdin，2019 年 2 月 12 日访问。

② 中商产业研究院：《2018 年中国网络游戏市场数据分析及预测：1—7 月中国网络游戏业务收入超千亿》，载中商情报网，https://www.askci.com/news/chanye/20180910/1522161131569.shtml，2020 年 4 月 10 日访问。

③ 《第 44 次〈中国互联网络发展状况统计报告〉》，载中国互联网络信息中心，http://www.cnnic.net.cn/hlwfzyj/hlwxzbg/hlwtjbg/201908/t20190830_70800.htm，2020 年 4 月 24 日访问。

互联网近乎零成本的信息传输，手机出版具有传播速度快、内容多元、获取成本低、交互性强、内容更新便捷等特点，已经成为目前增长最快的数字出版行业。其实，早在2009年3月，原国家新闻出版总署(现国家广播电视总局)出台的《关于进一步推进新闻出版体制改革的指导意见》中就将手机出版列为实现产业升级必须大力推进的新业态。2018年国家版权局网络版权产业研究基地发布的《中国网络版权产业发展报告(2018)》中数据显示：2017年我国版权产业市场规模达6365亿，同比2016年增长27.2%。① 而网络设施的进一步完善和移动终端的普及也为网络出版，特别是手机出版产业的增长提供了契机。由此可见，手机出版作为出版产业重点培育的新方向，具备无限的潜力和可能。

7. 网络文学

版权产业与科技在数字网络与大数据时代背景下的结合日益紧密，与经济、政治相互交融，网络文学版权产业逐步发展成为重要的产业集群，其主要是指以版权制度为基础，与版权保护息息相关的网络经济活动和产业部门相集合。据中国网信网的数据调查显示：截至2018年6月，网络文学用户规模达到4.06亿，占网民总体的50.6%，其中手机网络文学用户达到3.80亿。② 如图2-2所示。

近年来，由于创作的门槛降低，大量作者涌入网络文学这一新兴领域，但网络文学的质量也受到了普遍质疑，具体体现为体裁单一且题材重复严重，内容低俗化以及一味追求字数和阅读量，忽略了对文学品质的追求。在政府、企业、行业协会等社会多方的努力下，通过建立编辑审稿制度、建立专业化的编辑团队以及改变相关评判标准等方式，这一情况很快得到改善。当前，网络文学版权产业正在成为激活广西版权产业活力的新引擎，培育网络文学新型业态成了广西版权发展的重点目标。

8. 数字教育

随着国家教育信息化政策的逐步建立，教育信息化经费持续不断增加，加之

① 《〈中国网络版权产业发展报告(2018)〉发布》，载光明网，http://politics.gmw.cn/2018-04/25/content_28491717.htm，2019年2月10日访问。

② 《CNNIC第42次调查报告：网络文学》，载搜狐网，http://www.sohu.com/a/249167734_99971698，2019年2月10日访问。

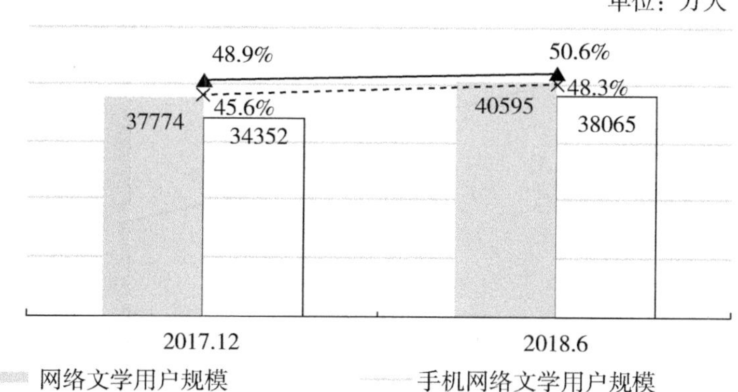

图 2-2　2017. 12—2018. 6 网络文学/手机网络文学用户规模及使用率

（数据来源：CNNIC 中国互联网络发展状况统计调查）

信息技术高速发展与网络基础设施的逐步完善，数字教育产业得到了有力的支持。现阶段，数字教育的发展地主要集中于开展学历教育、远程教育的高等院校网络学院。据艾媒咨询发布的《2019 上半年中国 K12 在线教育行业研究报告》显示，中国在线教育用户规模逐步上升，预测在 2020 年达到 3. 05 亿人。① 如图 2-3 所示。

2020 年 4 月 28 日，中国互联网络信息中心（CNNIC）发布的第 45 次《中国互联网络发展状况统计报告》显示，截至 2020 年 3 月，我国在线教育用户规模达 4. 23 亿，较 2018 年底增长 2. 22 亿，占网民整体的 46. 8%。数据显示，疫情期间多个在线教育应用的日活跃用户数达到千万以上。此外，数字教育也广泛运用于基础教育、继续教育、企业培训和行业培训等方面。数字教育产业的发展推动了教育行业服务模式调整，促进了教育行业的服务增值、成本降低及质量和效率的提高。数字教育为手机移动学习与终身学习提供了强有力的支持，越来越受到广西教育机构企业以及政府的重视。“互联网+教育”的发展是教育数字化与教育智能化的内在需求，如何做好跨行业的服务成为广西数字教育建设的重点。互联网

① 《艾媒报告｜2019 上半年中国 K12 在线教育行业研究报告》，载艾媒网，https：//www. iimedia. cn/c400/65829. html，2020 年 5 月 24 日访问。

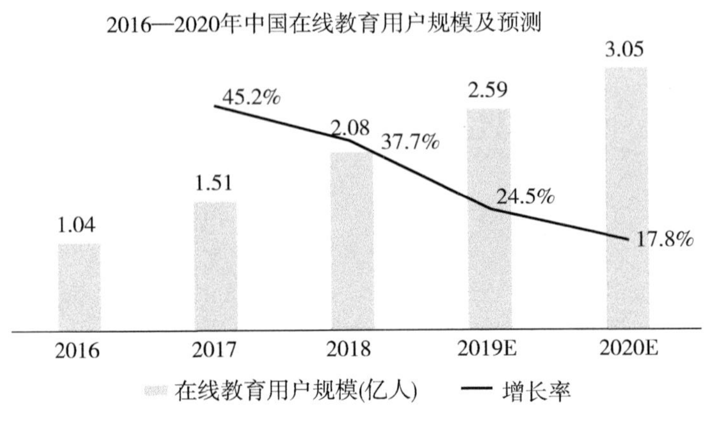

图 2-3　2020 中国在线教育用户规模

（数据来源：艾媒北极星互联网产品分析系统(bjx. iimedia. cn)）

是促进多领域事业改革的关键技术，在教育事业方面，利用数字技术推动教育事业设施建设，搭建具有合理性与科学性的教育服务平台，平台业务包括教育资源交流、技术合作、教育教学应用等，推动完善数字教育产业服务标准的版权保护，进而推动广西版权产业新型业态的发展，为广西网络版权新型业态增添浓墨重彩的一笔。

(三)稳步健全版权服务业

《广西壮族自治区知识产权事业发展“十三五”规划》指出，要优化知识产权服务，增强自主创新能力。推动知识产权服务业集聚发展。完善集聚区知识产权服务业管理体系，促进服务不断优化。推动知识产权与集聚区内产业、科技和经济深入融合，并对集聚区外产生良好辐射带动作用。

1. 建立建全版权登记、确权、反盗版、维权等保护支持体系

要构建以各级版权协会、版权保护机构、版权代理机构为主导，以版权登记、确权、反盗版、维权为内容的版权社会服务体系。

(1)积极开展作品登记、确权工作

确权是实现版权价值的基础和前提。在 2018 年 4 月举办的广西版权工作新

闻发布会上，自治区版权局向区内外媒体发布 2017 年度广西版权工作情况，并指出在版权服务社会工作方面，要不断完善作品登记、涉外版权合同备案工作制度。① 作品登记是自治区版权局的一项重要职责，每年全区都有很多文字作品、摄影作品、影视作品、美术作品等各类作品的作者来申请著作权登记。自治区版权局发布的 2019 年度广西各市作品著作权登记统计情况指出，2019 年全年，广西作品著作权登记室共完成作品登记 3003 件，相比 2018 年，作品登记数量增加 300%以上，总体增长较快。② 其中，美术作品登记数量占登记总数的 56.8%，占比最大，其次是图形作品(工程设计图、产品设计图)占登记总数的 15.8%、文字作品占登记总数的 15.3%。③ 因此，在现有的快速增长态势下，到 2020 年，争取包括软件著作权在内的著作权自愿登记数量超过 6000 件，扶持具有价值版权产品 200 件以上，实现全区国有企业软件正版化全覆盖。

(2)发挥行业协会作用

指导和支持行业协会等组织依法开展知识产权咨询、培训、维权、调解等业务。支持代理行业协会强化自律管理，建立代理信用管理制度、代理质量奖励制度、代理人培训教育制度。依托行业协会开展服务评级、定价及市场监管等活动，维护良好的知识产权服务业市场秩序。

(3)建立健全反盗版与维权体系

据统计，2017 年 1—5 月，全区各级文化行政部门和文化市场综合执法机构共出动检查 84135 人次，检查文化市场经营单位 27391 家次，责令改正 534 家次，受理举报 111 件，立案调查 121 件，移交案件 13 件，办结案件 316 件，罚款 28.3 万元，没收违法财物 10275 件，没收非法音像(电子)出版物 1945 张。④ 如今，虽然广西已有 18 家网络出版服务单位，但还远不能满足广西版权服务的市场需要，这就需要政府相关部门出台政策鼓励建立版权服务公司，合理利用版

① 《自治区版权局发布 2017 年度广西版权工作情况》，载搜狐网，https：//www.sohu.com/a/229932070_211507，2019 年 2 月 15 日访问。

② 《2019 年度广西各市作品著作权登记统计情况》，载广西文明网，http：//gx.wenming.cn/xwcb/xwcbhydt/202004/t20200425_5546600.htm，2020 年 5 月 23 日访问。

③ 《2019 年度广西作品著作权登记分类统计情况》，载广西文明网，http：//gx.wenming.cn/xwcb/xwcbhydt/202004/t20200422_5540178.htm，2020 年 5 月 23 日访问。

④ 《广西壮族自治区文化厅 2017 年上半年工作总结》，载广西壮族自治区文化和旅游厅网站，http：//wlt.gxzf.gov.cn/zwgk/ghjh/t3924596.shtml，2019 年 2 月 10 日访问。

权服务机构，行业人员以及社会组织，建立起以法律体系为支撑的版权保护维权中心，依法保护作者和作品传播者的正当权益，从而带动整个版权产业的良性发展。

2. 促进版权评估、鉴定、融资和交易，推动版权的转化和利用

广西自治区人民政府在2018年发布的《广西数字经济发展规划(2018—2025年)》中指出：加强知识产权服务平台建设，建立健全技术创新和应用创新的知识产权服务体系。[①] 在2015年发布的《广西深入实施知识产权战略行动计划(2015—2020年)》中也指出，要大力发展知识产权服务业，培育服务市场，扩大服务规模，提高服务质量，增加知识产权服务收入，形成若干知识产权服务业集聚区。

版权产业作为知识产权发展的重要一环，对全区的知识产权服务建设起着不可或缺的作用。而要促进版权的评估、鉴定、融资和交易，推动版权的转化和利用不仅需要政府政策的支持，也需要加强行业自律管理。为此，应当鼓励各类文化产业市场主体进行商业模式创新，加强企业的商标品牌建设，建立一批具有民族特色、以互联网、大数据、区块链等高新技术为依托的的新型版权交易平台，加大文化创意产品在网络空间中的传播和利用。

版权产业属于知识密集型、资本密集型产业，但同时具有抵御风险能力弱、财务资质差、经营管理模式不稳定、抵押或质押担保品缺乏等缺点。目前关于无形资产的定价估价体系尚未有效建立，导致银行授信额度低，自行发债资质不足，在一定程度上阻碍了版权产业的发展。同时，文化品牌创立和打造需要比较长的周期，而广西文化品牌并不多、影响力不大，导致投资广西文化企业回收期拉长，吸引投资能力不足。"十二五"期间，广西文化艺术类累计完成固定资产投资274亿元，仅占固定资产投资总额的0.44%，其中2015年完成固定资产投资76亿元，规模仅为卫生行业的二分之一、教育行业的五分之一。并且，广西在版权的转化和利用方面，如具有版权评估、鉴定、融资、交易资质的服务公司

---

① 《广西壮族自治区人民政府关于印发广西数字经济发展规划(2018—2025年)的通知(桂政发〔2018〕39号)》，载广西壮族自治区人民政府网站，http：//www. gxzf. gov. cn/zwgk/zfwj/20180917-713374. shtml，2020年4月22日访问。

并不多。要改善这一产业短板和不足，必须加大政府支持力度和政策引导，推动建立相关版权评估、鉴定、融资和交易类服务公司。

(四)大力发展面向东盟的版权贸易

广西是我国唯一与东盟既有陆地接壤又有海上通道的省区，地处中国-东盟自由贸易区的中心地带，是中国对东盟开放的前沿和“桥头堡”城市，具有双向沟通中国与东盟的重要战略作用。广西已与东盟建立友好城市 51 对，居全国首位。建成面向东盟的非通用语种、卫生、会展等国际级人才培训基地 9 个。成功举办中越青年大联欢、中国-东盟戏剧周等活动，形成了南宁国际民歌艺术节、中国-东盟文化产业论坛等人文交流合作品牌。随着 18 个国家一类口岸的开放，广西迅速闯进了内陆快速发展的经济视野。为此，广西应当在现有文化交流的基础上，继续深化与东盟各国的合作，积极探索面向东盟的版权贸易。

1. 建成立足广西、面向东盟、辐射全国的版权综合服务平台

近年来，自治区版权局积极贯彻国家实施文化“走出去”的战略，自治区党委宣传部、广西新闻出版广电局进行联合工作部署，依托国家发展北部湾经济区的政策扶持和广西与东盟国家邻近的战略地位，利用广西与东盟国家海陆相连的地理优势、中国-东盟博览会的政策优势、文艺类作品的出版优势，找准定位，积极探索，主动策划，改革机制，引进人才，拓展思路，建成立足广西、面向东盟、辐射全国的版权综合服务平台。①

2. 多措并举，扩大贸易额

广西是中国对东盟开放合作的前沿和窗口，2017 年以来，广西取得了不小的成绩。据广西壮族自治区版权局统计，在对外版权贸易和走向东盟方面，广西有关机构把 40 多部 2000 多集电视剧翻译成东盟国家语言，并在当地播出。全区图书出版社共实现对外版权输出 413 种，同期版权引进为 495 种，版权贸易逆差明显缩小。2017—2019 年，广西出版传媒集团达成输出图书版权 565 种，引进图

① 张凡、罗敏超：《面向东盟，讲好中国故事——广西人民出版社的版权贸易之路》，载《出版广角》2015 年 8 月。

书版权692种，内容涵盖时政、少儿、艺术、文学和科技等类别，版权输出国家和地区达40多个，海外分支机构设点与项目境外落地稳步推进，国际传播能力不断提高。但是，与国内版权产业发达的其他省市相比，我们仍存在较大差距。广西仍在采取积极措施，大力推动出版、影视等文化企业加强与东盟国家的版权合作，推动对外版权贸易。未来的工作重点应当包括：

(1)高度重视战略实施

积极贯彻落实中央赋予广西的“三大定位”，融入“一带一路”建设，利用中国-东盟博览会、中国-东盟商务与投资峰会这两大平台，推动各图书出版，影视制作、发行和播映单位加强与东盟各国在版权合作、版权贸易方面的联系，建立了长期、稳定的战略合作伙伴关系。

(2)加大支持“走出去”力度

设立广西新闻出版广播影视走出去扶持资金，对实施“一带一路”倡议优秀项目实现“走出去”予以资金扶持，推动更多广西的优秀作品“走出去”。2015—2017年，共支持132个新闻出版广电项目走出国门，扶持资金共计800万元。

(3)培育广西知名品牌

积极扶持广西有关单位实施了中国-东盟广播影视作品译制工程、广西“丝路书香”工程，将其打造成广西新闻出版广电走出去的优秀品牌，取得了明显的效果。广播影视方面，广西人民广播电台、广西电视台在泰国、印尼、柬埔寨、缅甸、越南、老挝等东盟国家陆续开办了“中国剧场”“中国动漫”“中国电视剧”“多彩中国”等栏目，继续译制播出《三国演义》《西游记》《琅琊榜》《野鸭子》等一大批我国优秀的影视剧。

二、广西版权产业发展制约因素

(一)版权产业发展扶持政策力度不够

1. 版权产业发展资金投入不足

自国务院印发《关于新形势下加快知识产权强国建设的若干意见》提出了要

在2020年在知识产权重要领域上取得决定性成果并为我国今后的知识产权强国的建设奠定基础以来,① 各地响应国家号召，纷纷提高本省的知识产权战略地位，并加大了对知识产权产业的资金投入。广西亦不例外，在国家出台新的战略目标后也积极对知识产权提出新的战略定位，加大对包括版权在内的知识产权的重视程度。如，在2016年自治区政府提出的《广西壮族自治区人民政府关于实施质量强桂战略的决定(桂政发〔2016〕50号)》(以下简称《决定》)中就提到了版权产业，《决定》要求要推进版权兴业，进一步提升版权的质量，并提高版权的输出质量。② 显然，广西政府已经意识到了版权产业的发展质量对于“强桂”的重要性，提高了对版权产业的发展要求与重视程度。但是，与国内经济发达地区相比，广西版权产业发展起步较晚，基础较为薄弱。受经济发展水平影响，版权产业发展资金投入不足，占全区文化产业发展资金投入比例较小，因此造成版权产业，尤其是核心版权产业基础设施不够完善，发展动力不足，产业结构较为松散，对全区经济发展拉动力有限。据统计，就自治区本级所投入的文化产业发展专项资金来看，2017年广西所投入的该项资金仅为5900万元，而云南为1.6亿元，四川为2亿元，福建更是高达1.3亿元，与其他省份相比广西的文化产业专项资金的投入严重不足从近年固定资产投资情况看，“十二五”期间，广西加大了对文化艺术类固定资产的投资力度，在此期间，文化艺术类固定资产投资资金达274亿元，虽然如此，但在此区间艺术类固定资产投资仅占同区固定资产投资的0.44%。2016年文化艺术类完成固定投资总额78.8亿元，同比增长3.2%，低于全区固定投资的9.6个百分点，规模仅为卫生行业类的1/2，教育行业的1/6,③单从版权产业资金来看，所投入的专项资金就显得更为稀少。而经济较为发达的广东省对版权产业的发展极为重视，自本世纪初以来其对版权产业的资金扶持力度逐步加强，对版权产业的资金投入也逐年提升，在经过不断的版权产业

---

① 《国务院印发〈关于新形势下加快知识产权强国建设的若干意见〉》，载中华人民共和国人力资源和社会保障部网，http://www.mohrss.gov.cn/SYrlzyhshbzb/dongtaixinwen/shizhengyaowen/201512/t20151223_229563.htm，2019年3月3日访问。

② 《广西壮族自治区人民政府关于实施质量强桂战略的决定(桂政发〔2016〕50号)》，载广西壮族自治区人民政府门户网站，http://www.gxzf.gov.cn/zwgk/zfwj/zzqrmzfwj/20161023-553443.shtml，2019年3月6日访问。

③ 刘倩玲：《广西文化产业年度报告》，载《新西部(上旬刊)》2018年7月。

资金的投入扶持下其版权产业的发展取得了巨大的成就，在2016年其版权产业的增加值就已占到本省GDP的8.61%，成为了广东省重要的支柱性产业。① 而目前广西的版权产业之所以较其他省份发展落后的一个很重要的原因是版权产业发展资金不足，版权产业发展资金短缺问题突出，而对于这一突出问题却一直无法得到有效的解决，这严重地制约了广西版权产业的发展。

2. 版权产业发展政策缺乏针对性

党的十九大报告中重新确立了新时代下我国知识产权工作的总基调，提升了我国对知识产权发展的重视程度，知识产权“十三五”规划也第一次被列入我国的重点专项计划，晋级为国家级的重点计划。自十九大以来我国对包括版权在内的知识产权给予重大的政策支持，新时代下出台了许多有关版权产业发展的针对性政策，版权产业发展进一步受到党和国家的重视。② 众所周知，版权产业的发展离不开政策的支持，与其他省份一样，为了促进版权产业的发展，广西分别于2015年、2016年和2018年出台了《关于推动传统出版和新兴出版融合发展的实施意见》《广西新闻出版广播影视走出去扶持资金管理办法》和《广西壮族自治区知识产权事业发展“十三五”规划》等一系列政策以促进广西版权产业的发展。因此，在版权产业发展上，广西并不缺乏相关的政策支持。然而，广西所出台的这些一系列政策在促进版权产业发展上的作用有限，并没有深度发掘出广西的本土版权产业特色，这些政策基本上是中央版权产业政策在广西的落实，如以2015年自治区版权局出台的《广西深入实施知识产权战略行动计划(2015—2020年)》为例，该计划在总体目标上缺乏具有广西特色的针对性专项政策，如支持民族特色文化版权保护与运营政策、支持广西版权交易平台建设政策、支持塑造广西版权产业优质品牌政策、支持版权产业园区聚集发展政策以及培养、引进、鼓励产业人才队伍保障机制等。版权产业的发展政策缺乏针对性，使广西无法有效结合本地特色打造出更强的本地版权产业，导致版权产业发展滞后而与其他版权强省的发展差距越来越大。此外，由于广西目前缺乏针对性的专项扶持政策，不仅无

---

① 宁建芳：《做好新时代广东版权工作的几点思考》，载《中国新闻出版广电报》2019年1月21日，第4版。

② 中国信息通信研究院：《2017年中国网络版权保护年度报告(摘要版)》，载《中国出版》2018年第9期。

法有效突出广西的版权产业发展特色，还使得广西版权产业的区内版权产业发展特色不突出，难以形成由点、线到面的辐射形发展结构。

3. 产业扶持力度不够

目前，自治区内文化产业园区和集聚类基地共有9家，园区开发总投资51.6亿元，入驻文化企业737家，总收入8.8亿元，对促进文化产业发展起到了十分积极的作用。但是由于自治区、市、县没有文化产业园区发展的专项资金和扶持政策，高端人才引进、服务平台建设和成熟项目落地、发展难以得到有效支持，仅仅是园区的减免、免租等政策，就很难与发达地区进行竞争。再加上现有的9个文化产业园区运营机制平台服务单一，模式创新能力较弱，园区活力不强，基础设施建设不足，企业孵化速度较为缓慢，使得文化产业建设尤其是版权产业发展受阻。

在文化产业城建设上，由于缺乏科学合理的扶持政策支持，在客观因素的共同影响下，建设进展缓慢。2012年1月，自治区成立了广西文化产业城项目建设领导小组，领导小组办公室设在自治区文化厅。同年，领导小组召开会议，议定了广西文化产业城的建设业主、建设内容以及项目建设的组织领导等事项。2014年7月，自治区取消广西文化产业城项目建设领导小组后，由相关部门分别独立承担文化产业城项目建设，目前，仅有广西广电网络公司的广西新媒体中心项目期工程开工建设，广西出版传媒集团、广西文化产业集团等单位、因地价快速上涨、筹资困难等因素，推进缓慢，不利于形成统一、集中的版权交易市场及宣传平台。

4. 税收政策优惠程度不足

2017年，当时的文化部出台了《文化部“十三五”时期文化产业发展规划》，要求各级党委和政府充分认识文化产业的重要性，出台各种政策促进文化产业发展，在税务、财政等方面给予文化产业支持。① 之后，各省亦纷纷出台相应的税

① 《文化部关于印发《文化部“十三五”时期文化产业发展规划》的通知》，载中华人民共和国文化和旅游部，http://zwgk.mct.gov.cn/auto255/201704/t20170420_493300.html?keywords=，2020年4月10日访问。

收政策，给予文化产业税收上的优惠，版权产业也因此而受益。税收优惠政策对于版权产业至关重要，特别是对于广西来说，更需要给予版权产业足够的税收优惠政策。相对于国内发达地区，广西尚属于知识产权发展相对欠发达地区，知识产权创新能力还比较弱,① 因此需要实行较为优惠的税收政策以扶持产业的发展，但目前广西的税收优惠程度还不足以推动版权产业快速发展。税收政策是调节市场经济的重要杠杆，也促进市场经济的重要手段，落实税收优惠政策是政府鼓励和引导版权产业发展的重要途径之一，对于扶持当地的民族产业和版权产业有着不可或缺的作用。然而，广西对于版权产业发展的税收优惠政策不足，未能扶持形成以政策为发展导向，以创新为内在动力的区域性、集约型的产业发展园区，对于广西小微企业居多、发展较为分散、区域合作能力弱的发展特点来说，是非常不利的。针对版权产业的发展，税收优惠政策的不足最主要的就是体现在对于地区民族企业、影视剧产业、动漫产业、以及计算机软件产业等方面的税收优惠力度较小、政府引导力不强，企业发展动力受阻。

针对地区民族企业的版权产业发展，现有的相关税收优惠政策未能在民族企业上得到较好的落实，政府未能积极辅导地区民族企业建立健全企业账务，引导企业做好台账建立和汇总上报工作，企业的涉税诉求未能得到充分的解决。这些问题不利于其版权资源的经济价值转化以及产业结构的优化，相关产业发展积极性也受到打击。

相对于民族企业来说，广西版权产业还存在很多“散户”，主要散见于众多小微企业，这些小微企业主打创新牌，版权创造力丰富，发展市场前景大好，主要集中在计算机软件产业以及动漫产业上。针对小微企业，税收优惠上存在着无针对性税收优惠政策、无专项定位扶持手段的问题，这样的问题仅仅通过吸引入驻产业园区以实行区域集中的优惠政策是很难得到根本解决的，只有通过政府不断探索市场发展路径，针对新兴起的小微企业采取适当的税收优惠措施，重视其版权产业发展的创新力和创造力。

对于影视剧产业以及图书版权产业来说，其发展受到政府的重视程度较高，在最近几年的区内发展政策中已有所体现，但是政府在税收优惠上的政策侧重还

① 任婉竹，冯楚建，赵树良，宋伟：《知识产权“后发”区域战略协同机制研究——基于主成分分析法》，载《中国高校科技》2017 年第 9 期。

有所缺陷，主要体现在影视剧作品和图书版权进出口贸易上，对于出口版权作品数量大的企业，应加大税收优惠力度，支持其版权资源的运用与开发，促进版权贸易的发展；对于优秀版权作品的进口也应推进税收优惠，以丰富区内版权市场，促进版权资源的经济价值转化，服务全区版权产业发展。

(二)版权服务体系不完善

1. 版权融资平台建设水平较为落后，融资难问题亟待解决

就区内版权产业来看，大多数版权企业规模面临资金短缺的困境，在版权企业的发展中需要大量的资金注入企业以使版权产业得以壮大。然而，相比北京、上海等经济发达地区来说，区内的版权融资平台的建设水平是比较低的，无法为版权产业的发展注入更多的经济活力，亦无法扮演其在版权融资过程中所应发挥的角色，融资难仍是区内版权产业发展的制约因素。就版权产业区内发展及融资渠道来看，区内版权产业起步较晚，区内银行、投资公司不熟悉版权产业投资的回报与风险，且缺乏可信度较高的版权价值评估团队，版权价值评估也未能形成统一的标准。同时，政府投入不足，版权产业的融资渠道不够通畅，融资平台的缺乏也未能实现多渠道吸纳民间资本进入版权产业的目标，进而陷入版权产业融资难的困境。

从版权产业自身特性来看，版权产业属于知识密集型、资本密集型产业。而作为版权产业发展重要部分的传统出版企业一般表现为轻资产，抵御风险能力弱、财务资质差、经营管理模式不稳定，抵押或质押担保品缺乏，而无形资产的估价体系尚未有效建立，导致银行授信额度低，融资难度大。同时，龙头级版权企业文化品牌创立和打造需要较长的周期，而广西优秀文化品牌不多，知名度也相对有限，导致投资方投资广西版权产业的回收期拉长，吸引天使投资能力不足。

2. 版权市场服务滞后，版权产业发展活力受限

在传统业态下，版权的使用面临着确权难、定价难和交易难三个难题。从市场经济发展的逻辑来看，明晰产权是经济发展的基础，产权明确也有利于降低交

易成本。因此，要繁荣文化市场并促进文化经济发展，首先就要明确各类文化产品的权利归属。

版权是一种以财产价值为主的私权，其特点是内容丰富、范围广范、管理复杂。版权产业发展的第一个问题就是确权，由于版权自完成之日即产生，且不以登记为必要条件，所以加大了版权实际确认的难度。第二是版权的定价难，版权市场没有一个相对统一的价值评估标准，这就使版权的实际价值难以得到确定，更多依靠当事人的评价。第三个问题就是版权的交易难，目前尚缺乏大型的版权交易平台和交易路径，造成即使有好的资源也难以利用的现象产生。这“三难”的产生使版权价值的实现遭遇了困境。上述困难使得版权创造和版权的流通受到了一定程度的影响，在客观层面上也加大了版权纠纷的风险。广西目前版权确权存在的问题主要包括以下几点。

首先，在版权确权方面，基于互联网高效性特点，自治区尚未建立一个完备的网络版权快速授权平台，无法即时满足市场需要。版权信息在作品发布、流转和交易的过程中较难清晰看见，由于缺乏一个方便高效的版权公示系统，版权所有者难以通过特定方式宣誓其权利，加大了版权确权的成本。

其次，从版权市场的定价情况来看，文化资源与其他资源具有不同的特点，不同于其他资源，文化资源的种类十分繁多，在交易过程中其权属也具有一定的争议，且难以确定其价值。而目前广西尚未建成一个能够承担海量的、公开的版权要素流转市场来为版权进行定价，在一定程度上限制了版权的自由流通。

最后，从版权交易的需求来看，广西自治区内尚未建成一个集版权确认、定价和权利流转于一体的交易平台。交易平台是连接版权交易各方主体的媒介，是版权产业快速发展的催化剂。通过版权交易平台，有利于实现版权交易的规范化和可记录化。目前已经有北京、西安等地的企业运用区块链技术进行版权交易模式的创新，不仅增加了版权交易的安全性和透明性，也降低了版权交易各方的交易成本。

总的来说，确权是基础、定价是关键、运用定成败，只有完善版权市场服务体系才能更好的推动广西版权产业更快更好地发展。

(三)版权产业人才队伍匮乏

版权产业的蓬勃发展离不开一批具有高素质的人才队伍，就国内来看，版权产业人才仍然主要集中在东部沿海发达地区，西部地区的版权产业人才仍然十分稀缺，无法满足版权产业的发展需求。纵观国内版权产业发展较好的省份，其均有众多的高素质版权产业人才队伍，这些版权产业人才队伍在其版权产业的发展过程中做出了极为重要的贡献。近年来虽然广西加大了对版权产业人才的重视程度并着力建设本区的版权产业人才队伍，但由于起步较晚，再加上政策倾斜的力度有限等原因，版权产业人才稀缺，无法满足本区版权产业发展的需求，版权专业人才的数量和质量与本区的社会经济发展需求还有一定差距，成为广西版权产业发展的短板之一。

1. 政策倾斜力度不足

人才资源是一种极为重要的社会资源，是经济社会发展的重要因素，谁能培养和吸引更多的优秀人才，谁就能在竞争中占据优势，虽然广西在培养知识产权人才方面出台了比较多的福利政策，力图培养、发展本区的知识产权人才，但是相比于其他发达省份所出台的政策的倾斜力度仍然不足，且所出台的政策中对知识产权人才的培养也主要是对专利、商标人才的培养，而对版权人才的政策倾斜程度不足。在 2018 年 4 月 23 日，自治区知识产权局发布的《2017 年广西壮族自治区知识产权保护状况(白皮书)》报告显示，2017 年自治区知识产权局出台了《2017 年广西知识产权局人才培养计划》后开展了 30 多期人才培养计划，该培养计划继承以往的政策，把重点放在对专利人才的培养上，在专利人才培养方面取得了较大的成就，有 20 人新入选了全国专利实务人才，并且有 229 人被新认定为广西"十百千"知识产权(专利)人才，① 但是相比于专利人才的培养政策力度，版权人才的政策培养力度则远比专利人才的培养力度要小得多。在对知识产权人才的培养上，自治区知识产权局继出台了《2013—2015 年广西"十百千知识产权(专利)人才"培养方案》后，在 2018 年又提出了《2018—2020 年广西"十百千知识产权(专利)人才"培养方案》，并要求创新人才培养机制，创建广西知识产权人才培养机制并建立知识产权库，同时还要启动第四批专利人才遴选与培养工

① 《2017 广西壮族自治区知识产权保护状况白皮书(白皮书)》，广西知识产权局网，http：//www.gxipo.net/gx/zs/18xczzx/20180423/44404.html，2019 年 2 月 1 日访问。

作。[①] 之后，自治区知识产权局于 2018 年 3 月 4 日正式印发《广西壮族自治区知识产权局关于开展第四批广西“十百千”知识产权（专利）人才选拔工作的通知（桂知综字〔2018〕12 号）》，正式开展第四批专利人才选拔工作。[②]

可见，在对知识产权人才培养方面广西的政策重点依然放在专利人才的培养上，而对版权人才培养的重视程度不足，对版权人才的政策扶持力度不够。这带来的产业影响十分明显，如无法培养出更加强大的版权人才队伍，亦不能吸引大批优秀的版权人才队伍来桂工作，导致广西版权人才队伍的建设步伐与发达省份之间的差距越来越大，并且使版权产业的人才需求一直得不到有效满足。

2. 版权产业人才管理与培养体系不健全

（1）相关版权主体对人才的管理制度不合理

在版权产业中，企业无疑是该产业中最重要的主体，企业对版权人才的管理制度直接影响到该企业乃至整个行业的发展，而对于人才的管理则直接影响到该企业是否能够培养出适合本企业的人才以及是否能够留住本企业的人才。然而，广西版权企业主体在人才管理制度方面存在诸多不合理之处，导致企业很难留住人才，造成企业无法吸引到人才甚至人才外流的现象，进而加剧了版权产业人才匮乏的局面。就区内版权企业来看，很多企业由于缺乏相关的人才管理经验以及缺少对人才的重视程度，其并未把人才与企业的长远发展结合起来，缺乏战略眼光，而导致大批人才外流，极度缺乏版权人才。

具体而言，很多企业在对版权人才的管理中，并没有在企业内部设立专门的版权管理机构来管理本企业的版权事物。对于版权岗位，很多企业由于重视不足并没有单独设立，而是由一些部门岗位兼任，这种兼任模式由于缺乏专业性难以使企业的版权事物规范化，亦无法使版权人才的作用得以最大程度的发挥。

此外，相对于其他版权强省的企业来说，广西版权企业还缺乏足够的战略眼光，不仅没有将版权申请与保护同企业战略有效结合，且对于版权的定位亦过于

① 经济日报：《广西谱写科技创新事业新篇章》，载百度百家号，https：//baijiahao.baidu.com/s? id=1591730943386780577&wfr=spider&for=pc，2019 年 2 月 1 日访问。

② 《广西壮族自治区知识产权局关于开展第四批广西“十百千”知识产权（专利）人才选拔工作的通知（桂知综字〔2018〕12 号）》，载广西壮族自治区南宁市科学技术局网站，http：//kjj.nanning.gov.cn/tzgg/tz/qttz/t533035.html，2019 年 2 月 16 日访问。

狭窄，仅仅关注到版权的申请与登记，而对于相应的邻接权却鲜有做出有效的战略布局，致使版权效益相对较低。比较版权强省的企业，恰恰由于做到了合理的版权战略布局，版权的经济效益才得以最大化的实现。这些效益不仅给企业带来了巨大的经济利益，也吸引到了许多版权人才，而这些版权人才的到来又极大地促进企业新的版权经济发展，形成一个良性循环。版权企业不合理的人才管理制度是广西版权人才管理体制的一个缩影。事实证明，要想吸引到更多的版权人才，包括政府在内的主体应当进一步完善版权管理制度，建立起合理的人才管理体系，最大限度地吸引到人才并最大化发挥人才的作用。

(2)版权人才培养体系不合理

目前，广西版权人才的培养主要集中在高校与企业，高校和企业承担着绝大部分的版权人才培养任务，并在此过程中取得了较好的成绩，但是与经济发达地区相比还有一定差距。

首先，广西的版权人才培养体系不够合理。高校以教书育人为己任，广西高校在几十载的历程中培育出了大量的版权人才，为广西的版权人才培养做出了巨大的贡献。但是，面对新的版权产业发展要求，广西现有的版权人才培养体系显得有些不合理。主要表现为知识产权的教育规模较小，人才培养有限，且对知识产权的人才培养模式较为单一。广西高校历来重视对知识产权学术人才的培养，但忽视了对知识产权实用性人才的培养，在对学生的培养上缺乏必要的知识产权实务培训，与广西的版权产业人才需求相脱节，在知识产权人才的培养过程中也很少引进多元化的教学模式，致使培养模式较为单一，培养的人才难以迅速融入版权行业。其次，就培养的学生来看，对于知识产权研究生，高校更多的是对其学术进行培养，忽视了实践技能；而对于本科生来说，现有的教学结构较为单一，且由于在招生时无法招到足够多的理工科背景的学生，无法有效满足企业的需要。高校培养体系不合理的表现除了受传统的教学模式限制之外，还在于教师资源的匮乏，教师资源的优劣直接影响到版权人才的培养。广西高校中拥有海外留学经历且具备理工科背景的知识产权教师较少，这在一定程度上也影响到教学质量，再加上与实际需求脱节较为严重的课程体系，广西的知识产权人才培养遇到了一定的瓶颈，大大降低了高校在版权人才培养方面所应发挥的作用。

企业是广西版权人才培养的另一重要阵地，就目前来看，广西企业对版权人才的培养主要将重点放在对技能的培训上，但是忽视了必要的理论学习，致使这些企业员工受到培训后虽然其实务技能有所增强，但是在应对一些较为复杂的版权问题时，无法有效应对，很多人仍然无法达到版权人才所应达到的标准。此外，很多企业在其人才培养体系上缺乏系统的培养，且因培养周期较长，很多企业不愿在人才培养上花费过多的资金与时间，一般都是遇到无法解决的重大问题才会想着去培训。同时，很多版权企业也并未将人才培训纳入到企业发展战略，对版权人才的培训没有长远的战略眼光，甚至有些版权企业只是将其对人才的培训作为应付有关部门核检的一种手段，许多培训变成了"走过场"，致使这些企业在其版权产业发展过程中版权人才极度匮乏，严重依赖其他版权企业，无法真正做到独立自强。

此外，人才培养体系不合理的另一个重要表现是在人才培养上缺乏与外地长效的人才培养合作机制，无法有效利用区外先进的教育与实践模式培养本区的版权人才，使本区版权人才在技能上无法迅速成长。同时，也由于缺乏足够的长效合作培养机制，亦使区内的版权产业缺乏足够的版权发展视野，版权人才的培养处于开放性合作程度不足的状态。而对于版权强省来说，其极其重视对人才的合作培养，充分利用外部有效的资源合作培养本省的版权人才，使本省版权人才迅速成长，并培养出一些顶尖的版权人才。如以版权强省广东为例，在 2018 年，其积极利用香港与澳门的优势资源，与香港和澳门签订了《粤港保护知识产权合作计划(2018 年下半年—2019 年上半年)》，与这两个地区合作培养知识产权人才，以期利用这两个地区的优势条件来培养未来顶尖的知识产权人才。① 而反观广西，在人才培养体系上，类似的长期人才培养体系机制的实施方案并不多。

3. 高层次版权产业人才稀缺且布局不合理

(1)高层次版权产业人才稀缺

版权产业是一种知识密集型产业，对于版权产业而言，人才，特别是高层次人才就有着最为重要的资源。可以说哪个地方拥有数量最多的人才，哪个地方的版权产业就会随之得以迅速发展并且成为重要的版权产业产值区；哪个版权企业

① 《知识产权人才将实现三地联合培养》，载搜狐网，http://www.sohu.com/a/249507857_161794，2019 年 3 月 4 日访问。

拥有众多的版权人才，哪个企业就在版权产业的市场上掌握着主动权。广西之所以在版权产业的发展过程中相对落后，其根本原因就在于版权人才，特别是高层次版权人才的匮乏。

高层次人才历来备受重视，其对相关产业发展的重要性不言而喻，但是，高层次人才是一种极为稀缺的资源，各省都出台了许多政策来吸引高层次人才，由于经济条件与区位条件的限制，广西在引进高层次人才方面并不占优势。为了使广西文化产业拥有更多的高层次人才，进一步填补文化产业高层次人才的空缺，广西出台了《广西文化跨越发展行动计划(2017—2020)》，提出要实施文化产业人才培养工程，创新文化产业人才的引进方式。① 但是，尽管如此，广西文化产业的高层次人才，尤其是版权产业高层次人才仍十分稀缺，与其他版权强省还存在不小的差距。相比于其他版权强省，广西的版权人才在数量与质量上还存在一定的差距，这主要受制于经济因素与区位因素。广西版权产业起步晚，发展还不够充分，无法产生强大的版权产业效应从而吸引到足够多的版权人才。广西版权人才原本就比较缺乏，高层次版权人才更是凤毛麟角，在全区版权人才中，具有知识产权硕士学位或者具有海外知识产权工作学习或工作经历的高层次人才仅占15.4%。高层次版权人才稀少主要表现为区内的高层次人才数量极其少，且缺乏在国内乃至在世界上有重要影响力的版权领军人才。此外，从企业内部来看，其版权决策层的高层次决策人才也不多。

(2)版权人才布局不合理

从国内版权人才的布局来看，我国版权人才主要分布在经济发达的东部沿海地区，特别是主要集中在北京、上海、深圳等地区，而对于西部地区来说其版权人才相对匮乏。总的来说，版权人才呈现出东多西少的局面，经济越发达的地区其版权人才数量也比较多，这主要是因为在经济发达的地区其版权产业发展得比较好，版权产业效应很强，能够吸引到很多优秀的版权人才。

就广西来说也是如此，在广西人数不多的版权人才中，有70%集中在南宁、柳州、桂林这三个经济相对发达的地区，而在其他11个地级市中，仅有30%的知识产权人才，这种人才分布态势对于版权产业的发展极为不利。对于相对落后

① 《广西文化跨越发展行动计划(2017—2020年)》，载柳州文化产业信息门户网，http：//www.lzwhchy.com/news/449.html，2019年3月4日访问。

的百色、河池等地，其版权产业的人才状况异常突出，版权人才的稀缺是该地区版权产业发展最大的瓶颈，若此问题迟迟无法得到解决，将会对该地区今后的版权产业带来巨大限制。对于版权人才相对集中的南宁、柳州、桂林等地的人才布局也并不是很合理。在这些地区中，大多数的版权人才集中在市区内，而区县却鲜有分布。此外，就人才分布结构来看，这些地区中的版权人才主要集中在政府部门，而对于需要大量版权人才的企业与中介机构，则无法吸引到足够多的版权人才。

4. 版权人才引进困难

人才的引进受到诸多条件的影响，相对于其他省份，由于广西的经济、区位等优势并不明显，甚至与其他经济强省还存不小的差距，因此，在版权人才的引进过程中，人才政策的重要性不言而喻。然而，如上文所述，广西对版权人才引进、培养机制建设还没有引起足够的重视，在版权人才政策上也有待完善，这些政策还不够吸引到众多人才来桂工作。

版权人才引进难的另一个重要的原因是广西现有的人才评价体系还不够完善。广西在人才引进的过程一般都会对人才进行评估，但是在评估过程中由于很多机构没有完善的人才引进评价体系，常出现“不能评”“评不准”等难题，因此很多机构需要委托专门的评价主体进行评价，而这一过程需要耗费过多的时间，在此期间导致许多原本可以引进也有意向到广西工作的人才因“等不起”而放弃到桂工作，错失引进人才的良机。

此外，广西版权产业配套基础服务设施不健全在一定程度上也影响到版权人才的引进。广西版权产业起步晚、发展慢，配套基础服务设施还不如一些版权产业起步早的省份。因此，在当前激烈的版权人才竞争中使自己不具备应有的竞争力，在版权人才的抢夺战中处于劣势地位。

(四)版权产业数字化运营能力不足

1. 数字出版产业管理难、资源分配不均

近二十年来，广西数字出版产业规模不断扩大，数字出版产业链日趋完善、

数字出版的形式形态也日渐丰富。但是，广西数字出版业仍处于相对落后的地位，与北京、上海等省市的数字出版产业相比，尚有较大的差距。

从对数字版权产业的管理角度来看，随着互联网基础技术的发展，移动互联网技术变得更加成熟，继而成为了数字版权作品优良的传播载体，使得版权作品的传播渠道较之前更为宽广，许多版权作品在短时间内迅速地低成本传播，这在一定程度上促进了数字出版产业的发展。然而，数字出版产业在保持高增长率持续发展的同时，因版权数字渠道不通畅，同时导致了多方面的管理难题，主要表现在：

(1)易侵权

在互联网时代中，由于互联网具有传播速度快、传播成本低、受众范围广等特点，许多版权作品在传播的过程中都需要依托互联网进行传播，但是由于互联网及其技术自身的特点也使版权作品在互联网数字时代中时常面临侵权问题，尤其是在已经步入网络侵权与盗版 3.0 版本的我国社会，① 在互联网数字时代下，版权作品被侵权的现象更是时常发生，使版权作品的保护问题变得更加严峻。

(2)难维权

版权作品经互联网发表，一旦被侵权，版权人却很难知道自己的作品是否被侵权。有的即使知道自己的作品被侵权，在维权举证过程中也会面临许多难题，而其中最为困难的就是证据的收集与列举。版权人在互联网数字时代举证难度极大，为了收集证据可能需要耗费巨大的时间与金钱，而这些被耗费的时间与金钱在诉讼过程中又很难及时得以获赔；同时即使胜诉也可能由于侵权人没有足够的经济能力而使得获偿有限，造成“难维权”的局面。

(3)难交易、难结算

在互联网数字时代，数字出版的版权授权和交易所涉及的权利主体越来越多，法律关系也因此变得越来越复杂。在版权市场上，很难确定数字作品的版权关系与版权人。授权关系不清晰和产权归属不明确等问题非常突出，在版权交易中，版权使用者和所有人所花费的成本均有不同程度的增加，这在一定程度上会

① 《打击网络侵权盗版加快版权信用体系建设》，载《中国地市报人》2017 年第 3 期，第 53 页。

造成版权作品难交易的局面。

从版权数字渠道对数字出版企业的发展影响来看，版权数字渠道的不通畅在一定程度上也约束了出版生产力的释放，且由于自治区经济发展水平较低，资源性障碍使得自治区数字出版产业地区分布不均衡，出版企业规模小，整体竞争力不强，出版公共服务体系不健全，公益性出版发展不充分。

受到上述因素的制约，加之数字出版产业对民间资本开放力度不够，区内数字出版产业仍未打破出版产业在地区、媒体形态、行业部门、所有制形式等方面的束缚，未能做到跨地区、跨媒体、跨行业、跨所有制发展，未能实现做大做强的目标。

2. 数字平台亟需发展，数字保护技术不足

随着互联网与传统产业融合的增多，互联网迎来了“互联网+”时代。在“互联网+”时代，如其他产业一样，版权产业也逐步融入其中，“互联网+版权”成为版权产业新的经济发展业态。互联网时代被称为“一个最好的时代，一个最坏的时代”。“互联网+”时代发展的同时也给版权产业带来了新的发展机遇、发展策略与挑战。搭建数字版权产业发展及其运维的生态圈是发展数字版权产业的重中之重。目前，“互联网+版权”产业已经成为广西国民经济新的重要增长点。但广西“互联网+版权”产业仍面临许多问题，数字版权运营平台尚未构建完善，数字版权管理与保护初具雏形，数字版权的运营与维护尚有待进一步探索。版权数字渠道仍不通畅，具体表现如下。

(1)互联网+数字发行技术平台的开发有待突破

互联网时代，各种网络版权作品爆发式地涌现，版权作品的创作与传播更加活跃，急需在创作者、传播平台和消费者之间搭建起一个既公平又合理且具有权威性的生态数字发行技术平台，使广西的版权数字渠道更加的畅通。然而，广西目前极度缺乏这样的一个平台，致使版权数字渠道不够畅通，版权服务水平底下，版权作品的传播效率提升受阻。尽管广西的网络版权保护环境有了很大的改善，但是大规模盗版和版权侵权行为仍屡禁不止。自治区政府相关部门每年组织的“剑网行动”均能查处大批非法传播影视剧等版权作品的网站、手机 APP、网络云存储空间。类似于南宁市“皮皮小说网”侵犯著作权案、南

宁市“威盘网”侵犯著作权案、河池市“爱丫丫影视网”侵犯著作权案等网络盗版侵权案件时有发生。①

(2)版权数字渠道不够通畅，版权结算收益难

与传统版权行业相比，数字出版行业因渠道的多元化程度增强而使得版权结算难度增大。以音乐作品为例，在传统出版行业，一般由音乐人将版权的50%~100%转让发行商，再由发行商与唱片公司、演艺公司、影视公司等合作进行唱片的发行、歌曲的现场表演、电影/电视剧的歌曲使用，再由发行商收取版税并按期向音乐人提供版税分成(一般为25%~50%)。在传统产业链中，因唱片制作、音乐现场表演和电影电视剧对音乐作品的使用是发行商控制力较强的渠道，因此版权收入确定性较强，收入相对透明。而在数字化音乐领域，音乐的渠道变得更加多元化，同一首歌可能会在多个流媒体平台(YouTube、Spoitify 等)进行播放，且音乐点击量、下载量数据相对不透明，渠道可控度大幅降低，且版权的收取相对于音乐作品的变现(无论是广告还是付费点击)显得更加滞后。

此外，版权作品的使用者呈现小微化特征，而由于规模经济效应，版权分发平台市场集中度却不断提升。一方面，小微型创作人创作的海量作品直接进入分发平台的现象越来越常见，使用者在对版权作品产生商业化使用需求时总存在难以确定和联系到版权人的问题；另一方面，大型版权商对于平台议价能力较强(以谷歌电子书为例，每出售一本电子书，谷歌收入30%，出版商获得70%，而出版商支付给作者的分成仅25%~50%，版权人最终获得比例为17.50%~35%)，而对于小微型版权人，平台商相对于原创内容的提供者优势更加明显。以《南方都市报》对于中国独立音乐人数字音乐版权收入状况的专题报道中所提到的李志为例，在其发行了六张专辑，成为知名民谣音乐人之后，其与多米音乐合作，以广告提成方式获得分成收入，但全年下来只获得340元的收入，而其团队自己创建的个人网站尝试用自有“打赏”方式获取收入，一年实现收入可高达20万元。独立音乐人在平台收入占比低的现状由此可见一斑。

(3)数字化版权保护技术有待完善

在互联网时代，数字化作品以代码方式进行传播，极易被侵权，互联网时代

① 莫俊：《广西加大版权执法力度，打击侵权盗版行为》，载《南宁日报》，2018年4月26日。

数字作品的侵权问题是一个全球难题。对于网络上的数字版权侵权行为，最有效的保护方式依然是通过相关技术的研发与推广来加大侵权者的侵权难度，并在作品遭到侵权后依然能在茫茫的网络中及时发现侵权人。现在世界各国对数字化版权作品的保护主要是通过研发出数字版权保护技术（DRM）并加以推广来实现的。但是数字版权保护技术在各国的发展水平不一，包括在国内，其研发水平与推广程度也不一。在我国，依托着互联网技术飞速发展的快车，互联网版权产业的发展极为迅速，互联网版权产业每年创造出极大的经济产值，助力于我国的经济发展的同时也使我国的软实力进一步凸显。在 2018 年 4 月 26 日国家版权局发布的《中国网络版权产业发展报告（2018）》显示，在 2017 年，我国的版权产业市场规模就已达到 6365 亿元人民币，同比 2016 年增长了 27%。① 面对如此规模巨大的版权市场经济，该如何进一步去保护好它，减少网络版权市场的侵权行为成为我国版权产业发展过程中不得不回应的难题。为了减少网络版权市场的侵权行为，保护好各方主体的利益以及进一步优化网络版权产业发展的市场环境，各地也积极研发、使用各种技术以实现上述目的。2018 年，上海市借助其先进的技术以及雄厚的资金，率先尝试使用区块链技术来保护版权，② 但目前其效果如何尚不得而知。由此可知，发达经济地区对版权技术的研发与使用水平较高，同时也说明广西在版权保护技术方面与这些地区还存在一定的差距。就广西区内来说，广西的数字版权保护技术发展水平与推广程度还不够，急需加大对该技术的研发与推广力度。目前广西打击盗版的行为主要依靠法律手段以及行业管理，但是面对网络发展的新形势，网络著作权保护不断遇到新的问题，届时依靠法律手段以及行业管理的方式已经不能全面解决大量网络作品的侵权问题。因此只有通过数字版权保护技术（DRM）的研发和推广，才能使更多的企业通过 DRM 技术保护各自创作的数字文化作品，从而便捷数字文化作品在互联网上的发布、交易、管理与监控。这样既整合了数字版权资源，又为版权保护提供技术保障。

① 《国家版权局：2017 年我国网络版权产业市场规模达 6365 亿》，载新华网，http：//www.xinhuanet.com/fortune/2018-04/26/c_1122746404.htm，2019 年 3 月 3 日访问。

② 《〈2018 上海区块链技术与应用白皮书〉发布，原本区块链引领"数字版权"产业发展》，载百度百家号，https：//baijiahao.baidu.com/s?id=1612191898163697330&wfr=spider&for=pc，2019 年 3 月 3 日访问。

(五)版权保护意识不足

1. 宣传教育普及不足，缺乏坚实社会基础

对版权的相关知识开展宣传教育活动，是培养公众对版权相关事务认识、理解的重要途径，版权宣传教育活动的开展对夯实版权产业的社会基础有着不可替代的作用。版权保护意识的提升离不开宣传教育的普及，自从党和国家提出了要加强对版权的保护要求后，各地纷纷加强了对版权保护的宣传工作。近年来广西也逐渐重视对版权保护的宣传教育工作，并举办了一些版权保护宣传教育，如在2018年开展“版权四进”宣讲活动，开展了版权教育进城市广场、进中小学、进社区、进广播电视台活动，① 在一定程度上也取得了可观的宣传效果。然而，总体来说，区内的版权宣传教育工作仍缺乏专门的统一组织工作规划，而且经费投入也不足，无法达到系统性、长期性地进行宣传教育的要求。

从自治区现已开展的版权宣传活动来看，自治区版权局进行板权咨询和法律咨询、开展版权登记和相关法律咨询活动、进行侵权盗版等非法出版物、进行销毁组织相应人们进行“坚持使用正版、拒绝盗版”的口号宣誓活动和曝光重大侵权盗版案件等活动均具有暂时性，短期的宣传教育难以快速提高公众对版权的认知水平，进而难以达到奠定社会基础作用的目标。

从自治区现行的舆情监测信息服务工作来看，自治区尚未建立完善的版权舆情监测信息服务机制，未能充分利用网络媒体，对版权热点问题、重大事件、网络监测内容进行及时的舆情分析，且未建立舆情信息专报制度，从而无法为版权宣传教育助力。

从自治区对于版权教育培训工作的开展情况来看，自治区未做好针对不同地区、部门、人群开展分类培训工作，版权培训未能普及公众、媒体及版权相关从业人员，未能有效提高社会民众的版权认知水平。

2. 民众版权意识欠缺，影响版权产业健康发展

版权意识支配人们的行为模式，普通民众的版权意识是国家落实版权制度的

---

① 《广西壮族自治区版权局开展“版权四进”系列宣传活动》，载中国版权产业网，http：//www. cncri. com/Show. aspx? id=55006&typeId=7&typeBigId=1，2019 年 3 月 5 日访问。

基础，也是使国家版权制度正常运转并最终实现的关键。普通民众版权意识的欠缺，会从以下两个方面影响版权产业的发展。

(1)版权意识的欠缺导致正版产品失去其商业价值

近年来我国版权市场发展迅速，迸发出巨大的商业价值，有效地推动了我国经济的发展。以电影产业为例，2018 年我国电影产业的票房收入就达到了 609. 76 亿元人民币。① 但是与此同时，由于版权意识比较薄弱，各种盗版现象时有发生，使电影产业的商业价值受到不良影响。为了规范电影产业市场，促进电影产业的有序健康发展，2016 年 11 月 7 日，我国人大常委会颁布了《中华人民共和国电影产业促进法》，该法于 2017 年 3 月 1 日起正式生效，这对于我国电影版权产业的发展起到了至关重要的作用。然而，再好的法律法规制度也需强烈的版权保护意识才能使该法律发挥出其应有的作用，普通民众的版权意识的强弱对版权市场的影响极大。意识上的欠缺导致作为商品的正版数字版权产品失去其商业价值，严重制约了网络版权产业的发展。近年来，“电子书免费下载”“电影免费看”等网站遍地开花，百度、论坛、贴吧、从各类搜索引擎到手机应用程序 APP 等，均能找到许多未经著作权人许可或直接将传统纸质出版物以数字化方式传播扩散，以接近零成本的方式吸引海量的民众进行购买，导致普通民众对于“免费”的偏好根深蒂固。普通民众对于版权作品保护意识的缺失，一方面导致掌握资源的传统出版商对数字版权产业缺乏经营管理的信心，影响社会对数字出版产业的投资；另一方面，由于正版产品受到盗版侵权产品的价格冲击，正版产品的价格日渐走低且销售不佳。所以说，普通民众版权意识的欠缺很大程度上抑制了网络版权产业的快速健康发展。

(2)民众版权意识缺失，致权益受侵害风险加大

普通民众版权意识的缺失，导致著作权人的权益受到侵害的风险加大，侵权事件频出，影响版权产业快速健康地发展。仅在 2017 年一年，区内被查处的版权侵权案件就有 24 起，较 2016 年数量同比增长 84. 6%。除了网络版权侵权案件，仍有许多其他类型的版权侵权案件发生在我们的生活当中。例如，桂林市七星区莘莘文印轩侵犯著作权案、桂林市雁山区学友文印工作室侵犯著作权案、桂

① 《中国电影产业发展新趋势：从电影大国迈向电影强国》，载新华网，http：//www. xinhuanet. com/ent/2019-01/28/c_1124048201. htm，2019 年 3 月 4 日访问。

林市雁山区博雅文印部侵犯著作权案、桂林市七星区优优文印店侵犯著作权案等。这些案例表明，相关文印店负责人与在校学生缺乏相应的版权意识，未经著作权人许可，擅自复印大学教材实施营利活动，最终导致了这些版权侵权事件的发生。

(六)版权产业基础薄弱且发展不平衡

1. 版权产业基础薄弱

广西的经济发展相对落后，致使版权产业在广西的发展相比于其他经济发达地区起步较晚，广西版权服务体系、版权配套基础设施、版权评价体系等还不够完善，版权产业呈现出基础不够强大，版权产业市场相对较弱的局面，致使广西在全国版权市场上竞争力不够，长期处于弱势。

就目前广西版权产业的发展状况来看，广西还没有形成一定规模的版权产业群，所以版权发展缓慢。其中的具体问题在于，版权产业中缺少在国内外具有强大竞争力的龙头企业，大多数的版权企业都是规模较小的企业，这些规模较小的版权企业在创造版权产业经济效益方面能力有限，无法为广西带来真正的版权产业竞争力。不仅如此，这些规模较小的版权企业其在版权维权方面也出现“知侵权而无法有效维权”的局面。如上文所述，在互联网数字时代，版权企业的维权成本将会变得更加昂贵，维权举证将变得更加艰难，维权将是一个漫长的过程，而这对于很多版权企业来说，由于受制于企业的经济压力，其很难得以通过诉讼手段去真正做到维权。龙头企业少、版权企业规模小的局面是广西版权产业的真实体现，反映出广西版权产业的基础较为薄弱，在未来还待通过各种措施来增强版权产业的基础。

2. 版权产业发展不平衡

就广西而言，版权企业呈现出区域发展不平衡的态势。首先，横向比较整个自治区，南宁、柳州、桂林是广西版权产业发展最好的地区，而在桂西、桂东乃至桂南沿海地区，它们的版权产业发展并不理想。由此，广西版权产业发展呈现出“三强众弱”的局面，版权企业绝大部分分布在南宁、柳州、桂林三地，这三地的版权产值也占全区版权产值的绝大多数。其次，纵向来看，区域发展不平衡表现为版权企业集中在大城区区域，而县乡版权企业极其缺少。广西版权企业大都在大城区，大城区集中了广西绝大多数的版权企业，而县区级和乡镇级区域的版权企业寥寥无几。这种区域发展态势对于打造广西特色的版权产业极为不利，因为广西富有特色的可以发掘的版权资源大都在县乡区域，而在这些区域中的版权企业并不多，甚至有些地方没有版权企业。这种版权企业的区域分布态势显然不合理。

版权产业发展的不平衡还在于版权人员的分布不均匀，版权中介机构的版权人员过少，导致版权产业难以发挥出应有的版权效益。在版权产业市场上，出现版权效益转化难以及版权效益转化周期长等问题。版权中介机构是版权行业的连接者，在版权产业的发展中发挥着不可替代的作用，但由于版权产业市场还不够活跃以及版权中介收入偏低等问题，版权中介机构的人员一直比较少，致使版权中介机构应有的功能无法得以很好的发挥，这也在一定程度上制约着版权产业的发展。

三、广西版权产业存在的问题

（一）总体发展水平不高

经过调研并对数据资料加以对比分析，广西版权产业状况发展不太乐观，主要表现在以下几个方面。

1. 文化产业投资不足

2018 年 7 月，湖北大学和社会科学文献出版社联合发布了《文化建设蓝皮书：中国文化发展报告(2018)》，根据该报告可知：全国文化发展指数排名前五的省份依次是广东省、上海市、浙江省、江苏省和北京市，这些省市经济发展速度相较其他省份更快速，经济排名居于全国前列，与其文化发展状况排名相符合。① 可见，

---

① 《〈文化建设蓝皮书：中国文化发展报告(2018)〉发布：文化消费呈现新特征》，载百度百家号，http：//baijiahao. baidu. com/s？ id = 1605135174037630045&wfr = spider&for = pc，2019 年 3 月 7 日访问。

经济状况与文化发展建设是相互促进、相辅相成的关系。

近年来，广西财政逐步加大对文化建设投入，但与周边其他省份相比，增长比较有限。2018 年 10 月，中央财政办公室发布《2019 年度文化产业发展专项资金(重大项目方面)的通知》，该通知指出：专项资金(重大项目方面)主要用于推动影视产业和对外文化贸易这两个方面。但从以往数据来看，2017 年，自治区本级文化产业发展专项资金为 5900 万元，云南为 1.6 亿元，四川为 2 亿元，福建为 1.3 亿元。“十二五”期间，广西全区固定资产投资总额约 62272.73 亿元，其中文化艺术类占 0.44%，约 274 亿元。2016 年文化艺术类完成固定资产投资总额 78.8 亿元，同比 2015 年增长 3.20%，低于全区固定资产投资 9.6 个百分点，可见文化艺术类的规模相对较小，卫生行业的规模是文化艺术类的一倍，教育行业是文化艺术类的七倍。可见，在文化产业投资上，广西存在投资范围较为狭窄、文化项目相对不足、资金支持力度较小等问题。

2. 总体规模较小

从产业规模看，根据自治区相关部门统计的数据，2017 年全区规模以上文化及相关产业企业法人单位实现营业收入 796.38 亿元，同比增长 7.6%，从业人员为 12.7 万人，同比增长 3.3%，资产总计 810.93 亿元，同比增长 24%。①

至今，广西的文化产业整体产值虽有所增长，但依然增长缓慢，规模偏小，与其他省市相比还有一定的差距。

从资产规模看，文化企业资产过 50 亿元的有广西广电网络公司、广西出版传媒集团，但没有资产上百亿的国有文化企业。据统计，广西广电网络公司营业收入在 2016—2017 年呈下降趋势，2016 年营业收入为 22.2 亿元，2017 年下降 9.64%，为 20.06 亿元；2016 年利润总额为 3.37 亿元，2017 年为 1.98 亿元，下降了 41.41%。同期广西文化产业集团发展情况较好，2016 年该集团营业收入约为 0.99 亿元，2017 年增长 1.59%，达 1.01 亿元；但是 2017 年该集团利润总额亏损较大，较 2016 年同比下降 116%，为 25 万元。2018 年 9 月 12 日，广西广电网络公司与华数传媒有限公司、四川九州电子科技有限公司、华为技术有限公

① 《广西文化产业方兴未艾》，载人民网，http://pic.people.com.cn/n1/2018/1228/c420001-30493473.html，2020 年 5 月 25 日访问。

司、中译语通科技(青岛)有限公司签订了战略合作协议，表示将在文化产业方面作出更多的努力。广西出版传媒集团旗有下22家全资、控股子公司，业务涵盖出版、印刷、发行、文化地产、物资贸易、物业经营、文化投资等。

但即使如此，相较于国家级的文化企业来说，广西的两大文化企业并没有因此占据很大的规模优势，也就更不用谈与国外的文化企业相比了。所以广西文化企业的综合实力还相对弱小，而且规模也相对不大，有待进一步发展和提高。

3. 营业收入略低于全国平均水平

2015年、2016年及2017年上半年，全区规模文化相关产业企业分别实现营业收入669.7亿元、740.39亿元和342.18亿元，同比分别增长6.40%、12.30%和9.10%，平均增速9.20%，比全国同期平均水平低1.8个百分点。对比全国数据，2017年全国文化及相关产业增加值为34722亿元，占GDP的比重为4.2%，比上年提高0.06个百分点。① 面对这一情况，在2018年1月1日，广西文化产业处发布的《广西文化产业跨越发展行动计划(2017—2020)》中也提出了到2020年的广西文化产业目标：传统文化产业规模和实力不断壮大，新兴文化产业竞争力持续增强，全区文化产业增加值达到1000亿元，占GDP总量的比重达4%以上。

就目前的情况来看，广西建成国家文化产业示范基地8家，自治区文化产业示范区4家，文化产业示范基地131家。② 虽然广西的文化市场主体呈现逐年递增的趋势，但是，文化企业分布并不均衡，主要分布在南宁、柳州、桂林，且各市的文化企业数量差距较大，其中南宁的数量最多，约占全区文化企业总量的1/2，其他城市远低于南宁市。这一情况直接导致了全区的文化企业发展极不平衡，跨产业、跨地区的规模性文化企业发展不足，也就直接导致了全区文化企业的营收水平增速放缓，营收水平与全国平均水平尚存在一定的差距。

① 《2017年我国文化及相关产业增加值占GDP比重为4.2%》，载中华人民共和国中央人民政府官网，http://www.gov.cn/xinwen/2018-10/10/content_5329134.htm，2019年2月15日访问。

② 《广西：积极推进文化创新融合发展》，载人民网——广西频道，http://gx.people.com.cn/n2/2018/1229/c179430-32471040.html，2020年4月15日访问。

4. 产值与全国平均水平差距进一步拉大

2014 年、2015 年、2016 年全区文化产业分别实现增加值 381. 39 亿元、424. 22 亿元和 449. 11 亿元，同比分别增长 3. 30%、11. 23%和 5. 87%，平均增速 6. 80%，低于广西同期经济增长速度 1. 17 个百分点，低于全国同期平均水平 6. 2 个百分点。其中，2016 年全区文化产业增加值在全国排第 20 位，在西部 12 省份排名第 5 位，增速低于全国 7. 1 个百分点，低于西部省份 6. 4 个百分点，排在西部省份末位。2014 年、2015 年、2016 年全区文化产业增加值占 GDP 比重分别为 2. 40%。2. 52%和 2. 46%。而 2016 年全国平均水平已达到 4. 02%，广西在全国和西部分别排在第 24 位和第 7 位。

2020 年 5 月，由中国人民大学创意产业技术研究院和四川文化创意产业研究院发布的中国西部省市文化产业发展指数(2019)结果显示，西部地区各省市文化产业发展综合指数低于全国平均水平，但差距进一步缩小。四川高居西部省市文化产业发展综合指数第一，排名前五的其他省市依次是陕西、重庆、内蒙古、广西。① 如图 2-4 所示。

由图 2-4 表数据可知，广西的文化产业在西部城市中的排名并不靠前，要增强文化产业的竞争力需要多方发力，这也正是广西今后需要调整的方向。

5. 相关产业营收增速不快

2017 年上半年，全国规模以上文化及相关产业实现营业收入 43874 亿元，比 2016 年同期增长 11. 7%，增速提高 3. 8 个百分点，继续保持较快增长。但是全国规模以上文化及相关产业的营业收入落差较大，以地区分布为准，排名依次是东部地区 32857 亿元、中部 7039 亿元、西部 3494 亿元和东北地区 484 亿元。② 如表 2-1 所示。

---

① 《中国西部文化指数(2019)出炉：四川居西部省市文化产业发展综合指数第一》，载四川新闻网，http：//scnews. newssc. org/system/20200508/001065860. html，2020 年 5 月 25 日访问。

② 《2017 年上半年全国规模以上文化及相关产业企业收入增长 11. 7%》，载中华人民共和国中央人民政府网，http：//www. gov. cn/xinwen/2017-07/28/content_5214056. htm，2019 年 2 月 10 日访问。

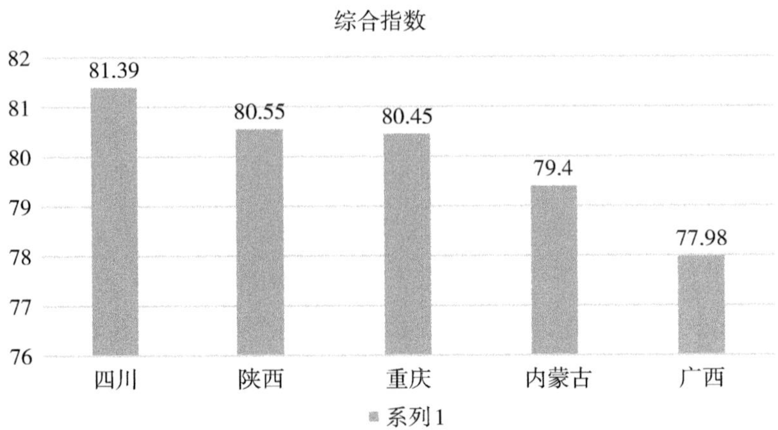

图 2-4　中国西部省市文化产业发展指数(2019)区域排名一览表
(数据来源：中国西部省市文化产业发展指数(2019))

表 2-1　**2017 年上半年全国规模以上文化及相关产业企业营业收入情况**

	绝对额(亿元)	比上年同期增长(%)
总计	43874	11.7
新闻出版发行服务	1521	5.9
广播电视电影服务	762	0.3
文化艺术服务	169	14.7
文化信息传输服务	3397	32.7
文化创意和设计服务	5171	6.3
文化休闲娱乐服务	640	16.8
工艺美术品的生产	8503	10.5
文化产品生产的辅助生产	4593	10.5
文化用品的生产	16626	13.2
文化专用设备的生产	2492	2.2

续表

	绝对额(亿元)	比上年同期增长(%)
东部地区	32857	11.6
中部地区	7039	11.1
西部地区	3494	16.3
东北地区	484	-2.5

注：1. 表中速度均为未扣除价格因素的名义增速。

2. 表中部分数据因四舍五入的原因，存在总计与分项合计不等的情况。

（数据来源：国家统计局数据）

而对比2017年上半年广西文化产业发展情况来看，文化及其相关产业的企业营收突破300亿元，达到342.18亿元，比2016年同期增加约10个百分点，增速比2017年第一个季度高0.5%。广西共有10个文化产业相关行业，营收增长的有8个，其中工艺美术品增长15.7%，文化艺术服务增长27.4%，文化信息传输服务增长5.8%，文化休闲娱乐服务增长22.7%。①

6. 区内文化转型升级产业状况不佳

据我国文化和旅游部2018年文化发展统计公报中的数据显示：2018年全国6.0万家规模以上文化及相关产业企业实现营业收入89257亿元，比上年增长8.2%，持续保持较快增长。② 我国文化产业发展迅速，根据《中华人民共和国2019年国民经济和社会发展统计公报》显示，截至2019年年末，全国文化和旅游系统共有艺术表演团体2072个，博物馆3410个。全国共有公共图书馆3189个、总流通87774万人次，文化馆3325个。但对比广西来说，全区文化产业转型升级压力较大。据统计，广西文化企业共有5万多家，其中传统文化产业比重

① 《广西壮族自治区文化厅2017年工作进展情况》，载广西自治区文化和旅游厅网，http：//wlt.gxzf.gov.cn/zwgk/ghjh/t3924606.shtml，2019年2月10日访问。

② 《中华人民共和国文化和旅游部2018年文化和旅游发展统计公报》，载中华人民共和国文化和旅游部网，http：//zwgk.mct.gov.cn/auto255/201905/t20190530_844003.html?keywords=，2020年5月25日访问。

较大，新兴文化产业则相对较小，传统文化产业与新兴产业在营业收入总量中的比例是5∶1。另外，在这些产业中，生产类产业所占营业收入的比重远远高于服务类产业：生产类产业占营业收入总量的80.7%，服务类产业的占比为19.3%。

(二)影响力不足

1. 传统出版业面临困境

基于无线通信技术和网络技术出现的新媒介的传播形式突破传统媒介传播，互联网上层出不穷的作品，具有流通性高且受众范围大的特点。这一现象导致报刊等传统纸质出版物的出版量呈下降趋势，但是随着自媒体的高速发展，也同时加速了传统版权产业的转型升级。

广西统计年鉴的数据显示，从2014年至2016年，广西的报纸、图书出版量呈现出下降趋势，说明传统出版业的现状并不乐观。据统计，全区现有文化企业5万多家，传统产业占营业收入总量的80.6%，生产类产业占营业收入总量的80.7%。① 虽然传统出版业广西出版业中还占有较大比重，但总体的发展趋势是传统纸质出版比重下降，数字等新兴出版崛起新闻出版业经营收入211.24亿元，同比增长9.59%，全国增速排名第3位，西部增速排名第2位，在GDP相近的省份中排名第6位。

传统出版产业行业之间的的竞争规则不够成熟，竞争行为具有盲目性，同时传统出版产业的产品同质化严重，这些现象严重影响了出版市场的秩序，阻碍了版权产品高质量竞争。因此，只有加快构建集约型营销模式，建立健全重视内容、兼顾包装的管理模式，才能满足大众日益增长的对传统出版物整体品质的需求。传统出版物的库存量加大，纸质图书大量滞销的现象屡见不鲜。总而言之，如今广西传统出版业面临着市场影响力不足、需要深化改革、深入调整战略、转型经营模式等问题，同时也面临着诸多压力与挑战。

① 刘倩玲：《广西文化产业年度报告》，载《新西部(上旬刊)》2018年7月。

2. 新兴出版业发展滞后

2018 年 7 月，在第八届数博会上，中国新闻出版研究院发布了《2017—2018 中国数字出版产业年度报告》，报告显示：2017 年，国内数字出版产业整体收入规模突破 7000 亿元，达到 7071.93 亿元。① 可见，数字出版行业在我国发展空间巨大，发展势头强劲。如图 2-5 所示。

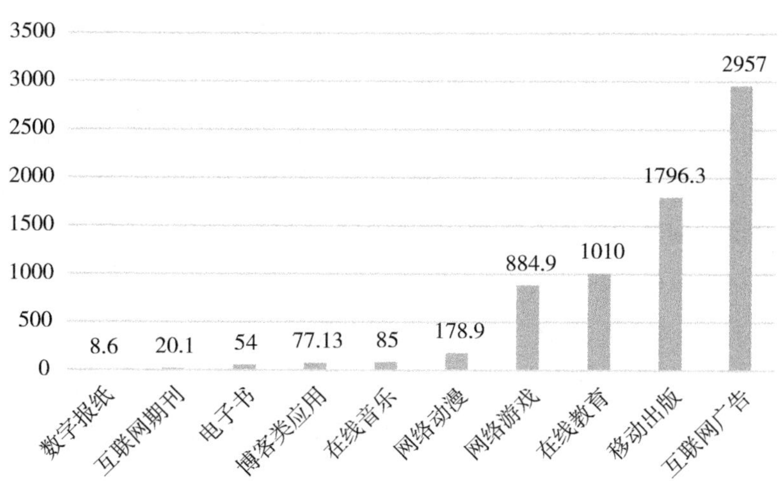

图 2-5　2017 年中国数字出版业收入规模

（数据来源：中国新闻出版研究院）

广西数字等新兴出版业崛起，例如新闻出版业经营收入已经达到 211.24 亿元，同比 2016 年增长 9.59%，全国增速排名第 3；西部增速排名第 2，在 GDP 相近的省份中排名第 6 位。2016 年和 2017 年，广西积极扶持评选文化产业示范基地，共有 28 家文化企业被评选为第六批、第七批自治区文化产业示范基地。截至 2017 年 10 月，自治区文化产业示范基地达到 131 家，国家文化产业示范基地 8 家。

但是从资产规模看，广西文化企业资产过 50 亿元的有广西广电网络公司、

① 《〈2017—2018 中国数字出版产业年度报告〉主报告》，载中国出版传媒网，http：//www.cbbr.com.cn/article/123368.html，2019 年 2 月 10 日访问。

广西出版传媒集团，还没有百亿资产的国有文化企业。总的来说，广西的新兴出版业资金投入不足，导致新兴出版企业创新研发动力不够，且主流骨干新兴出版业较为贫乏。

3. 创新能力薄弱

现阶段，创新已经成为全国性热点议题，创新成为了国家发展的重要战略。版权作为知识产权的重要组成部分，其发展实质是受法律保护的智力成果，而智力成果中就凝聚了创新的成分，因此，版权产业要想长足的发展，创新能力必不可少。为此我国实施了创新驱动发展战略，全面推动"大众创业、万众创新"版权策略。2017 年 11 月自治区科技厅也发布了《广西壮族自治区高新技术产业开发区创新能力提升计划》(以下简称《计划》)，《计划》在体制机制改革创新、技术创新体系建设、创新创业生态构建、科技型企业培育、产业结构优化升级等方面对各级各单位提出了明确的要求。

根据全国"企业创新调查"显示，广西企业对创新活动的认知度较低，全国仅 28.4%的企业家认为创新对企业生存和发展起重要作用。① 有七成的企业家没有认识到创新的重要性，认为创新投入大、风险大、短期收益低，甚至为维持现有利益"不想"或"不愿"进行自主创新，缺乏创新精神。广西版权产业涉及的各种行业生态还处于培育阶段，广西企业整体对创新的重视不够，创新意识还有待进一步提高。版权产业的发展不仅需要企业认识到创新的重要性，还要从内容和形式上进行积极探索。从目前市场反映的状况来看，大多数企业做到了形式上的创新，但在内容创新上并没有下多少功夫，这也会直接影响版权产业的发展质量。

(三) 骨干出版企业辐射作用不强

综合来看，2018 年上半年，广西出版传媒集团实现营业收入 13.63 亿元，同比上升 10.55%；利润总额 2.4 亿元，同比增长 8.79%；集团资产总额 71.17 亿元，同比增长 16.1%。对于其他出版企业而言，广西广电网络公司外的区直文化企业、广西师大出版社、东方时代网络公司、桂林力港、桂林广维文华等在区内

① 梁愉立：《提升广西企业科技竞争力的政策研究》，载《当代广西》2017 年第 15 期。

外有广泛影响力的这些骨干文化企业，不仅业绩突出，而且在企业联合、城产融合、辐射带动、创新创意、聚集企业等方面能力也很强，但细分来看，各个行业在发展过程中也都存在诸多急需解决的问题。

1. 出版产业

广西出版总社成立于1986年4月，2009年12月改制为广西出版传媒集团公司，是一家国有独资公司，集团旗下拥有广西人民出版社、漓江出版社、广西教育出版社、广西科学技术出版社等出版单位，业务涵盖图书、期刊、音像、电子、网络等出版物的出版、印刷(复制)、发行等主业经营和与文化地产、物资贸易、物业经营、文化投资等辅业经营，是广西最大的文化产业集团。但是我们也要看到，想要将广西出版传媒集团有限公司打造成广西文化的企业标杆，还需要从三个方面进行努力：第一，从企业自身出发，广西出版传媒集团作为广西最大的出版企业，旗下拥有广西新华书店、接力出版社、广西人民出版社等22家全资、控股子公司，经营范围涵盖出版、印刷、发行三大板块，是文化领域产业链的重要支撑点。因此，广西出版传媒集团应从自身出发，增强文化影响力，深度融合文化产业链。第二，从企业产品出发，广西出版传媒集团在近年来出版的图书虽然获得了多项荣誉，但是企业在精品出版上仍不能满足人民群众的精神文化需求。因此，广西文化传媒集团不管是在出版导向还是在出版质量上都应该严格把控，努力打造精品成果。第三，跟从群众阅读潮流，引领新兴阅读风尚。随着数字出版的盛行，传统出版行业受到了一定的冲击，但传统出版行业并不会因此消失。因此，企业应该建立数字出版和传统出版的双轨制运营模式，培养出版领域的国际市场视角，探索盈利新模式。

2. 动漫游戏产业

Pitch Bible 模式是指在全球范围内可以取得产品创投的一种通用的方式，2017年12月7日，2017“一带一路”(南宁)动漫游戏产业合作发展论坛(CAG+)在南宁开幕，论坛以“中国动漫游戏产业的全球化未来”为主题，共同探讨在中国引入 Pitch Bible 合作模式。这也是迄今为止中国-东盟游戏动漫产业的最高讲坛。2017年，广西发展有10家国家认定动漫企业、28家自治区级动漫骨干企业、16家自治区动漫人才培养基地，初步形成了涵盖漫画、动画、动漫演出、新媒体动漫、动漫软件及动漫衍生产品开发等较为完整的动漫产业体系。① 虽然广西的动漫游戏产业不管是在自身建设还是出口培养方面都具有得天独厚的优势，但是，事实上，广西的动漫游戏产业不管是在产品质量、企业实力还是在人才储备方面都与其他省区具有较大的差距。具体表现为：从动漫游戏企业来看，该行业的企业市场竞争力弱，虽得到政府的政策支持，但是在规模和核心竞争力上存在短板；从动漫游戏产业园区来看，园区建设有利于产业集聚，发挥集聚效应，但产业园区建设滞后，动漫游戏产业链尚有不完善之处；从投融资渠道来看，动漫游戏产业主要由政府推动发展，社会投资占比不足。

根据伽马数据发布的《2019 中国游戏产业年度报告》，中国游戏市场和海外市场出口收入整体增速再次提升，收入超过 3100 亿，增幅达到 10.6%，中国游戏市场实际销售收入 2330.2 亿元，增速为 8.7%。② 因此，我国的动漫产业具有巨大的潜在价值空间，广西后来居上，是实现产业结构调整，推进文化大省建设的良好契机。而且随着中国-东盟博览会的深入交流与合作，广西作为东南亚文化交流的重要平台，也为广西文化建设提供了优秀的媒介资源。

3. 视频产业

随着移动智能短视频与 5G 网络的普及，观看网络视频成为群众文化娱乐消费的重要方式之一，应运而生的短视频成为现今网络视频市场的新宠。2016 年短视频兴起，早期短视频平台开始进行初步的商业变现尝试；2017 年短视频市场迅速升温，用户规模快速增长，广告主的高度关注带动了整体市场规模提升，2017 年短视频市场规模达 57.3 亿，较 2016 年同比增长达 183.9%。③ 如图 2-6 所示。

① 《中国—东盟博览会首办动漫游戏展》，载人民网，http：//unn.people.com.cn/n1/2017/1214/c415676-29706688.html，2019 年 3 月 6 日访问。

② 《2019 年中国游戏市场实际销售收入 2330.2 亿元单机游戏大幅上涨》，载新浪网，http：//finance.sina.com.cn/stock/relnews/us/2019-12-18/doc-iihnzhfz6795921.shtml，2020 年 5 月 25 日访问。

③ 《2017 年中国短视频行业研究报告》，载搜狐网，https：//www.sohu.com/a/221452464_445326，2020 年 4 月 10 日访问。

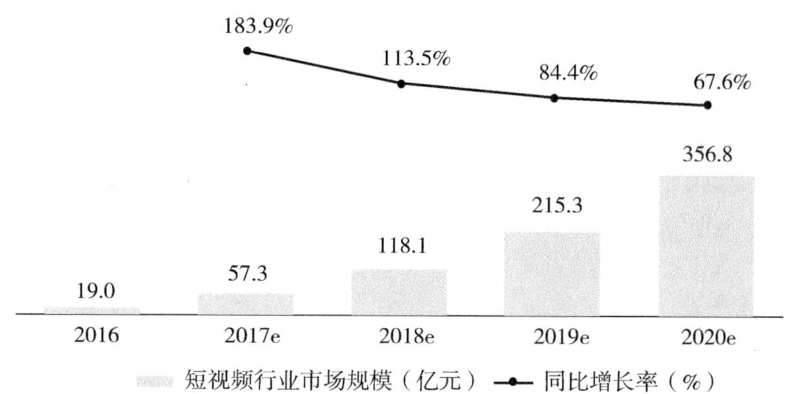

图 2-6　2016—2020 年中国短视频行业市场规模及预测

注释：短视频行业规模为独立短视频平台的营收规模测算，不包含短视频形式的所有收入规模。

来源：综合企业财报及专家访谈，根据艾瑞统计模型核算，仅供参考。

近几年，短视频领域呈现较为粗放的态势，但是随着相关政策的出台以及市场的自动调节，该领域必定会朝着更加精细化和多元化的方向发展。现如今在广西并没有较为出众的相关企业，这时更应抓住时代的机遇，发展短视频行业，扶持一批具有市场竞争力的短视频企业，将广西特色文化以人民大众喜闻乐见的方式呈现出来。

4. 音乐产业

早在 2015 年国家新闻出版广电总局就发布了《关于大力推进我国音乐产业发展的若干意见》(以下简称《意见》)，《意见》指出：到“十三五”期末，我国整个音乐产业实现产值 3000 亿元。2018 年中国音乐产业总规模达 3747. 95 亿元，同比增长 7. 98%，不仅连续三年高于同期 GDP 增速，也创造了近五年增速新高。①

而近几年科技的创新直接带动了音乐产业的变化，不管是音乐的创作、生产和传播，还是音乐的使用和消费都受到了来自科技的影响。2018 年 1 月 12 日，

① 《2019 中国音乐产业发展总报告》(完整版) 最新发布，载百度百家号，https://baijiahao. baidu. com/s? id=1649608435907365248&wfr=spider&for=pc，2020 年 5 月 25 日访问。

"全球华语音乐广播联盟"正式成立，FM950 广西音乐台在内的全国 29 家省级音乐广播成为联盟的第一批成员，这也为广西音乐广播提供了一个良好的发展契机。总的来看，广西音乐产业还存在尚未形成一个完善的产业链、音乐企业的规模较小、音乐内容原创能力不强等问题。广西应充分利用特色的多元文化，以及中国-东盟的地理优势，大力发展民族原创音乐，建设专业的音乐交流平台，推动中国音乐"走出去"。

5. 电影产业

2019 年我区电影票房收入 13.08 亿元，与上年同比增长 9.27%；与全国的 5.4%相比，增长近 4 个百分点。据全国电影票务综合信息管理系统显示，我区电影票房收入在全国省区排名中居第 18 位。①

广西电影集团由广西电影制片厂和广西电影公司联合组建，也是如今广西地区代表性企业。60 年来，集团摄制出品了 150 多部电影故事片，荣获中国电影华表奖、金鸡奖、百花奖等 130 多个奖项，为广西文化事业做出了不可忽视的贡献，如今中国-东盟自由贸易区的建成更是为其带来了更多的机遇。但是从市场大局来看，电影产业的资本聚集度仍然较高，市场巨头作用明显，广西电影产业在全国竞争中优势不明显，可以寻求多方合作的方式进行扩张。而从地区来看，当地的经济是影响电影产业发展的一个决定性因素，广西想要电影产业发展好，就需要稳定的经济作为支撑。2017 年 5 月，恭城瑶族自治县政府签约瑶家大院互联网影视旅游基地，这是中国首个互联网专门拍摄基地，今后将发展成为集休闲、观光、旅游等项目的综合大型影视旅游产业区，该基地的建成也为广西电影提供了新的发展内容。

6. 新闻产业

互联网的出现颠覆了以前只能由报纸、广播才能发布新闻的传统媒介方式，使我们进入到了"人人都能喊话"的时代。互联网具有两面性，一方面丰富了群众了生活，扩大了人们的消息来源；另一方面不仅为传统新闻业带来了挑战，也

---

① 《2019 年广西电影票房创新高》，载广西文明网，http：//gx.wenming.cn/dyj/dyhydt/202002/t20200212_5416892.htm，2020 年 5 月 25 日访问。

使得新闻的真实性受到了质疑。

广西日报传媒集团和广西日报传媒集团有限公司于2009年正式成立，是如今广西新闻传媒的两大主要企业。旗下发展有《广西日报》《南国早报》等报纸，也有《广西画报》《南国博览》等期刊，还有广西新闻网、平安广西网等网站，亦经营有出版印刷企业，可见其营业范围涉及传统新闻业和互联网新闻业两个方面。但随着技术的更新换代，仅仅是网站的方式并不能满足人们对新闻资讯的阅读要求，而且新闻业日益激烈的竞争也会引起人们对新闻内容的更高要求。因此，广西的新闻企业要想构建具有特色的新闻传播渠道，一是需要继续坚持价值内容的打造；二是利用新模式开辟新闻内容的传播；三是既要推广互联网新闻传播，也不能放松传统新闻传播方式的影响力。

(四)人才欠缺，高端人才少

目前，广西文化产业面临的最重要的人才问题是低端、中端人才过剩，高端复合型人才紧缺。高端复合型人才中，有几类是广西文化企业特别需要的：一是具有创新能力的高端技术人才，尤其是能将高新科技用于文化产业的科技人才；二是既熟悉文化又了解市场的策划、运营、管理等方面的人才。为了培育和吸引高端人才，广西出台了一系列的人才激励政策文件，如表2-2所示。

表2-2

序号	时间	发布机构	文件名称
1	2018.12.24	广西壮族自治区人民政府办公厅	关于印发《广西科学数据管理实施办法》的通知
2	2018.12.14	广西壮族自治区人民政府办公厅	关于深化产教融合的实施意见
3	2018.11.28	广西壮族自治区人民代表大会常务委员会	广西壮族自治区民族教育促进条例
4	2018.11.19	广西壮族自治区人民政府	关于印发《广西科技创新支撑产业高质量发展三年行动方案(2018—2020)》
5	2018.8.29	广西壮族自治区人民政府	关于印发《广西数字经济发展规划(2018—2025)》的通知

续表

序号	时间	发布机构	文件名称
6	2018. 6. 29	广西壮族自治区人力资源和社会保障厅、广西壮族自治区财政厅	关于印发《广西壮族自治区人力资源社会保障专项资金管理暂行办法》的通知

为响应上级政府广西各市也因地制宜，出台了一系列地方的人才培养和激励政策，如表 2-3 所示。

表 2-3

序号	时间	发布机构	文件名称
1	2018. 9. 20	南宁市人民政府	关于印发《促进南宁高新技术产业开发区创新发展若干措施》的通知
2	2019. 1. 11	桂林市人民政府	关于印发《桂林市鼓励社会力量兴办教育促进民办教育健康发展实施方案》的通知
3	2019. 1. 28	百色市人民政府	关于印发《百色市科技创新支撑产业高质量发展三年行动实施方案(2018—2020)》的通知
4	2018. 2. 7	玉林市人民政府	关于进一步深化户籍制度改革的实施意见
5	2018. 3. 14	崇左市人民政府	关于印发《崇左市贯彻实施广西教育提升三年行动计划 2018 年实施方案》的通知

在全国大多数地区都出台了人才吸引政策的情况下，由于北京、深圳、南京等地方具有先天的经济优势和产业优势，广西的人才吸引政策中的福利优惠显得没那么有吸引力了。相比之下，广西所能提供的仅仅是在各大城市的低落户、高补贴的条件竞争下提出与自身相应的落户和购房政策。可以看出在全国展开的“抢人大战”面前，广西并没有绝对的优势。并且由于企业自身资金方面的问题，在人才培养引进上，企业多是通过内部人才推荐或者网上招聘途径吸引人才，然而通过这样途径引进的人才多是暂时性的过渡。广西文化产业链还不完善，发展环境还不够优越，即使有这类高级人才也容易外流，许多在广西工作的人才最终因为高薪的吸引辞职投奔沿海城市，这就导致行业发展没有一个稳定、协调的人

才供应体系，不利于企业长远的发展。就此看来，广西在培养、引进和激励文化人才的保障机制方面有待进一步完善。

广西在吸引人才方面可以将关注点转向人才培养，以高校为重点。广西共有普通高等学校 74 所，其中本科院校 36 所（含 12 所民办院校），专科院校 38 所（含 12 所民办院校），而且在最新发布的“双一流”高校建设中，广西不少的大学专业在列。因此，不管是高素质人才还是专业技术人才，广西都有培养的条件。但是，值得我们注意的是这些强势学科与文化建设有关的并不是很多。另外，虽然广西为促进民办教育的发展出台了相关的政策，这对广西培养人才具有一定的作用，但是其局限性也是很大的。

2019 年，根据广西人才网联系统的数据显示，本年度广西人才网联系统中用人单位数量为 20911 家，比上年度小幅下滑 5.21%，需求人才数为 637468 人，比上年度下滑 40.22%，而求职人才数为 518016 人，与上年度相比增长 20.40%，总人才供求比为 0.81（即人才需求人数或职位数为 1 时，人才供给或求职人才数为 0.81，下同），比上年度上升 0.41。①

（五）版权产业数字化程度不高

互联网的出现给人们的生活带来了极大的变革，版权产业也不例外，传统出版方式已经不能满足群众对不受时间、空间限制就能随时使用文化产品的需求，因此，数字化、网络化的现代版权业逐渐发展成熟。在 2016 年 12 月 15 日国务院发布的《“十三五”国家信息化规划》的通知中就明确提到：逐步完善数字版权公共服务体系，促进数字内容产业健康发展。此后，我国数字版权业得到了长足的发展。

在第八届数博会上，中国新闻出版研究院发布《2017—2018 中国数字出版产业年度报告》，报告显示：2017 年，互联网期刊、电子图书、数字报纸的总收入为 82.7 亿元，与 2016 年相比增长 5.35%，低于 2016 年 5.44%的增长幅度，在数字出版总收入中占比为 1.17%。② 可见，虽然传统的出版行业一直在探求与

① 《2019 年广西人才网联系统人才供求分析报告》，载广西人才网，https：//www.gxrc.com/Article/info/107003，2020 年 5 月 25 日访问。

② 《〈2017—2018 中国数字出版产业年度报告〉主报告》，载中国出版传媒网，http：//www.cbbr.com.cn/article/123368.html，2019 年 3 月 7 日访问。

"互联网+"的融合升级发展工作，推动版权业的数字化，但是一直是进展缓慢的。

版权产业的数字化可以简单的分为出版阶段的数字化、登记阶段的数字化和利用阶段的数字化，其中利用阶段一般就包括交易、质押等环节。就出版阶段的数字化来说，在全国的数字出版增速缓慢的情况下，广西的数字出版增速情况也不容乐观。为此，广西壮族自治区新闻出版广电局办公室在 2017 年 11 月印发了《广西优秀数字出版项目资助管理办法(试行)》，以加强对广西数字出版项目的扶持与引导，推动广西数字出版产业的健康繁荣发展。广西多家出版企业也通过与互联网企业合作的方式，积极探索广西数字出版的新模式，推动广西版权业的数字化发展。但是在广西的数字版权业中仍然存在着数字版权保护不到位、数字出版技术要求尚未确立、数字出版专业型人才缺乏等问题，这也是广西要想发展数字版权业首要解决的问题。

对于版权业的数字化登记，作者可以通过两个途径进行登记：一是自己到版权登记中心登记；二是通过代理公司进行版权登记。目前全国各地已经成立多家版权登记代理公司，同样可以服务广西地区。但广西想要在版权等技术数字化方面走在全国前列的话，需要另行开辟数字登记的新渠道，例如，大力发展区块链技术进行版权登记，培育一批互联网本土企业等。

而针对利用阶段的数字化，广西版权产业则需要重点关注。互联网的普及使得我们的日常交易既可以线下交易也可以线上交易，将版权产品进行线上交易的话也可以减少买卖双方的交易成本。目前，广西有"广西文化艺术品产权交易所"和"广西知识产权交易中心"两大主要交易平台，但由于这两大平台有着地域的局限性，使得平台的服务范围并不是很大。此外，广西作为中国-东盟友好发展的重要站点，版权交易走出国门必不可少，因此，建立权威性、国际性的大型贸易服务平台也是广西版权产业数字化发展的重要任务之一。

(六)版权产业制度保障不足

2018 年 10 月，国家版权局版权管理司司长于慈珂在第七届中国国际版权博览会上指出：版权制度激发创新、促进繁荣。版权制度正是激励文化创新的催化剂。制度是产业稳定发展的保障，版权产业的发展当然离不开制度的保障。而其中制度又分为两个方面：一个是版权产业的发展制度；另一个是版权产业的保护制度。对于发展制度来说，因为版权产业是文化传播的重要部分，而文化软实力是一个国家对外竞争的核心要素。因此，版权产业的战略地位可见一斑。对于保护制度来说，版权在三大传统知识产权中的登记流程最简便，审核批准率很高，但也却是最容易被侵权的，而且由于互联网技术的发展，侵权成本变得更低，侵权事件时有发生，因此，面对此种情况，健全版权保护制度是为版权产业健康发展必由之路。

广西对于版权产业的发展进程，可以在政府文件中查见。例如，广西壮族自治区人民政府在2009年《关于印发广西壮族自治区实施知识产权战略意见》的文件中提到：要实现到2020年全区版权作品登记量年均增长10%以上，版权产业出口额增长20%以上的战略目标。早在2006年，南宁市人民政府发布了关于印发《南宁市"十一五"新闻出版业发展规划的通知》，该通知中表明：要通过行政监管，打击侵权盗版活动，保护企业的创新能力，培育拥有自主知识产权和知名品牌的版权产业，促进正版产业的快速发展，为我市经济建设服务。① 除此之外就少有与专门规范版权产业的文件的出台，可见，广西对于版权产业的制度保障力度有待提高。

随着互联网技术的进一步发展，网络版权将会是市场发展的重点，也是今后法律法规和执法部门要重点管控的地方。2006年颁布的《信息网络传播条例》成为我国网络版权保护的首要规范，在这之后《侵权责任法》则进一步明确了利用互联网进行侵权的侵权责任，在执法上也以"剑网行动"为标志开展了一系列的执法活动，网络版权侵权行为得到一定的遏制，缓和了网络服务提供者与作者的冲突。2018年4月，自治区版权局在南宁召开广西版权工作新闻发布会，在会上，自治区版权局发布了10大版权保护典型案件，同时也公布了广西2017年的版权执法情况：全区共查办各类侵权假冒案件151起，收缴各类侵权盗版制品40余万件，其中版权案件24起，数量同比增长84.6%。② 从案件类型来看，互联

① 《南宁市人民政府关于印发南宁市"十一五"新闻出版业发展规划的通知》，载广西南宁市人民政府门户网站，http：//www.nanning.gov.cn/xxgk/xxgkml/jcxxgk/zcwj/zfwj/t757187.html，2020年4月20日访问。

② 《广西壮族自治区版权局发布2017年度广西版权工作情况》，载八桂书香网，http：//www.gxbgsx.com/news/show-23034.html，2019年3月7日访问。

网侵权盗版案件明显增多。

广西是我国对东盟开放合作的窗口城市，广西版权产业的发展不仅关系到国内文化产业的发展繁荣，更是推动中国文化走出海外，实现文化输出的重要保障。版权产业在发展过程中需要制度的保障，广西在版权产业制度保障方面仍需要后续发力。

由于中国-东盟贸易通道的成熟，未来在广西将会产生一大批的文化创业企业，而这一批文化创意企业将会是与互联网深度融合的企业，也将成为广西培育版权产业新业态的重要力量。这也表明，广西制定的版权产业制度不仅需要与时俱进，还需要与国际接轨，才能成为版权产业发展的保障。

第三章　广西版权产业发展战略与路径

一、结合国家战略，完善广西版权产业发展政策

（一）设立版权产业创投基金、扶持基金、引导基金

资金是产业兴起、运行和发展的中枢支撑，版权产业的健康发展离不开资金的支持。政府设立创投基金、扶持基金、引导基金等对版权产业的创新和发展具有深远的意义。

创业投资实质上是一种市场行为，政府引导加上市场化的管理模式，是市场机制下政府支持创业投资的制度创新。政府引导市场创投基金，修复市场单向配置引发的"市场失灵"，把财政资金的作用放大，提高资金配置和使用的效率，有益于版权产业在高新技术领域的创新、有序发展和社会资本的合理使用及政府创投资金风控有度的动态平衡。创业投资规模和政府基金支持的政策之间存在较大的关联性，政府创投引导基金的支持政策应当从本区的实际情况和经济发展程度两个层次来设计制定。

1. 创投引导基金的设立

在创业投资引导基金的运行机制方面，政府要完备和完善创投引导基金的激励约束机制、冲突协调机制、保障机制、利益分配机制以及创投引导基金的绩效评估机制等。在创业投资的运行流程方面（包括创业资本募集、创业资本投资、创业资本投资后管理及创业资本退出），政府需要有整体完备的规划方案，其一，资本募集是创投基金成立的前提，要根据基金的规模制定实际有效可行的章程，

确定基金管理人和托管人，依照法律要求申报，发布基金招募书以及发售基金券；其二，创业资本投资的方式选择、资金资源、非资金资源等要综合考虑，对拟投资的版权相关企业的研发力、制造力、产品力、营销力、品牌力、资源力、决策力、整合力、执行力进行综合考虑，以评估企业的市场实际竞争力，整合创业资本投资的因素，降低投资风险，提高投资的受益率；其三，创业资本投资后管理要设立好控制与约束机制，为创业企业提供资金，帮助其实现资本的增值；其四，创业资本退出是整个创业投资的收尾阶段，结束对创业项目的投资与管理，收回流动性证券或现金以获取收益。这要求政府要创新创业资本退出制度，明确产权交易市场地位，并完善产权交易法律法规，建立覆盖全区的产权交易平台和有效的产权交易市场监督和管理系统，积极推进本区非上市公司股权交易的开展工作等。在创投引导基金的模式方面，参照国际上的投资经验，参股基金和融资担保基金是两种最适合引导基金运作的模式，广西在现阶段宜采取单一的参股基金模式，利于专业化管理，同时根据实际情况匹配融资担保、跟进投资基金辅助运作模式，后考虑融资担保作为一种主模式。

2. 创业投资引导基金的长远发展

在政策方面，明确“市场主导，政府引导”的基金运作原则，统筹协调各部门，合理安排引导基金规模，提高基金投资效率；在运营管理及激励措施方面，完备创投绩效评价体系，建立合理的让利机制吸引社会投资资本，建立长效的人才引入和激励机制。

建立版权产业专项扶持基金，设立版权产业投资扶持基金、融资扶持基金、版权产业引导扶持基金，利用专项资金进行扶持版权产业重点项目、特定的版权企业及版权企业特定行为、数字版权和网络版权新型业态产业等，为市场提供金融支持及其他相关服务，促进新型版权产业的兴起，引导、支持并发展版权产业。对版权产业提供投资基金，扩大版权产业发展规模，扶持数字、网络出版产业等新型产业的研发。重视版权融资基金扶持，完善版权交易与管理制度，促进版权产业项目的有效融资。根据国家知识产权局《关于进一步推动知识产权金融服务工作的意见(国知发〔2015〕21号)》文件精神，广西应在知识产权金融服务工作方面积极展开相关业务、完善相关机制。首先，与企业合作开展知识产权质押融资知识宣讲和实践，指导企业合法进行知识产权质押融资活动；其次，鼓励银行业金融机构积极开发知识产权质押融资产品，丰富知识产权融资的方式；最后，出台政策完善相关风险管理制度以及知识产权置物处置机制。[①] 同时，要坚持加快版权与金融资源的有效结合，要认真贯彻落实国务院《关于新形势下加快知识产权强国建设的若干意见(国发〔2015〕71 号)》文件精神，引导社会资金投入知识产权密集型产业，加强知识产权交易平台建设，提升知识产权附加值，深入开展知识产权质押融资风险补偿基金试点工作，进一步发展重点产业知识产权运营基金试点，[②] 建立完善的版权融资基金运营点，引导和促进版权产业化。

除此之外，还应当建立版权产业引导扶持基金，引导市场资本向版权产业流动，加快版权产业资金的周期流通，拓宽资金资源和非资金资源渠道，提高版权产业发展的速率。完善相关版权产业基金和专项资金的支持方式，包括项目补助、贷款贴息与绩效奖励方式。其一，项目补助，对符合支持条件的重点版权发展项目要给予其相应的专项资金补助。其二，贷款贴息，对符合支持条件的版权产业企业通过银行贷款实施重点发展项目所实际发生的利息给予适当补贴。其三，绩效奖励，对符合支持条件的版权产业企业按照规定标准给予奖励等。[③]

设立版权产业引导基金，吸引有关地方政府、金融投资机构和社会资本投资或者资助创业投资机构，增设创投基金，其投资基本上以股权或债权等方式进行，主要目的在于支持版权创业企业与版权新兴产业经济发展。引导基金在两个层面发挥其引导作用：第一，对利用社会资金来设立版权创业投资之子基金具有引导作用；第二，引导该子基金增加投资于版权创业早期企业，助力缓解版权产业企业在融资方面的困局，进而促进版权产业企业的创新、发展与繁荣。在版权产业引导基金设立的过程中，需要考虑调节和平衡两个问题：一是创业投资过程中的委托代理关系和控制权问题。具体而言，委托代理链呈现复合且复杂的现状，即从政府引导基金以“子基金”的方式运作，子基金的投资主体包括出资人

① 《关于进一步推动知识产权金融服务工作的意见》，(国知发管字〔2015〕21 号)，2015 年 4 月 3 日发布。

② 《国务院关于新形势下加快知识产权强国建设的若干意见》(国发〔2015〕71 号)，2015 年 12 月 22 日发布。

③ 《关于重新修订印发〈文化产业发展专项资金管理暂行办法〉的通知》，(财文资〔2012〕4 号)，2012 年 4 月 28 日发布。

(包括政府出资、私人出资和创业投资公司出资)、创业投资家和创业企业家，投资主体之间存在着公共资本要以怎样的方式或形式激励私人资本进入的问题；二是公共资本主体追求社会福利最大化与私人资本投资主体追求自身收益最大化之间的目标冲突。政府针对这两个问题需要建立完善的吸引私人资本进入版权产业创业投资的激励机制，致力于寻求公共资本和私人资本目标的平衡点，建立完善的解决措施和矛盾改进机制，兼顾相关政策的社会效应和版权产业投资收益。同时，坚持政策性引导、市场化运作和专业化管理，发挥财政资金撬动功能；要合理安排基金规模，科学界定投资领域，向版权实体经济、版权新型产业倾斜；已设立的“子基金”加快形成投资，发挥效益。此外，版权相关产业的发展离不开以下几种转变：第一，发展方式从粗放向规范发展的转变；第二，盈利模式从流动溢价转向价值创造；第三，投资策略从机会投资向实体经济投资转变；第四，管理方式从行政向市场化、专业化决策转变。将引导基金作为培育版权产业、战略新兴产业的有效途径。

(二)多措并举，保护开发传统知识和民间文艺资源

广西是多民族聚居的地方，各民族在长期的生产和生活的过程中形成了相互依存、共同发展的关系，创造了特色鲜明、内涵丰富、别具一格的传统知识和民间文艺，凝聚了各个民族的智慧结晶，是重要的文化传承与文化资源，具有极高的文化价值和经济价值。以知识产权——版权的形式保护传统知识和民间文艺的传承发展、传播利用、创新创造，不仅有利于广西文化的繁荣和民族的团结，而且更能促进广西版权产业的发展。保护传统知识与民间文艺，推进相关产业的发展，对传统知识和民间文艺等资源展开实践调查，完善传统知识和民间文艺版权登记、注册机制，设立保护和发展基金是非常之必要。

加强对传统知识和民间文艺进行版权的保护。首先，针对传统知识与民间文艺知识体系具有内容庞杂、门类众多、属性不一的特征，展开长期的、专业性的科学、规范、系统的搜集整理工作，逐步建立涵盖全区传统知识和民间文艺全类别、全资料形态，并且可以在社会上广泛应用数据库，提高文化资源的整合度和综合利用的效率，增强版权权利保护力度。其次，要完善立法对传统知识和民间文艺版权保护中涉及的保护客体、权利主体、权利内容范围的确定，以实施国家

知识产权战略，大力推动传统知识、民间文艺保护和发展为纲要，加快制定对传统知识和民间文艺版权保护措施和实施条例。再次，政府引导、支持版权相关机构对民间传统文化和民间文艺资源的版权集体代理的制度，逐步摸索出适合广西传统知识和民间文艺基本情况的版权权利管理体制。最后，建立科学、规范、统一、信息化的传统知识和民间文艺著录管理体系，科学规范传统知识和民间文艺的版权登记和注册，建立健全版权登记、注册机制。

政府设立专项的传统知识、民间文艺扶持资金是保护和发展传统知识、民间文艺主要的支持资金渠道。但政府基金扶持有其的局限性，如资金不足以满足保护和发展之需，传统知识和民间文艺的保护和发展存在滞后性。而社会资本资源丰富、市场化的运行模式能有效弥补政府基金扶持不足的问题。政府可以尝试通过向社会资本募集资金，建立健全传统知识、民间文艺保护和发展机制；出台政策支持社会主义资本设立保护和发展基金，并建立有效的基金监管体制，引导资金支持传统知识、民间文艺的保护行为和保护活动；投资资金支持传统知识、民间文艺在初始、中长期、转型的发展。集结社会分散的资金，引导组建具有科技、财务专业知识和经验的社会基金团体，让利于社会资本，建立长期有效的传统知识经济的发展模式，构建持续性高、功能性强的民间文艺基金体制，有效、可持续地促进传统知识与民间文艺资源的保护与发展，进而加快传统知识和民间文艺版权产业的成长和发展。

(三)完善政策，大力发展与版权相关产业

完善版权产业的发展政策与制度，创新并实践版权产业有力地发展模式与试点，借鉴发达省份的版权产业成功经验，充分发挥广西版权产业的优势，走出一条适合广西、具有特色的版权产业发展模式。自治区政府要依据基本区情在版权产业的融资投资、专项基金设立、技术创新引进、专业人才培养、市场运行、监管保护体系等方面出台相应的政策支持及措施，完善本区版权产业发展政策。

利用“互联网+”和大数据的技术，在“平台经济时代”中持续不断地推进广西版权产业的跨界融合发展，创新版权产业发展模式，支持版权产业跨地域融合，探索版权产业“广西+”的模式。借助其他发达省市(地区)的经济优势和版权产业发展优势，鼓励引导支持广西版权产业开设公司企业、建立版权衍生产品工厂基

地、成立版权基金和融资机构等，将这些单位和机构作为广西版权产业跨地域发展的重要连接点和平台，提高广西版权产业的竞争力。同时，借力地域平台共创共赢，加速广西版权产业的发展。支持版权产业跨领域融合发展，在版权产业领域推行"版权产业+"的新型模式。在互联网和大数据迅猛发展的时代背景下，版权产业与高新技术的结合愈发的紧密，版权产业融合互联网、大数据、虚拟现实、3D打印等新高新科技技术，催生了网络出版、动漫游戏、数字出版印刷、新媒体等新型的版权产业，创新并丰富了传统版权产业单一的文化产品发展模式，促进了版权产业在高新技术领域前端不断创新发展；支持版权产业与金融行业的融合发展，资金是版权产业进一步发展提升的核心要素。利用互联网技术和大数据、云计算来实现版权产业与金融产业的有效连接以及对版权价值科学的有效评估，发展版权信托、版权证券化、版权担保融资，版权保险，版权产业基金等版权金融融资，为版权发展提供融资。①

强化重大项目带动作用，加强对广西入选的国家重点出版规划项目，如广西民族出版社出版的《党员干部必学的国法党规》，漓江出版社出版的《中国历代乐论》《丝路译丛》，广西科学技术出版社出版的《壮族科学技术史》《生物学大词典》，接力出版社出版的《大科学家给孩子的科学启蒙》和广西金海湾电子音像出版社出版的《广西少数民族音乐——原始仪式音乐》等7个"十三五"国家重点出版规划增补项目的发展跟踪，并给予一定的专项资金支持，确保重点出版规划项目按时、持续高质量出版，带动广西版权出版项目发展。重视加快培育新型的版权产业项目，挖掘、重点栽培有潜在发展能力和前景的版权产业项目，在政策、资金、社会力量和社会资源等方面予以多渠道、多手段的扶持并将其列入广西重点版权产业发展项目中。积极承接、引进外来重大版权转型产业项目，刺激带动本地区版权产业发展。

发挥政府战略导向作用，大力激励文化创意。以创意创新为核心、高科技技术手段为支撑，推行多元文化交流发展，培养创新创意人才，增进文化艺术与经济科技的结合发展，加快促进文化创意版权产业园区的建设发展，增强科研机构的技术和服务支持。推进数字化，提高创新影视服务和广告服务，致力打造专业

① 谢玮：《"互联网+"时代的版权产业发展模式与政策研究》，中国科学技术大学2017年硕士论文。

的版权产业产品链接平台，推动版权产业市场的扩大，拉动版权消费的内需，提供品质优越、专业性强的第三方服务平台。以提高内容创新和生产能力为重点、产业可持续发展为目标，依托新型技术和管理模式巩固提升图书、报纸、期刊等传统的印刷出版产业，促进传统产业印刷转型升级。发掘旅游资源，融合版权产业和旅游、文化演艺产业发展，推行各类文化、科技、生态等主题的旅游演艺、旅游风情演艺，发展特色版权旅游产业。加快发展数字内容与动漫游戏，创新版权产业新型业态、产品和内容，促进版权产业多样化的发展模式。搭建文化会展平台，以图书、影视、非物质文化遗产、博物馆版权作品展示及版权产业的版权成果为展现形式，推动版权产业成果的相互借鉴、共同促进，加速版权产业的流通发展。

（四）培育数字出版、网络出版等新型业态

1. 数字出版、网络出版等市场新布局

2015 年被业界称为文学 IP 元年，2016 年是 IP 爆发年，中国数字出版产业整体市场规模稳步增长。2014 年数字出版产业整体市场规模接近 30 亿元，2017 年超过 40 亿元，2018 年约 45. 8 亿，2019 年我国数字出版产业整体收入规模为 9881. 43 亿元，较上年增长 11. 16%。① 我国数字版权产业形态不断丰富，优质内容供给不断增强，已成为出版业发展的生力军和文化产业极具活力的领域。② IP 热潮激发了出版业的内容运作活力，开拓了版权产业融合发展的新空间，推动数字出版、网络出版等新型版权产业持续走向高潮。

面向互联网新技术、新平台、新业态，加快数字出版、网络出版等新型产业在技术手段、管理方式、运营模式、投融资机制等多领域、多角度、全方位的创新发展，拓展媒体跨区域、跨行业、跨媒体发展空间。对数字出版、网络出版内容等领域深入布局，开拓多元融合的发展路径，从纵向与横向全面打通产业链上中下游环节，整合数字、网络出版内容，建立共享机制。同时，加强政府在政

---

① 《中国数字出版产业年度报告：2019 年数字报纸等总收入为 89. 09 亿元》，载新华网，2021 年 4 月 21 日访问。

② 艾瑞咨询：《2018 年中国数字出版行业研究报告》，载艾瑞咨询官网，http：//www.iresearch.com.cn/Detail/report？id=3178&isfree=0，2019 年 2 月 15 日访问。

策、资金和服务等方面的引导、支持力度，培育数字出版、网络出版等出版新型业态，实现其在内容资源、出版产品、市场、体制、产业结构等方面可持续不断创新发展。建设广西数字出版、网络出版等新型产业强区，提高版权出版产业的核心竞争力。

2. 增强数字出版、网络出版等行业内容的生命力

在数字出版、网络出版等相关行业快速增长的时代，面对海量的出版作品，用户的选择倾向逐渐变得挑剔，特别优质、有生命力的原创内容成为了“香饽饽”，并被用户广泛接纳、保存。可见，在内容超载、信息过剩的互联网环境之下，出版数量的红利已经逐渐消失，数字出版、网络出版等新产业的长久之计便是迎合消费者的需求与时代竞争的需求，更要注重出版的内容专业、原创生产，追求优质出版内容，建立广西本地特色的数字出版、网络出版等新产业的特色运营模式，打造标杆性运营体系，增强产品、行业版权服务能力与竞争能力，抢先提升品牌市场的占有率，为未来建设本地知识产权服务模式、服务运营体系的高要求与转型升级夯实基础。

根据国家新闻出版广电总局于 2013 年 12 月 30 日发布的,《国家新闻出版广电总局关于加强数字出版内容投送平台建设和管理的指导意见》(以下简称《意见》),《意见》指出：要加强数字出版内容投送平台建设和管理，强化内容质量管理，统一数字内容标准，健全资质管理，构建完善数字出版产业生态系统，搭建并培育驱动数字出版产业迅猛发展的骨干、标杆平台，营造健康有序的投送数字出版内容平台建设，运营良好的数字出版内容市场环境，增强文化软实力和综合国力。[①] 该文件的出台不仅给数字出版等新业态的培育、建设与发展提出了主要目标与主要任务，并给予了全面的制度保障。相比国家政策，地方政策更加具体直接。广西壮族自治区政府积极制定具体措施，2018 年 10 月 24 日，广西壮族自治区新闻出版广电局着力推进数字出版项目建设，召开数字出版工作协调会，要求建立和完善数字出版内容审核制度，把好数字出版内容导向关，促

① 《关于加强数字出版内容投送平台建设和管理的指导意见》(新出政发〔2013〕11 号)，2014 年 1 月 8 日发布。

进全民阅读。[①] 指引了为广西数字出版等产业的培育与发展的新方向。

3. 落实对数字出版、网络出版等产业的政策扶持

就数字出版、网络出版等新产业形态，广西壮族自治区提供了相当优惠的政策扶持，但缺乏系统性，阻碍了政策的落实。比如，数字出版、网络出版涉及的产业范围较广，具体范围包括：①网络文学、网络动漫、网络游戏、网络教育出版物、数据库出版物等数字出版产品的创作、出版、传播等；②数字出版产业相关技术、软件、设备、器具和平台的研发、生产、集成和销售等；③数字出版咨询服务、技术研讨、商贸交流、版权交易、人才培训等；④其他融合发展项目及数字出版新兴业态。[②] 每个行业又各自有主管部门，因此到底由谁执行，又如何执行，企业也摸不清楚，政策利好性没有被具体落实。因此，政府应该着眼于全局、长远的考虑，制定具备合理性、可操行性的数字出版、网络出版等产业政策体系。

另外，目前广西对数字出版、网络出版等产业进行保护与管理的政策少且内容不详实，在保护与管理数字出版、网络出版等产业上稍显不足。因此，为加快数字出版、网络出版等产业的发展，法律法规政策可以倾向于：一是增强产业版权化保护意识，加大对侵犯产业版权的盗版侵权行为的打击力度，建立起司法与行政相结合的版权保护体系；二是要建立起各行业主管部门的协调、沟通和信息共享机制，增强网络出版突发事件的应对能力，全面提升主管部门的主动监管能力和技术保障水平，运用政策、法律法规对数字出版、网络出版等行业的层层保护，为数字出版、网络出版等产业营造良好的发展环境与坚实的保障。

4. 明确政府监管职责，引导行业自律

在数字出版、网络出版等产业发展过程中，数字出版、网络出版等是版权与大数据、互联网相结合的跨领域新业态，分工和管理产业链各环节处在探索阶

---

① 《自治区新闻出版广电局着力推进数字出版项目建设》，载广西壮族自治区广播电视局网站官网，http：//gbdsj. gxzf. gov. cn/html/qjgz/wangluoguanli/24335. html，2019 年 3 月 3 日访问。

② 《自治区新闻出版广电局关于印发〈广西优秀数字出版项目资助管理办法（试行）〉的通知》（桂新广规〔2017〕6 号），2017 年 11 月 16 日发布。

段。为更好、更有效地实现促进数字出版和网络出版等行业的健康发展，既要充分发挥市场机制的作用，又要发挥政府的监管作用，须明确政府监管职责，采取具备有效性、可操作性、合理性的监管措施，规范该新业态产业市场行为，强化对该行业本身的监管，最终谋求整个行业价值贡献与利益最大化。

政府的监管有助于保障良好的市场运营秩序，但仅有政府的行业监管是不利于数字出版、网络出版等行业市场发展的。因此，应积极引入行业自律机制，弱化行业协会政治功能，促使行业协会的功能独立于政府机关，有效监督行业行为，加强数字出版、网络出版等行业的自律性，提升该行业的经济管理能力，加强社会服务功能，真正充分发挥行业协会对行业的服务与监管效用。

政府对数字出版、网络出版等产业的监管应适度放权，充分发挥行业协会的作用，既能减轻政府管理的负担，又有助于保障数字出版、网络出版等产业的健康发展。

另外，北京、宁夏、贵州、四川等省市建立的互联网监管系统，已经取得一定成效，① 广西应该在数字出版、网络出版等行业发展过程中积极推广成功经验，建立本地互联网出版监管系统，强化监管职能。

5. 技术与文化融合创新，探索数字出版、网络出版等标准化建设

技术是数字出版、网络出版等产业发展的重要推动力，技术的发展程度也决定了数字出版、网络出版等产业在当地数字文化市场中的竞争力，将先进的数字技术渗透到文化产业各个领域，有助于持续激发文化产业活力。日本、北欧国家正是凭借强大的移动技术成为数字文化产业发展的典范。美国在数字出版、网络出版等产业的有效保护上，有一个很重要、很关键的手段便是技术发展，美国法律更多的是针对作品的技术措施，要求限制其技术保护措施的范围，将数字出版技术与数字出版法律制度相结合，让法律更好的规制数字出版、网络出版等产业的发展。随着5G移动互联网通信技术在社会生活中的应用，数字产业的飞速发展，单纯的文化推动和技术推动很难再创造出产业奇迹，未来的创新在于技术与文化的融合发展，未来的数字出版、网络出版等产业的发展也不例外。

正所谓无规矩不成方圆，没有统一的标准进行约束，数字出版的发展局面将

---

① 黄先蓉：《中外数字出版法律制度研究》，武汉大学出版社2017年版，第267页。

变得混乱不堪，正如现在的电子格式“百花齐放”，使得阅读设备兼容性受到考验，这更限制了电子出版物的流通，极大地阻碍了数字出版的商业模式的建立和发展。根据国家新闻出版广电总局、财政部于 2017 年 3 月 17 日发布的《关于深化新闻出版业数字化转型升级工作的通知》（以下简称《通知》），《通知》强调要继续推进数字出版标准化工作，不断完善支持数字化内容生产、传播与服务的标准体系。提出加快支撑新闻出版业数字化转型升级的国家标准、行业标准和工程标准的制定工作，并继续加强宣传和培训，指导新闻出版企业开展标准化工作，提高新闻出版企业在数字化转型过程中对国家标准、行业标准和项目标准的采标比例。①《通知》旨在统一标准建设保障产业规范性，建构全国统一行业标准，对规避数字出版和网络出版等产业风险是极为有利的，保障数字出版、网络出版等产业健康、可持续的发展轨道。目前工信部也在制定促进手机出版发展的《移动阅读产业标准》，广西地区应该自主研发新一代自主知识产权的统一版式文档技术，制定适合本地具体情况的行业标准。

（五）推进文化事业单位改革，培育骨干企业和品牌

进一步贯彻落实《国务院办公厅关于印发文化体制改革中经营性文化事业单位转制为企业和进一步支持文化企业发展两个规定的通知（国办发〔2018〕124号）》的文件精神，深化文化体制改革，将继续推进国有经营性文化事业单位转企改制，深入推进文化事业单位改革重组，调整文化事业的属性、组织架构、职责功能、人力资源配置，激发文化事业单位的创造活力，② 提升对文化发展的服务能力，促进文化事业单位的转型发展。

全国各地的产业发展离不开各省各地的特色企业，如何根据各区域的实际市场特色，制定适合本地发展的战略，提高文化企业的活力，推动文化企业不断发展已经成为了当地数字文化产业发展的难点和重点。当然，本地的数字文化企业的发展情况直接影响该地区文化产业的发展格局以及本地的数字文化产业竞争

① 《关于深化新闻出版业数字化转型升级工作的通知》，载中华人民共和国国家新闻出版广电总局官网，http：//www. sapprft. gov. cn/sapprft/contents/6588/332641. shtml，2019 年 3 月 3 日访问。

② 《国务院办公厅关于印发文化体制改革中经营性文化事业单位转制为企业和进一步支持文化企业发展两个规定的通知》（国办发〔2018〕124 号），2018 年 12 月 18 日发布。

力。建立专业的数字文化企业，并将其作为打造成具有全国竞争力的数字文化企业的突破口，培养数字文化企业的专业技能，增强数字文化企业的文化创新力，运用本土化的数字文化企业迅速抢占市场。

在重点行业加大对骨干版权企业和文化品牌的培育力度，帮扶版权企业建立健全版权质量管理体系、标准化管理体系、版权价值效绩评估体系，提高版权企业现代化管理体系和版权质量保证体系。以传统模式与现代化模式相结合，统筹兼顾传统版权企业和现代新型版权企业，制定完善广西骨干版权企业的培育方案。开展广西文化品牌搜集和认定工作，创新文化品牌体系认定、培育方案，围绕文化品牌开展主题研讨会议，设立专项资金资助，加大队骨干企业和品牌的投入，进行相关文化品牌活动，培育打造具有自主知识产权和文化影响力、竞争力的文化品牌，提升骨干企业的产品、品牌等领域的竞争优势。

对骨干企业和品牌的培养不仅仅要着眼于对原创作品的版权保护，更要注重对骨干企业和品牌作品的挖掘、创新。习近平主席表示“创新是第一动力”，应充分利用骨干企业和品牌自身的优势，为生产经营与市场的需求，不断优化自身资源与社会资源配置。广西可采取措施，比如政府政策扶持、资金资助等，实现企业产品、品牌、技术创新，拓展知识产权资产的运营，这必将促使广西本地知识产权保护更上一层台阶，实现广西社会财富的增加。

(六) 建设版权产业园区和基地，发展特色文化产业

文化产业园区和基地是促进文化经济转型升级和新旧动能转化的重要载体。大力支持建设产业园区和基地，充分挖掘和利用广西版权产业的内容优势和文化优势，建设广西版权产业园区和产业基地，辅以园区和基地政策、专项资金、现代化科学技术、公共设施基础服务等，吸引、鼓励优势的新型和传统的版权产业机构入驻园区，建设产业基地。延伸、拓展与版权相关的产业领域，打通版权产业与其他行业、领域之间的壁垒，建设版权交易平台，对接好版权交易服务，以交易、并购、股权投资等形式，协调、融合、刺激促进园区产业发展的活力和动力。发展版权产业集群，凝聚版权产业的知识和资源，扩大版权产业的规模，提升版权产业竞争力，构建价值产业链和高效率的版权经济组织。促进文化产业等版权产业保护聚集区落地，建设一批行业特色鲜明、品牌影响力强、带动版权产

业园区和基地的示范区发挥市场作用，形成版权产业园区和基地对广西版权产业的引领发展。

除了大力发展数字内容、数字技术、数字标准之外，对文化特色的挖掘与使用成为数字文化能够成功的重要因素，对特色文化内容的挖掘是数字化文化发展的新动力。广西地区有着深厚的传统文化积淀，深度挖掘并创新广西特色文化，实行古代文化与现代文化、人文与科技相结合促进广西特色文化产业结构升级与发展。同时，发挥文化导向作用，刺激和引导文化消费，培育消费热点，拉动文化内需，带动文化消费高潮，促进文化市场的繁荣和文化创新，支持各地因地制宜发展特色文化产业，促进文化多元化、多样性发展，加快地区特色文化产业经济发展速度，保护地区文化资源的使用和发展。

（七）提升版权人才队伍建设，增强版权产业学术研究实力

习近平总书记提出“人才是第一资源”，体现了国家对人才的重视，提示各地应该抓住人才战略。但并非政府为了人才队伍建设而抓人才资源，而应是要注意高层次、质优人才的储备，人才引进门槛依然要客观，人才引进政策仍然要足够吸引人、保障人才可以留住人，保证人才对当地的归宿感与“舒适度”，避免人才流失。

版权产业要紧跟“互联网+”的时代，因此版权产业升级用人观念也应该升级。人才储备是版权产业快速、健康发展的智力支持，版权产业兴盛依托高薪、有效的人才政策，吸引大批版权产业人才精英。同时，重视本地版权产业专业人才管理与培养，构建“一对一，点对点”，多种模式并进的系统性培养体系。比如，在广西高校开设版权产业管理及相关学科、专业课程。以此优化人才培养与管理环境，增加版权产业引进的人才与本地版权产业企业及版权产业专业人才互动交流的机会，加强版权产业人才自身专业能力，发挥好政府、行业企业、学校各自的优势，积极探索适合本地的版权新型人才培养模式，建立本地版权人才队伍。

人才队伍建设任重道远，要做到厚待人才、善用人才。政府应设置专项人才引进人才培养资金，对广西本地企业的版权相关人才通过在线学习、开设培训班进行本土化版权知识培养，加大对高层次实务型知识产权人才培养力度，树立现

代知识产权人才的“工匠精神”。

广西政府不仅要培养当地的版权实务型人才，还要加大理论型研究人才培养力度，增设并强目标性地对知识产权硕士、博士进行培养，给本地版权产业相关政策的制定提供可靠参考。同时，建议政府提供充足的版权产业科研经费，建设完备的版权产业科研基地，搭建多元化的版权产业人才研究团队，积极探索版权产业科研互动的管理体制和产学研相结合的经营体制，使学术科研力量更好地哺育版权产业地发展。

二、突出民族文化特色，建设广西特色影视文化强区

(一) 突出民族特色，发挥多种文化优势

民族特征作为艺术的一种永恒的“内在动力”是民族文化基因的一种传承，民族地方应发挥本地的特色优势。影视民族化的过程应在保持民族文化风格、积累民族生活特性的经验基础上，以史为鉴，同时批判地分析世界各国影视文化艺术传统和影视文化艺术经验，去粗取精，走出一条具有本民族文化风格和生活特征的影视艺术道路。独特的地理位置和人文历史造就了广西独具一格、丰富多彩、底蕴深厚的地方民族文化。我们应突出以下几种独具民族特色的文化优势，建设广西特色影视文化强区：

1. 发挥红色文化优势，弘扬红色经典，传承红色精神

广西曾是红色革命战场和红军长征途径之地，留下了许多弥足珍贵的遗址、遗迹、遗物，后人为纪念革命先辈建立了诸多纪念碑、纪念馆等红色文化场所。目前，广西已经有 5 处共 16 个红色经典景区入选《全国红色旅游经典景区第一批名录》与《全国红色旅游经典景区第二批名录》。它们分别分布在左右江和桂林市，具体包括左右江红色旅游系列景区——河池东兰的韦拔群故居及纪念馆、东兰烈士陵园；崇左龙州的红八军军部旧址、小连城要塞遗址、崇左凭祥大连城要塞遗址；百色乐山的红七军与红八军会师地旧址、红七军军部旧址；贵港桂平太平天国金田起义旧址等。桂林市红色旅游系列景区——八路军驻桂林办事处旧

址，兴安界首红军长征突破湘江烈士纪念碑园，湘江战役灌阳新圩阻击战旧址和全州觉山铺阻击旧址等。除此之外，还有昆仑关战役旧址系列景区。①。除已经入选全国红色旅游经典景区名录的红色遗产外，广西还有红军长征留下的新圩、脚山铺、光华铺阻击战战场遗址，后人为纪念湘江战役而建的湘江战役纪念碑园，以红军命名的兴安县界首镇红军堂、红军楼、红军桥，中国共产党早期革命活动遗址——北流市中共广西特委机关旧址、贺州市昭平县黄姚镇中共广西区工委旧址、田东县红军码头、龙州铁桥保护战旧址、中国工农红军第七军西山革命根据地旧址等。② 广西的红色文化展示了红色革命历史和艰苦奋斗、不畏困难、不屈不挠、勇往直前、依靠人民群众、切实维护人民群众的利益的红色文化精神，是民族文化的瑰宝。

2. 发挥山水文化的优势，塑造广西山水文化品牌

桂林山水的座右铭是“桂林山水甲天下，玉碧罗青意可参”，此名句出自南宋王正功《嘉泰改元桂林大比与计偕者十有一人九月十六》，“甲”有“天下第一”的意思，“玉碧”指桂林的山、“罗青”指漓江的水。桂林因山清水秀、风月无边、人杰地灵而名扬，作为广西有名的旅游胜地，桂林的旅游业也成为了广西经济发展的主要推力之一。历代文人广西咏喻为“八桂”，是百越民族的聚居地。“八桂”最早出自南朝梁文学家沈约的诗句“临姑苏而想八桂，登衡山而望九疑”，后来，唐代韩愈在“苍苍森八桂，兹地在湘南”诗句中将“八桂”定为广西的专称。③“八桂”是指民族特性，“山水”是指环境特质，广西山水文化尽显民族内涵与自然山水环境相结合的高品位文化形态，有着丰富的内涵。广西属于典型的喀斯特地貌地区，经流水日积月累的侵蚀，雕琢出了广西的奇山秀水：山的“奇”——百色、河池的红土地，花山、象鼻山、桂海碑林等，尽显山的奇峻；水的“秀”——漓江、邕江等江河，银滩、金滩等海湾，榕湖、杉湖等湖泊，德天跨国大瀑布，龙胜温泉等，尽显水的灵动秀美，突出山水文化的民族风韵。

---

① 《广西 5 处红色旅游景区被列为“全国经典”》，载广西柳州市旅游发展委员会官网，http：//www. lztour. gov. cn/lydtl/xydt/201701/t20170112_953752. html，2019 年 1 月 20 日访问。

② 吴丽萍，孟萍：《16 个红色景区（点）入选全国名录》，载《广西日报》2017 年 1 月 6 日，第 1 版。

③ 李俊康：《论八桂山水文化》，载《学术论坛》2006 年第 1 期。

广西的山水宝地孕育着具有自身特色的山水文化，其中典型的山水神话传说——布洛陀山神，传说是壮族的始祖、智慧神、大地的主人，在田阳县百育镇敢壮山有布洛陀古居遗址；盘古天神，盘古开天辟地的传说广为流转，在来宾保存着许多盘古文化遗迹；龙母水神，西江两岸广为流传龙母豢养五小龙“利泽天下”的故事；蛙婆水神，青蛙是古越人崇拜的图腾，被视为生育神崇拜。① 山水习俗，“山”俗，如壮族山歌节、铜鼓节、瑶族盘王节、彝族火把节、侗族花炮节、苗族芦笙节等；“水”俗，如龙舟节。山水建筑，干栏、风雨桥和骑楼等民居建筑；阳朔、黄姚等山水古镇；“两江四湖”公园、“七星岩”公园等山水园林。

历史名人的观光游历如著名的旅桂名人有柳宗元、苏东坡、徐霞客、徐悲鸿、欧阳予倩等；诗词歌颂，例如康有为的《漓江杂咏》、唐朝韩愈《送桂州严大夫》；泼墨绘画有以黄格胜为代表的“漓江画派”，为广西的山水多添上了一层意境。山水自然的美态与凝聚古来今人、迁客骚人无尽的情怀，是一种更高品位的文化形态，更体现着一个民族文化意境和境界。

广西还可以发挥海洋文化优势，广西的海洋文化具有浓郁的民族特色。京族是广西本土的少数民族之一，也是我国唯一的海洋民族，采珠捕鱼的疍家和耕海的客家自古以来享有“海上吉普赛”的美誉；具有浓郁的南疆特色，有独特的求神拜佛的人文风俗、别具特色的南珠文化。还有独具风韵的海洋生态景观，如海天一色的广袤海域，海鸟海湾的旖旎风光，滨海红树林和斑斓的民俗文化。其中，民俗文化最为独到，比如民族婚礼仪式和独具特色的民族服饰、还有风味十足的京族哈节与渔具渔法，除此之外，《珠还合浦》《白龙城的传说》《美人鱼》等许多美丽的大海传说广为流传。同时，人文历史资源也相当丰富，具体包括：古人类文化遗址——灵山新石器时代遗址、合浦古汉墓群等；古码头遗址——合浦石湾的大浪古港、茅岭古渡等；古运河和古商道——潭蓬运河、伏波故道、十万山古商道等；古城镇及民居遗址——越州古城、北海永安古城等；海防、海战遗址——烽火台和炮台、军营和屯寨等；历史人物足迹或历史场景——东坡亭、海角亭等；各类宗教古建筑——合浦东山寺、北海普度震宫等。② 除此之外，广西

① 李俊康：《论八桂山水文化》，载《学术论坛》2006年第1期。

② 吴小玲：《广西海洋文化资源的类型、特点及开发利用》，载《广西师范大学学报（哲学社会科学版）》2013年第1期。

还具有独特的渔人景观，有渔港如南瀓渔港、石头埠渔港等；有渔村如京族三岛京族渔村、地角疍家渔村等；以及还有渔市等。广西还具有特色鲜明的非物资文化遗产，包括民间传说——《合浦珠还》《美人鱼传说》；传统民俗——“京族哈节”“外沙龙母庙会”“疍家婚礼”；传统手工技艺——“北海贝雕技艺”“京族服饰制作技艺”“北海疍家服饰制作技艺”；民间音乐——“京族独弦琴艺术”和《北海咸水歌》；民间曲艺——《老杨公》《京族民歌》等。① 可见，广西得天独厚的海洋景态和别具一格的民族文化，共同谱写了广西的文化传奇，成为广西发展版权市场的重要优势。

3. 发挥丝路文化优势，传承丝路文明，开创丝路新发展

古丝路，分为陆路和水路两途。而广西合浦是中国汉代海上丝绸之路的始发港，从合浦港出发，越过越南中部的日南边关，途经柬埔寨红河下游地区、泰国北碧府一带及克拉地峡、印度东南部，然后从斯里兰卡、马来西亚哥打丁宜返回。汉代海上丝绸之路的开通，使合浦成为汉代岭南的政治、经济、文化中心和南方都会，是西方从海路经由南亚、东南亚地区通往中国的交通枢纽。合浦出土的玻璃容器、波斯陶壶、玛瑙、琥珀等大量海上丝绸之路文物及合浦古港口，沉淀着汉代千年的文化，是东西方海上丝路文明的交融。新丝路，广西北部湾—东盟海上丝路，是中国对接东盟在西南部地区的港陆枢纽、经济枢纽，异国风情文化在广西交汇融合，和而不同，交相辉映。广西丝路文化源远流长，古往今来熠熠生辉。

广西红色文化、山水文化、海洋文化、丝路文化底蕴浑厚，源远流长，民族特色风情浓郁，是珍贵的文化资源。一要注重文化的保护。景观上保护自然生态环境和人文古迹；思想上保护民族风俗和传承弘扬民族精神；经济上设立文化专项保护基金；政策上配套文化保护措施，继续推进非遗的申报和跟进保护工作；法律上制定完善文化维权的法律法规，加大执法力度，监管力度。二要塑造民族文化品牌，因地制宜充分发掘文化资源，培育资深优势民族品牌产业，加大特色品牌产品开发力度，构建民族品牌文化宣传平台，扩大影响力。三要创新文化内

① 吴小玲：《利用海洋文化资源发展广西海洋文化产业的思考》，载《学术论坛》2013 年第 6 期。

涵。与时俱进，融合新时代特征，丰富文化内涵。四要包容开放。保持民族特色，善于汲取其他先进民族文化和新兴的文化，推陈出新，提升民族文化的优越性。五要丰富文化的形式。以文化为主题背景，创办主题旅游观光，开展民族文化风情演艺、文物会展，开设文学艺术诗词创作大会。六要开展文化调研工作。实地考察，发现文化保护发展存在的各方面问题，深入扎实并推进文化保护发展工作，提出建设性的意见建议。七要协调文化发展。重视文化资源的价值，统筹兼顾经济价值和文化价值，坚持可持续发展的理念。

(二)加大财政投入，重点扶持电影、电视产业

广西应当进一步加大财政预算支出和转移支付的力度，重点扶持电影、电视产业。

1. 设立电影、电视产业发展专项资金

大力支持电影、电视原创企业的产业办公、宣传、生产用地需求，解决企业用地的问题；鼓励电影、电视企业建设和运营剧本创作、IP 孵化、专业培训、特效后期、交易等方面的服务载体，并对专业的设备按比例进行补贴；鼓励电影、电视企业的影视技术的引进和研发，提供引进和研发经费支持；支持电影、电视企业基金、投资、贷款等多渠道融资，给予融资金扶持；设立产业重点企业、项目专项基金，培育重点电影、电视企业和重点项目。

2. 设立奖励机制、激励机制

支持引导电影、电视企业建立健全管理体系，鼓励企业加强管理人才的培育和高端管理人才的引进，积极引进一系列先进一流的管理体系，支持提高产业管理质量；创设影视展台，鼓励电影、网络电影、电视剧、网络电视剧、综艺节目、记录片等精品创作展出，激励创新电影、电视内容；设立鼓励创新奖金，对龙头企业以及龙头企业的核心创作人才和聘用或签约合作的核心创作人、高级人才、中级人才、业务骨干，按其对电影、电视产业的突出贡献进行评比和奖励。

3. 设立市场扶持基金

支持电影、电视企业股改上市，对拟在主板、创业板上市的企业加大扶持力

度并予以资金奖励；鼓励支持电影、电视企业拓宽国内市场，开拓国外市场，鼓励影视版权跨境交易、剧本版权跨境交易、影视衍生品跨境交易、影视设备保税租赁、中外合拍影视作品合作平台等创新业务；支持拓展电影、电视市场主体，对电影、电视企业创始人，参照其股权转让收益所产生的个人所得税和股息红利所得缴纳的个人所得税(企业代扣代缴)企业留成部分，给予一定基金扶持。对电影、电视企业，参照其股息红利所得缴纳的个人所得税(企业代扣代缴)广西区级留成部分，给予一定基金扶持。创立电影、电视企业的员工持股平台，对平台员工股权转让收益所产生的个人所得税和平台员工因股息红利所得缴纳的个人所得税(企业代扣代缴)企业留成部分，给予一定基金扶持。

4. 设立电影、电视行业协会资助资金

鼓励编剧协会、导演协会、演员协会等电影、电视行业协会积极创新管理模式，注重体系管理、人才管理，强化行业监管，提升电影、电视行业的整体质量，保证电影、电视创作的质量水平；支持行业协会举办高水平的影展、高峰论坛、电影电视节、影视文化盛典等影视文化产业活动，增强营造电影、电视发展的浓厚氛围。

5. 完善电视、电影人才培养机制

广西高校增设电视、电影人才培养学科、课程，专门进行针对性地培养，产学研联动结合，理论支持实践，发挥教育对实务的指导作用，培养影视文化复合型人才。出台支持具有广西特色的影视题材的创作生产，提升本地文化影响力。设立电视、电影人才引进机制，加强本地人才与引进人才的互动交流、共同发展。加强对电视、电影协会的教育投入，提升本地影视人员的实力，根本性保证影视作品的质量与水平。另外，对于影视人员的培养、引导、规范值得重视，比如对新生代导演和演员的扶持、演员的道德和职业精神的规范。

(三)实施走出去、引进来战略，多措并举

鲁迅先生曾对“拿来主义”有过精辟之言：“没有拿来的，人不能自成为新人，没有拿来的，文艺不能自成为新文艺”。广西地区要发挥特色影视文化的优

势，一定程度上应该借助于引进版权，将引进来的版权产品取其精华、去其糟粕，并精良制作、创新本土化资本运作与产业链开发，将“送来”的版权产品本土化，多措并举，发挥其最大的社会经济效益。

发挥广西“一带一路”和“21 世纪海上丝绸之路”与丝绸之路经济带有机衔接的重要门户优势和作用，面向东盟国家和其它先发达国家，推升广西特色文化影视文化区域影响力，提高广西境内特色影视文化区域创新力、驱动力、竞争力，打造特色影视文化强区，推动实施广西特色影视文化走出去、引进来战略，多措并举。

1. 实施走出去战略

搭建“广西——丝绸之路影视桥”工程，塑造广西影视文化品牌，加强特色影视文化对外传播、交流合作。

(1)构建并完善面向东盟的影视平台，创新影视传播形式

围绕广西独特自然、人文、音乐、艺术、文化等主题，与境外相关机构联合拍摄电影、网络影视、电视剧、网络电视剧、记录片、综艺节目等精品影视类作品；将具有广西本土特色的影视作品翻译成多国(种)语言，并在东盟国家影院、电视台同步播映；加强广西广播影视和数字影视传播能力建设，建设好“面向东盟的网络影视新丝路”，推进广播影视和网络数字影视产品、服务走向东盟国家。

(2)以活动为平台促进广西影视文化的对外交流合作

积极参与指导或主办中国-东盟影视包括网络影视、广播影视和数字影视、电影交流论坛、影视版权贸易洽谈会等文化交流活动；参与或主办对外影视会展活动，参与或举办境外影视艺术展、特色民族文化以及非物质文化遗产影视题材主题舞台剧展出、精品原创广播影视、网络影视会展活动；设立重大意义影视文化交流活动周年纪念日，开展影视文化进驻联合对接，推进广西与东盟国家签署影视展播平台、影视创意作品输出、影视科技制作研发合作基地、影视文化产业人才培养基地、影视版权交易的合作协议，深化影视长远合作发展。

以“一带一路”和“21 世纪海上丝绸之路”为依托，加强广西影视文化产业跨国区域融合与发展，提升影响力和竞争力。

(3)支持影视重点“走出去”企业和项目

做好影视重点“走出去”项目申报工作，强化文化交流相互借鉴，突出广西与国外地区企业之间的国际合作。注重市场导向，强化产业概念，提升项目的可持续性，发挥文化导向作用，深入挖掘民族文化特色并赋予其新的时代特征。做到“本土风格，国际表达”，设定好扶持“走出去”影视项目范围，应当包括外向型影视节目创作、影视节目译配、媒体活动和人文交流、影视节目落地国外和影视技术合作与工程承包等；支持影视文化企业采取国际合作、委托代理、建设出口基地等形式，扩大影视文化产品和服务贸易出口，在出口贸易退税的基础上给予一定的财政基金扶持。

(4)加强影视文化产业跨国区域融合发展

鼓励影视文化企业实行海外并购的国际化发展战略，以并购的方式建立国外市场据点，承接国内影视作品，拓宽影视国外市场和输出渠道。建立影视文化产业国际经济平台和影视文化辐射平台基础，构建影视产业完整的国际化产业链，提升影视产业的国际竞争力，建设区域性影视文化中心强区；加强影视产业与国外互联网和大数据技术领域以及金融领域融合，建立影视版权、剧本版权、影视衍生品等数字化跨境交易平台，加快疏通境外影视版权融资渠道，促进境外影视文化产业的快速发展。

2. 推行“引进来”战略

发挥广西自身影视文化的优势，创造影视优势空间，以优越的影视条件吸引外来先进的影视文化，建立影视文化集群强区。加强影视文化基础设施建设，建立影视创作空间、影视作品的展播平台、影视文化活动交流大型会展场所、影视金融交易中心、影视版权交易平台、影视跨境咨询中心等，综合考虑资金、政策、文化、环境、交通、信息流通等因素，不断完善扩充影视基础设施。完善人才培养计划，建立健全影视文化产业人才培养基地，培育影视传媒、网络影视视听、影视创新人才、影视对外翻译人才、涉外知识产权法律人才等，制定一系列对接的人才培养方案，打造一批具有国际化标准水平的影视团队。加强影视技术研发力度，成立影视技术研发中心，创新影视制作的硬件软件技术，提高专业影视设备的高新配比，加大影视研发技术在市场的投入使用，推广新型影视技术。

具体措施如下。

(1)扩大影视开放格局，积极引进先进的影视文化

实施开放政策，支持引导国外优秀的影视文化产业进驻广西，带动区域影视发展；积极引进影视制作创新型人才、管理型人才等，提高影视高新人才的薪酬，给予一定的优惠待遇；搭建国外精品影视展播平台、特色优秀的影视文化会展平台；举办广西影视国际交流会，邀请国外优秀的影视团队来广西交流会谈，借鉴学习先进理念和有益经验。

(2)搭建影视文化产业平台，积极承办影视节活动

政府为建设影视基地积极地将已有的自然资源和旅游资源进行开发利用，主要目的是以本地天然资源为依托，吸引外地优秀剧组来当地拍摄影视；努力学习我国其他地区大型影视基地的发展策略(如横店)，大力建设大型人工影视基地，对入驻的影视公司予以优惠政策支持，打造自己特色的产品，完善并兼顾效率、效益、成本、便捷产业链的整合，合理设置影视基地区域功能。同时，结合广西本地情况，促进产品创新与活动创新，打造景区、影视剧情景演艺体验秀，增强新鲜刺激感，加深基地对用户的吸引力、感召力与互动体验。影视文化结合广西本身的人文资源、自然资源开发、拓展新产品，提升广西在各地人民的文化自信力与形象魅力。打造专业的影视人员团队，专业的销售渠道，丰富的实战经验人员，有助于影视文化基地专业化、规模化、产业化，也是对"智慧旅游"模式的新探索、新发展。

虽然目前广西地区承办大型国际电影节活动有难度，但可以从一些"小微电影节""小微视频节"等成本较低的活动入手。广西政府及有关部门要不断优化服务，在土地利用、金融支持等方面给予优惠，助推广西影视文化产业发展。加强管理社会团体和相关单位对影展的举办活动，打造彰显广西民族文化特色的重要平台与闪亮名片，还可与国内外著名影视节展组委会交流和学习，承办分会场，联动、扩大广西地区影响力，打造广西影视产业要素集最全的配套平台。

(3)实行本土化的改造

目前国内电影商业性和娱乐性越来越强，人文厚度正逐渐流失，因此对引进来的电影进行广西本土化改造尤为必要。在本土化改造过程中，迎合当代市场需求，求新求变，顺应未来中国电影趋势。对国外引进的影视文化作品要融入广西

文化元素，传承广西优秀的传统文化，将本民族的文化运用到创作中去，与主流价值观、道德观相融合，符合现实的社会语境和基本区情。创新影视主旨、影视版块、影视叙事手法，在原有影视作品的基础之上进行本土化改造，保留影视本身的特色，加入广西特色文化内容题材，重新定位影视主旨和人物的表现手法，契合广西人文情感因素；对引进的影视理念和经验，遵循基本的原则进行本土化的改造，符合自身的思维逻辑方式及社会经验，契合影视市场导向规则；对引进的高新影视技术的推广使用，在原有核心技术的基础上进行本土化改造，匹配广西现有的影视技术，依据广西影视的市场的规模投入使用。

(四)塑造影视文化特色，积极引导版权消费市场

广西作为“一带一路”和“海上丝绸之路”的重要节点与民族文化特色显著的区域，发展当地特色影视文化产业是历史的积淀与现实经济需求的必然选择，影视产业模式不断创新才能保证影视产业生命力，在运营中追求创新，保障其生存与发展的唯一性，并在实践中探索出一条适合广西本地影视文化产业发展的道路。

特色影视文化产业模式的探索需要知识产权保护的保驾护航，以此可以实现更大化地发挥其商业价值。版权产业的快速发展需要对版权消费市场进行培育，广西区域具有民族特色文化，可以选择并打造具有广西民族特色的品牌符号作为版权产业文化形象代表产品，重视并鼓励打造具有历史文化沉淀的历史文化遗产的文化创意，引起消费者历史情怀共振，以此拓展、开发、引导版权产业消费者市场。

广西地区有着传统、特色的民族工艺技艺与产品，比如壮锦、刺绣、印染与铜鼓。这些特色民族工艺品采用的是天然原料、手工生产，在种类、造型、色彩、图案，特别是原料和工艺技术方面都凸显了历史与现代的特色、完美结合。这些特色工艺品的制作足以吸引外地人眼球，因此将这些手工艺品、服装等原材料选择与挖掘、制作方式、制作流程、制作成果拍摄、制作成一系列影片、影剧纪录片上架到影视播放 APP 平台上，既可以宣传广西的文化特色工艺品，又可以吸引外地人到广西旅游，真实体验民族手工艺人制作手工艺品。

广西的红色文化在全国闻名遐迩，丰富的红色文化和发展中华优秀传统文化

及中华民族精神，孕育和形成了社会主义核心价值观的根脉源泉。丰富的红色资源和浓厚的红色文化促使广西在开发红色旅游资源、推出红色文化精品、宣传红色教育等方面均获得突出成绩。2018 年，广西红色文化促进会成立，该促进会主要负责研究革命历史、保护红色遗产、传播红色文化、培训红色教育等方面的工作。① 为了纪念和宣传红色文化，可以将红色故事拍摄成系列纪录片，上传到视频播放 APP 软件上宣传广西红色故事爱国爱家题材；也可以制作红色故事动漫影片、影剧，供当代人及后辈瞻仰，红色文化留下的宝贵精神财富警醒青年们要坚持老一辈的革命精神，不屈不挠、坚定不移地面对生活的难关，珍惜现代的美好幸福生活。

广西壮族自治区是少数民族聚居地区，世代居住着壮、汉、苗、瑶、侗等 12 个兄弟少数民族，在衣、食、住、行和节庆、宗教、风俗等方面都具有独特性，悠久的历史，形成了广西绚丽多彩、独具特色的文化，其中最具特色的便是广西“壮族三月三”节日文化。政府可以组织相关单位对这一系列的民族文化节日进行视频录制，比如微电影，用视频摄制记录等方式向外界展示广西的民族文化特色，释放其文化、经济与政治价值。无论是广西民族特色传统工艺纪录片、红色文化纪录片还是民族特色生活纪录片等，都融合了广西特色文化与影视文化这两方面，是广西的名特色片，也是广西影视文化中的重点，成为增强文化认同感、拉动经济发展、凝聚民心民力的瑰宝。② 融合开发广西特色文化与影视文化发展，不仅引导了消费者市场，更要注重对其提供知识产权保护，特别是版权保护。广西相关部门结合实际情况，在建立针对影视作品的版权保护制度时，要合法合理，比如版权登记制度，进行版权保护培训与宣传工作，增强影视文化版权保护的意识。

（五）支持民族文化“再次创作”，增强民族文化版权产业再生产劲力

2018 年 9 月中共中央、国务院印发《乡村振兴战略规划（2018—2022 年）》文件指出，要走一条特色化和差异化的民族民间文化发展之路，必须坚持深度挖掘

① 《广西红色文化促进会筹备会在邕举行，弘扬红色文化》，载南宁新闻网，http：//www. nnnews. net/gxnews/201807/t20180730_2063377. html，2019 年 3 月 4 日访问。

② 阮茉莉：《广西民族传统节日文化传承与发展研究——以“壮族三月三”为例》，载《广西教育》2017 年第 11 期。

乡村的特色文化符号，必须坚持盘活地方、民族特色的文化资源，把民族民间文化元素融入乡村建设，深挖历史古韵，弘扬人文之美。该规划为深度挖掘民族文化，支持民族文化的再次创作提供了方向。

文化再创作赋予文化新生命。从民族文化中汲取精髓，激发灵感，不断创新，加大知识产权保护力度，打造文化品牌形象，日渐提升再创造文化知名度，赋予民族文化新形象、新气质。民族特色文化是创新的源泉，跨界文化创作赋予民族文化新的生命力。加强民族文化再创造，全力推进民族文化再创造知识产权培育，既能更好地激励民族文化再创造积极性，充分释放民族文化再创造的文化价值、商业价值，又能实现对民族文化再创作作品进行知识产权保护、管理与运用。再创作的知识产权可以进行质押融资，可最大程度地发挥知识产权的商业价值。给予民族文化再次创作的知识产权保护，可以不断激励文化创新与创意，进而提升本民族文化作品的质量和水平，增强民族文化作品自身实力与市场竞争力。

2016 年 3 月 16 日的《中华人民共和国国民经济和社会发展第十三个五年规划纲要》、2017 年 3 月 12 日的国务院办公厅《关于转发文化部等部门中国传统工艺振兴计划的通知》均提出要实施“中国传统工艺振兴计划”的要求，传承与振兴中国传统工艺，并将传统工艺作为非物资文化遗产保护。① 政策的支持有助于手工艺者作品的个性保护，有助于对创造性手工艺作品的价值进行挖掘，有利于激发灵感和潜能，进一步对濒危或退化的优秀工艺和元素予以恢复和发展。提供传统民族工艺知识产权保护，助力民族文化再次创作。对优质版权存量资产进行版权衍生的再生产，重视版权产业链条的拓展，建立从产生版权产业文化创意、初次生产、改编、周边产品、文化旅游、研发生产产品等比较完善的产业链，还可对版权产业文化创意的赢利空间进行极大拓展。

(六)引导消费热点，加大宣传，助力影视文化健康发展

影视产业的打造集文化传承性与商业价值于一体，影视文化面向的对象是大众，从某种程度上来看，观众决定了影视的评价，或者说影视文化的价值取决于

① 《国务院办公厅关于转发文化部等部门中国传统工艺振兴计划的通知》(国办发〔2017〕25 号)，2017 年 3 月 24 日发布。

观赏者的感知、审美。观赏者的审美追求倒逼影视文化产业改进质量与提高水平，影视作品属于艺术的一种，具有独特性和创造性，其特性决定该影视作品是否可以获得观众的尊重，也就是该影视作品能否为观众的审美观所接受。能够让观众走进导演创造的艺术世界并且产生情感与价值观的共鸣的影视作品，不仅会有很好口碑，还会成为经典，受人尊重。与其说导演创作的影视电影文化迎合观赏者口味，不如说导演的创作唤醒了观赏者的内心深处的情感、价值观，引导了观赏者的消费需求。因此，相关部门应当制定影视电影产品的标准，提升影视产品的质量，维护影视产品质量优、专业强的良好生态环境。

从当下的中国社会文化审美心理的发展状态来看，中国传统审美文化经过这一大众审美文化的触动，带来了中国数千年审美风尚的根本性变革，使大众文化的消费趣味成为中国审美文化的主导。结合其大众型、普遍性群体因素，有意识地引导大众文化自觉地走向更加审美化。① 确立当代大众审美文化在整个社会文化系统中的地位，向前发展，自觉地建立大众审美文化的市场管理机制，理顺大众审美文化的生产与消费的运行机制。

“塑造地方形象是影视艺术的新使命”，这表明影视文化塑造在传递一个地方的形象方面尤其重要。时代赋予了影视文化创作者的新使命，影视文化的打造与当地的物质要素、精神要素、制度要素相对应，也是当地文化的重要载体市场经济的发展为满足人类感性的审美需要提供了条件，价值规律也逐渐成为主控审美文化和艺术市场的规律。相关产业在影视文化的制作上应另辟蹊径，深度挖掘中国民族文化遗产题材，将之与先进的技术结合起来，创新影视文化思维，开发多元化的民族文化积淀。

影视文化的渗透力是需要靠传播来进行的，因此生产出来的影视文化要有口碑、有市场价值、有影响力，就必须加强影视文化宣传。建议自治区政府出台相应的影视传播专门的政策，并设立影视文化宣传的专项资金，对影视文化公司进行专业、及时的宣传工作培训，在实践中进行专业性宣传工作的支持、指导。同时，影视文化公司也要对宣传效果进行评估，总结经验，为下一步的影视文化宣传工作、宣传方案作准备，助力影视文化的发展。

---

① 易存国：《影视文化》，浙江大学出版社 2014 年版，第 149~150 页。

三、引进培育相结合，健全广西版权服务体系

(一)引进与培育相结合，完善版权服务体系

1. 引进与培育相结合

(1)引进版权服务公司企业

随着版权贸易规模的不断扩大，版权市场的运营需要更加专业化和科学化，其中所涉及的许多复杂流程，如合同的谈判、商业模式的设置、版权衍生品的开发等都需要专业的版权领域人士来运营与操作。版权代理是版权交易市场发展到一定规模的必然产物，是社会分工的必然结果。

版权代理是指作品版权人将自己合法享有的部分或者全部财产权利授权委托给专业版权代理机构或版权代理人，以作品版权人本人的名义，代办转让或许可使用版权中的财产权等其他有关版权事宜的民事法律行为。在我国出版业发展中，版权代理是出版或版权贸易活动的重要环节，尤其是开展国际版权贸易的桥梁与纽带。① 通过版权代理，版权交易双方解决了市场信息不对称的问题，出版社和权利人在节约了大量时间和人力成本的同时，也可以顺利地完成版权的转让和许可的交易。通过发挥利用版权代理人自身的专业知识和创意能力，充分挖掘优质版权资源，从而最大限度地活跃版权交易市场，从而促进我国版权市场的良性发展。版权代理制度已然成为我国出版业版权经济发展的动力之一。

21 世纪是知识经济的时代，对于企业而言，尤其是高新技术企业，在企业发展战略中，知识产权战略是其重要的组成部分。引进版权服务企业可以快速提高广西企业的规模数量、整体素质并且提高广西企业在全国行业内部的竞争力。就广西版权企业的现状来说，只有做好“引进来”才能促进发展，“引进来”是广西版权产业发展的捷径。首先，引进版权代理机构有利于形成区域品牌。区域版

① 张志林，孙铁军，包韫慧：《我国版权代理市场特点及发展》，载《北京印刷学院学报》2008 年第 3 期。

权代理机构的聚集，可以加强地区内版权贸易信息的交流。专业的版权代理机构都拥有丰富的版权贸易信息，一般都掌握有一定作者和出版者的信息资源，甚至还拥有一些作品在某一地区授权的优先权。其次，引进版权代理机构可以提高广西版权服务质量。具有一定知名度的版权代理机构的管理制度较完善，它们一般可向国内外(包括我国港、澳、台地区)权利人和企业提供更全面的、更优质的版权服务，服务内容涵盖代理、法律、版权信息、版权商用化、法律咨询、版权知识培训六大领域，有利于提高本地区版权服务工作水平，促进本地区版权贸易工作的健康发展，提高企业综合竞争力，也有利于区内构建完善的版权代理服务机构的服务体系。

引进版权代理企业主要依靠政府的努力。首先，政府应加强组织协调。各地区、各相关部门要高度重视引进版权代理机构的工作，加强组织领导，明确责任分工，结合实际细化落实相关工作，制定专项规划、年度计划和配套政策，推动规划有效落实。版权相关部门要依法做好版权监管工作，与版权相关行业协会加强协同合作，认真学习和落实国家版权政策要求，推动“多规融合”到“多规合一”转型升级。再者，政府在财力上要对版权代理机构工作提供有力保障。具体而言，政府要做对接好规划实施工作和财政预算工作，各级财政应按现行经费渠道合理保障引进版权代理机构工作实施，鼓励更多的社会资金投入，进而促进版权事业发展。

(2)培育本土的版权代理机构

作品使用方式的多样化使著作权关系变得复杂，而复杂的著作权关系又增加了著作权保护的难度。于著作权人而言，凭个人能力与世界范围内的无数个不确定的使用对象一一沟通授权使用、报酬支付等问题，不仅不现实，而且收效甚微。

版权代理机构可以提供著作权法律咨询、代理收转著作权使用费用、著作权纠纷调解和诉讼等专业的指导和服务，提升作品登记、传播、使用和维权等著作权事务的办理效率，使著作权人从复杂的著作权关系纠纷中解脱出来，既维护了著作权人的智力成果和由此带来的相关权益，又节约了宝贵的时间、财力和人力。培育本土的版权代理机构正是解锁复杂的著作权相关权利人之间关系的重要环节。

(3)政府部门应大力扶持版权代理业的发展

广西应当将大力发展版权代理市场作为广西出版业发展的明确目标列入行业发展的规划之中。建议广西尽快完善相关规范立法，促进版权代理机构的规范化建设，建立健康、科学、有序的市场竞争机制，建立完善的版权代理体系并完善相应的版权代理机构、版权代理人的资格准入制度，使广西版权代理市场进入规模经营、网络布局的新的发展阶段。对相关版权代理公司实行税收减免的激励政策，设立专有的出版基金对有能力、有资源的版权代理公司或者代理机构进行资助，鼓励专利代理服务机构和出版社多参加有国际影响力的图书博览会，加强与境外专利代理服务机构的交易与合作。建立有社会影响力的版权代理公司、版权代理产业集团，大型版权代理公司对版权市场具有引导作用，推动改造、重组或联合现有版权代理公司工作。加强版权代理人的版权理论知识体系、提高版权代理人的市场营销能力。

(4)促进版权代理行业健康发展

建设版权领域信用体系。目前，我国能够从事版权代理的机构较少，而一些版权代理机构的信用问题在国际上饱受诟病，对我国版权贸易市场的发展带来了不小的阻力。广西应该尽早制定行业规范对版权代理的市场进行调整，建立版权领域信用联合惩戒机制，使其健康正常地发展。具体措施如下。

①建立相应的从业标准。由于缺少版权代理人执业资格的相关规定，没有考核标准，使得目前我国的代理从业人员的水平参差不齐。为使版权代理业健康发展，业内应逐步确立起版权代理人资格准入制度，促进从业人员业务素质的提高。

②适当提高国内卖方代理佣金比例。如果佣金比例得到一定的提高，赋税的压力减轻，版权代理机构的效益自然也就会提升，能够吸引从业人才，壮大自己的实力，从而达成更多的版权贸易活动，形成良性循环。

③帮助建立相应的行业协会。版权行业协会作为民间社会团体，是连接政府和企业的桥梁，能为企业提供版权行业资讯以及行业风险预警，我国版权代理市场的健康稳定发展更离不开行业协会的规范。从权利人的个人角度出发，建立版权代理行业协会，能够规范版权代理机构的运作流程，抑制不正当的竞争行为，促进和保障作品合法传播，对作品进行最全面的保护，充分保护权利人的合法权

利。从整个行业层面来看，不断吸收会员、扩大协会规模，增进版权代理机构之间的业务交流，增加版权机构之间以及人员之间的合作工作机会，提升版权代理人员的执业素质，比如在协会内部开设相关的工作业务类培训课程，特别是加强对行业历史资源及先进经验、理念的研究，加强行业自律。从社会层面来看，建立版权代理行业协会能够协调行业内、外部关系，避免低水平竞争，建立支持鼓励创新、尊重知识产权的良好风气，促进版权代理事业的健康发展。

(5)督促版权代理机构加强自身建设

①提高市场意识。版权代理机构要想获得作者和出版社的信任，在贸易市场上获得一席之地，必须提高市场意识。了解业内图书热点信息，把握市场动向，积极参加国际、国内书展，用敏锐的眼光发现有价值的作品，主动地与版权拥有者进行谈判。

②提高特色意识。专业化、特色化已经成为当今行业发展的一个重要的标签，在某一方面做好做精，得到更多人的认可，从而形成自己的品牌效应，版权代理机构也可以走这一条路。

③提高规模意识。在专业化的同时，也应该考虑规模化经营。广西的版权代理机构不应该只是局限在图书的版权贸易上，还应包括电影、电视、美术作品、动漫作品以及游戏软件等。用特色经营带动特色发展，有主有次，促进版权代理的成长。

(6)加快版权强企建设

①提升企业版权综合能力。从制度上完善版权认证，对于版权管理体系认证结果的国际互认机制应该探索并逐步建立起来。推动版权协同运用工作的开展，鼓励、支持开展版权评议工作要在大型企业中进行，开展版权评估、收购、运营、风险预警与应对工作应该侧重于重点领域之间的合作与经验交流。应该支持企业加大对版权的投入，从根本上增强企业对版权保护建设的意识，进一步提高企业本身的市场竞争力。

②培育版权优势企业。出台版权优势企业认定工作申报指南，建立企业版权服务机制，诸如此类措施将有利于企业借助优质服务力量增强自身的版权竞争优势。目前，广西已经形成的优秀版权保护单位有广西日报社、接力出版社有限公司、广西民族大学、广西经济管理干部学院、南宁峰值文化传播有限公司、齐迹

智慧金融孵化基地等具有较大社会影响力的版权保护企业。① 因此，广西应在现有的版权保护优势企业的基础之上，继续扩大企业的规模和数量，做好版权登记和版权交易，聚集版权保护产业链，为社会提供综合版权服务平台。同时出台培育指导版权示范企业的文件，促进企业版权战略管理能力、行业影响力和市场竞争力提升。

③完善版权强企工作支撑体系。针对企业版权资产在财务、评估管理制度中存在的缺陷，出台相关措施进行完善，如制定会计准则，提升企业版权资产管理能力，引导企业发布版权经营工作报告书等。企业的版权资产管理(涉及在并购重组、股权激励、对外投资等活动)工作应该进一步被推动。政府、企业和社会的协作能力应该得到进一步的强化，应该对企业开展形式多样的版权资本化运作工作进行指导，按时发布有效、高质量、针对性的版权年度态势报告，应该对版权服务类产业技术基础建立起高效的公共服务平台，如此一来，即可期待高价值、完备的版权服务支撑工作体系建立。

2. 完善行政服务

(1)提升版权保护水平

提高我国版权保护水品，树立全社会版权保护意识，对于认真落实党中央、国务院决策部署，深入落实国家知识产权战略具有重要的意义。

目前，广西全区版权部门不断加强各项版权工作，全区版权保护水平不断提升，版权产业得到促进发展，全社会版权保护意识日益增强。具体实践情况如下。

首先，在版权执法方面，2018 年以来，广西版权部门以网络侵权多发领域为重点目标，以查办案件为重要抓手，以规范网络传播版权秩序为重点，狠抓版权执法工作，加大对各类侵权盗版行为的打击力度。广西版权部门开展网络转载版权专项整治和知识分享平台版权专项整治，严格规范网络传播版权秩序，查办了微信公众号“横县大小事”案、“微口网”案、“恒言中文网”案等典型案件。2018 年全区共查办各类侵权盗版案件 156 起(当年办结 125 起)，其中，网络侵

① 《自治区版权局关于公布全区版权保护优秀单位的通知》(桂权〔2018〕11 号)，2019 年 2 月 20 日发布。

权盗版案件 33 起，较 2017 年增长 37.5%；收缴各类侵权盗版制品 50 余万件，捣毁制售侵权盗版制品窝点 6 个，删除侵权链接 165 条，关闭网站 7 家，有力地打击了各类侵犯他人著作权的行为。2018 年，全区 6 家单位和 5 名个人获得国家版权局奖励①。2019 年，"加大打击侵权盗版行为力度，开展打击网络侵权盗版"剑网 2019"专项行动。广西全区共查办各类侵权盗版案件 97 件，办结 58 件，关闭侵权盗版网站 13 家，删除侵权链接 14 条，移送司法机关 3 件②。

其次，在推进软件正版化工作方面，"2018 年广西从健全工作机制、强化考核督查、做好宣传培训等方面着手，巩固工作成果，深入推进工作。据统计，共检查全区各级党政机关、国有企业 321 家，抽查计算机 6500 余台；共举办工作培训班 37 次，1500 余家单位、3100 多人次参加培训"③。2019 年，"广西召开区直机关软件正版化工作专题会，组织指导组到 14 个设区市 224 家市、县机关和 21 家自治区国有企业集团进行指导，推进基层机关和国有企业的软件正版化工作"④。

再次，在文化建设方面，"积极开展软件正版化工作专题宣传，制作版权宣传动漫短视频；统筹传统媒体与新媒体、线上线下等各层级、各方面媒体，打造多阵地宣传模式，举办广西版权工作新闻发布会"⑤。

最后，在版权服务社会工作方面，不断完善作品登记、涉外版权合同备案工作制度，2019 年全年共办理作品登记 3003 件，比 2018 年增长超过 260%。⑥

为了进一步保障广西全区版权部门各项版权工作顺利进行，建议相关部门从以下几个方面入手。

---

① 《广西通报 2018 年以来版权工作情况》，载当代广西网，http：//www.ddgx.cn/html/2019/0425/27342.html，2019 年 6 月 1 日访问。

② 《2019 年广西壮族自治区知识产权保护状况》，载广西网，http：//3g.gxnews.com.cn/2015/app/article.php？id=19471180，2020 年 4 月 22 日访问。

③ 《广西通报 2018 年以来版权工作情况》，载当代广西网，http：//www.ddgx.cn/html/2019/0425/27342.html，2019 年 6 月 1 日访问。

④ 《2019 年广西壮族自治区知识产权保护状况》，载广西网，http：//3g.gxnews.com.cn/2015/app/article.php？id=19471180，2020 年 4 月 22 日访问。

⑤ 《2019 年广西壮族自治区知识产权保护状况》，载广西网，http：//3g.gxnews.com.cn/2015/app/article.php？id=19471180，2020 年 4 月 22 日访问。

⑥ 《自治区版权局发布 2017 年度广西版权工作情况》，载广西壮族自治区广播电视局官网，http：//gbdsj.gxzf.gov.cn/html/qjgz/banquanguanli/23305.html，2019 年 2 月 20 日访问。

①加强版权保护法律体系的建设。自治区人民政府应加强版保护工作的建设，统一执法标准，完善执法程序，提高执法专业化、信息化和规范化水平。

首先，广西应实行严格的版权保护政策，对版权知识产权的保护力度应该进行加强，以求版权保护水平提升。以充分实现版权的市场价值为指引，行政执法工作得到强化，执法方式进一步被改进，执法效率大大提高，对重复侵权、恶意侵权、群体侵权的查处力度需要加大，损害赔偿力度也随之进一步加大。版权联合执法、跨地区执法协作机制得到进一步完善，大力开展执法专项行动，跨区域、大规模、社会反映强烈的侵权案件应该被重点查办。专利、版权线上执法办案系统应被建立和得到进一步完善。对版权的快速维权工作机制应该随现实情况的发展而创新，同时对版权行政执法监督工作进一步完善，对执法维权绩效管理与考核工作应该革新并加强。对版权保护应该与时俱进并全方位加大保护力度。版权保护的绩效评价工作必须严格且与加强版权保护工作相适应，持续开展版权保护社会满意度调查工作依然有很大作用，要坚持持续开展下去。

其次，建立多元版权纠纷解决机制，加强建设版权仲裁机构、纠纷调解机构，构建广西版权保护标准体系。建立版权行政管理部门与公检法机关协调联动机制，构建全方位版权保护工作格局，主要包括司法审判、刑事司法、行政执法、快速维权、仲裁调解，形成司法保障、行政指导、行业自律、社会监督各方面的相互结合及作用，为创新者提供更便利的维权渠道。

最后，扩大版权对外开放交流，优化版权发展软环境。建设企业版权信息服务中心，完善版权信息公共服务网络，提升企业创新能力，培养知识产权专业性人才，进一步加深、增强版权保护的区域协作和国际合作，提升知识产权的创造质量。

②正确引导新领域、新业态版权的健康发展。强化对新兴版权领域产业的版权保护，重点保护数字内容、电子游戏和动漫产业等领域。在监管方面，重点覆盖网络服务商传播影视剧、广播电视节目、软件、游戏等方面。同时，加强协作，致力于网络版权保护，在工作过程中要结合版权执法职责与电子商务企业的管理责任，建立完善的合作机制，内容包括信息报送、线索共享、案件研判和专业培训。强化在线监测，深入开展打击网络侵权行为专项行动。与此同时，进一步正确引导数字内容、电子游戏和动漫产业等领域的健康发展，发布自治区版权

出版广电局的权责清单，对清单实施动态管理，及时根据法律、法规、规章的立改废释情况，以及转变政府职能、简政放权的要求，不断调整完善权责清单，根据权责清单加快制定权力运行流程图，优化办事流程，更加方便群众办事，在厘清行政权力的同时，逐一厘清与行政权力相对应的责任事项，实现权责一致，两单融合。

③开展版权保护工程。开展保护版权的专项行动，对版权重点领域内盗版、权利垄断等侵权、违法行为进行重点打击，对版权侵权、违法案件要突出查处、在版权的重点行业完善治理政策。同时相关部门应加强监管网络盗版，及时发现网络侵权、违法行为，按《民事诉讼法》《侵权责任法》《刑法》等规定进行处理。

首先，“12330”维权援助与举报投诉体系建设得以加强。强化建设“12330”平台，维权援助服务渠道进一步拓展。平台服务质量进一步提升，深化产业联盟、行业协会对接工作。

其次，版权快速维权机制得以完善。推进版权快速维权中心加快建设，提升工作质量与效率。快速维权领域工作的推进方向有三：其一，就行业来看，由单一行业向多行业扩展；其二，就类别来看，由外观设计向实用新型专利、发明专利和版权产业扩展；其三，就区域来看，由特定地区向全区辐射，建立一批对特色产业集聚区和重点行业版权快速维权中心。

最后，推进建设版权领域信用体系。对侵权纠纷案件信息公示工作，严格执行公示标准。纳入社会信用评价体系的行为包括故意侵权行为，版权侵权等信用信息的采集规则、使用方式必须明确，征信机构必须公开相关信息。版权领域信用联合惩戒机制必须积极推动建立。

④开展版权保护宣传教育。促进全社会建立版权保护意识，开展版权保护的思想宣传教育。

首先是公布版权典型案例，加强对社会公众的宣传。如南宁市“皮皮小说网”案、南宁市“威盘网”案、河池市“爱丫丫影视网”案、桂林市七星区莘莘文印轩案、桂林市雁山区学友文印工作室案、北海市合浦县王某某案、桂林市全州县涛涛日用品百货批发部案、桂林市雁山区博雅文印部案、桂林市七星区优优文印店案、桂林市全州县源通音像店案等十件侵犯著作权案被列为 2017 年广西十大版权保护典型案例。其中，“皮皮小说网”案、“威盘网”案为国家版权局挂牌督办案件，“皮皮小说网”案还被国家版权局列为“剑网 2017”专项行动全国 20 起典型网络侵权盗版案件之一。①

其次，开展版权进校园活动，开展版权普法宣传进校园活动。通过文艺演出、设置宣传展架、发放宣传资料、宣传小物品等方式开展《著作权法》普法宣传，从小培养孩子们保护版权、抵制盗版的意识。

再次，开展版权进社区活动。开展板报宣传和法律咨询活动。组织全区开展侵权盗版及非法出版物集中销毁活动暨“绿书签行动”宣传活动等多种方式宣传版权保护活动。

最后，利用广播电台、电视台等新闻媒体广泛宣传版权保护活动，在新闻媒体平台滚动播放，充分利用传统媒体和新媒体平台，持续宣传打击侵权盗版工作的进展和成效，加快培养公众的版权意识。

3. 完善版权法律制度

习近平总书记在主持召开中央财经领导小组第十六次会议时指出“要完善知识产权保护相关法律法规，提高知识产权审查质量和审查效率”。该重要讲话对新时期的知识产权工作提出了更高的要求，要坚持完善知识产权保护相关法律法规、提高知识产权审查质量和审查效率，认真落实党中央、国务院的决策，深入落实国家知识产权战略部署。版权作为知识产权中重要的一环，完善版权的法律制度必不可少。故而，新时期知识产权工作的重要指南之一是完善版权保护法律制度。

自治区人民政府应按照《中共中央　国务院关于深化体制机制改革加快实施创新驱动发展战略的若干意见》等文件要求，进一步完善版权法律法规体系建设工作。具体建议如下。

（1）完善相关法律法规，实行严格的版权保护制度

根据国家法律法规，制定广西的实施条例或细则，健全版权侵权查处机制，人民法院知识产权审判庭跨地区版权案件异地执法查处机制必须得到强力推动，对侵权行为的地方保护主义必须彻底打破并监管。知识产权行政、民事和刑事案

① 《自治区版权局开展：“版权四进”系列宣传活动》，载广西壮族自治区广播电视局官网，http：//gbdsj. gxzf. gov. cn/html/qjgz/banquanguanli/23375. html，2019 年 2 月 20 日访问。

件审判“三合一”工作必须加强，具体而言，在行政执法方面，版权保护相关行政部门要形成决策科学、分工合理、权责一致、监督有力的版权行政管理体制，提高执法效率和版权服务职能。在司法审判方面，判决时应合理版权侵权损害赔偿标准，根据已有经验进一步完善惩罚性赔偿制度。同时，权利人维权途径要进一步完善，如规范版权案件中当事人的上诉程序。做好行政执法与司法审判的衔接工作，健全维权援助体系，将侵权行为信息进行公示，纳入社会信用记录。加强检查机关办理版权案件专业力量建设，加强对版权领域新型案件办案指导，重点查办一批情节严重、影响恶劣的侵犯知识产权犯罪案件。

加强新媒体环境下新闻作品版权保护制度，研究完善大数据时代的版权保护制度，完善“互联网+”、电子商务、大数据等新业态、新领域版权保护规则。滥用版权的垄断行为严重阻碍版权市场的正常竞争秩序，有关部门应制定行为指南，明确垄断行为的判定标准，加大监管力度，保障版权市场健康有序发展。

(2)加大版权侵权行为惩治力度

根据《中国互联网络发展状况统计报告》显示，“截至 2020 年 3 月，我国网民规模达 9.04 亿，较 2018 年底新增网民 7508 万，互联网普及率达到 64.5%，较 2018 年底提升 4.9 个百分点”①。如图 3-1 所示。

版权作品在参与市场交易活动的过程中所面临的首要问题就是版权侵犯问题。版权交易成本包括签约作者费、签约版权授权合同的费用以及版权交易双方为了实现合同目的所消耗的时间、金钱以及人力成本。而目前《关于审理著作权民事纠纷案件适用法律若干问题的解释》第 25 条第 2 款所规定的 50 万元的惩罚性赔偿金与权利人因侵犯版权所遭受的损失相比，两者之间相差甚远。这样的惩治力度无法达到遏制侵权行为，保护权利人正当权益的目的，因此应当深入惩治版权侵权行为，坚持依法进行版权保护，在司法保护的主导作用下，强化版权保护执法工作，注意行政执法和司法保护优势互补、做到二者有机衔接。在司法判赔方面，应适当提高赔偿限度，对于主观故意侵权行为，且情节严重的，应当判决由侵权人实施惩罚性赔偿并承担实际发生的合理开支。进一步推进侵犯版权行

① 中华人民共和国国家互联网信息办公室：《第 45 次〈中国互联网络发展状况统计报告〉》，载中华人民共和国国家互联网信息办公室官网，http：//www.cac.gov.cn/2020-04/27/c_1589535470378587.htm，2020 年 5 月 9 日访问。

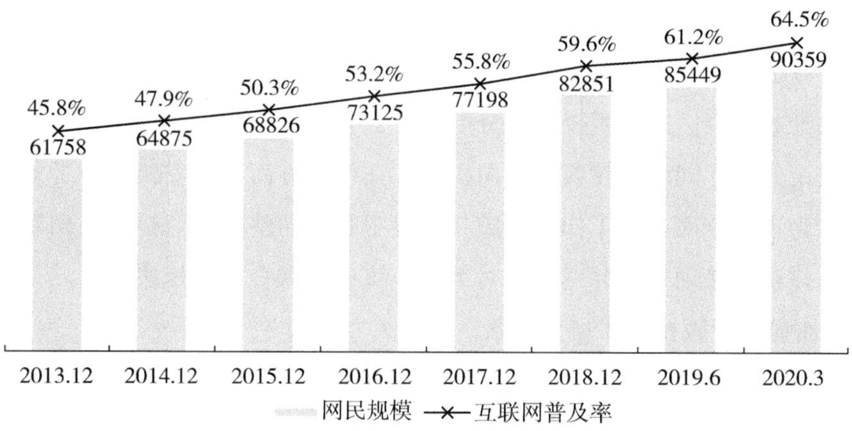

图 3-1　中国网民规模和互联网普及率(单位：万人)

来源：CNNIC 中国互联网络发展状况统计调查

政处罚案件信息公开。完善版权快速维权机制，提高版权案件的执行效率。解决版权维权成本高、维权难度大、时间长、赔偿少等问题。

同时，严厉打击版权犯罪行为。版权保护行政部门在查处侵权、违法行为时，如发现涉嫌犯罪的案件要及时移交到检察院，做好版权行政执法与刑事司法的对接工作。随着版权跨国贸易增加，国家版权局以及各地方版权保护部门在涉外版权执法中，应当依据法律法规完善相关机制，在涉外版权犯罪案件发生时，配合司法部门做好刑事执法国际合作，如提供完整有效的案情信息等，帮助我国司法部门与有关国际组织和国家间进行情报信息交换，提高涉外版权犯罪案件侦查、处理的效率。为落实我国“一带一路”和“走出去”“中国制造 2025”战略的实施，创造公平公正、安全稳定、竞争有序的国际环境。

(3)加强建设版权行政执法能力，提升执法水平

专业化、信息化和规范化的执法水平有利于完善执法程序，要在统一执法标准的基础上，加大行政执法力度，提高版权行政执法能力。在全社会营造积极维权、主动行权的良好氛围，版权行政管理部门应在规则允许的范围内，发挥行政机构动作快、成本低、形式灵活等特长，在行政管理和行政执法上，加强和权利人的沟通、交流，有效理解和回应权利人的诉求，让权利人感受到行政机构在尊重创新、保护版权方面的决心和力度。

版权保护行政部门把对版权领域的管理权部分下放给企业，鼓励创新、激活版权市场活力，同时精简和完善作品版权登记的申请、审查流程。为了丰富版权市场，可以适当降低版权服务公司的市场准入标准，对版权代理公司的业务领域适当扩大开放程度。改革版权权益分配制度，有助于激励作品创作创新，提升作品版权登记效率，同时构建版权导向机制。在行政方面，公安机关应针对版权侵权假冒行为进行全面查办工作，实施打击侵犯版权的整个犯罪链条，司法与行政的相互合作机制必须重视并建立，对大案应该进行联合策划执法机制。

(4)加强建设版权人才培育体系，提升人才层次

①加强培养版权人才。建设高校版权信息服务中心，完善版权信息公共服务网络，提升高校创新能力，培养创新人才，促进高校创新成果转化。

加强对高校版权信息服务中心建设运行的指导，适时开展高校国家版权信息服务中心的遴选工作。自治区的有关单位应当深化版权产业、版权学科、版权研究之间的融合，高等学校可以增设知识产权专业，丰富管理学和经济学等学科知识体系。特别是理工类高校，有关部门应更支持建设知识产权课程。组织开展分层分类培训，提升高校版权信息服务能力。加强版权学历教育、非学历继续教育以及版权专业学位教育。构建的版权教育培训组织模式必须是多元的且是政府部门、高校和社会相结合的，为行业组织和专业机构的合作提供政策支持，注重培养版权实务人才。加强建设国家版权培训基地，完善基础建设包括师资、教材、远程系统等方面。加大版权人才培训力度包括领导干部、企业家和各类创新人才，鼓励在高等学校和科研院所之间开展版权国际学术交流，广西版权人才获得海外相应资格证书的行为应该得到奖励或者鼓励。将知识产权课程纳入各级党校、行政学院培训和选学内容的方式应该被大力推动。

②优化版权人才成长体系。在当下广西版权人才引进机制中，尚未建立贯穿人才引进前后的综合版权评议、服务机制，在人才引进方面存在一定的风险，缺乏对引进人才版权的指导、考核和监管机制。对引进人才的知识产权(尤其是版权)的考核评估不充分，针对版权真实性以及权属等问题的确认方面没有形成完备的体系。

因此，自治区应当加强建设高层次版权人才队伍，加大力度培养版权管理、运营和信息分析等方面的人才。对版权人才培训、实践和使用统筹协调，加强培

养与引进版权领军人才和国际化专业人才。逐步对多层次和高水平的版权智库体系进行构建，选拔版权创业的导师来加强创新创业工作的指导。

③建立人才发现与评价机制。版权鉴定机制对于引进版权人才有重要作用，可通过发布版权信息寻求版权业务人才。版权专业人员能力素质对版权服务工作有关键作用，完善的版权职业水平评价制度一定程度上有利于提高判断版权专业人员能力素质。在鼓励版权服务型人才、创新型人才跨界交流行为的同时，要注重避免人才流动法律风险发生。积极建立创新型人才版权维权援助机制以应对此类法律风险，建议跟踪高端人才的版权工作活动，推进对高端人才版权评议制度建设工作。加强对高端人才的版权服务，加大对高端人才的支持力度，并加强版权保护力度，为高端科技人才发挥自身优势保驾护航。

4. 完善市场服务

(1)推进版权管理体制机制改革

①开展版权管理体系认证工作。贯彻落实《知识产权认证管理办法》，全面规范与管理版权认证活动，促进版权认证有效性的进一步提高，加强对认证机构事中事后监管。版权管理体系可以有效地提升企业创新能力，有利于企业在市场中取得竞争优势，建立版权管理体系有助于加速企业实现创新收益。版权管理体系认证是落实我国创新型国家建设和质量强国建设的具体举措，有利于构建符合我国经济社会发展需要的版权认证体系。广西应同全国各省市一起探索开展版权管理体系认证工作。

②改善版权服务业及社会组织管理。降低版权市场的版权服务公司市场准入门槛，但要严格制定准入标准，发展优质的版权服务行业，同时要注重聚集版权服务业，推动版权服务机构间的合作。版权服务行业协会组织“一业多会”可在地方进行试点工作，探索“一业多会”实践经验。在版权从业人员管理上，要完善执业信息披露制度，公开评价版权从业人员的信用登记等信息。版权集体管理机构要统一收费标准，完善版权收益分配制度，让权利人获得更多合法利益。

(2)提高版权质量效益

①打造精品版权，加强优质版权的国际影响力。全面完善版权社会服务体系善，充分发挥版权社会服务机构作用，推动建设版权资产管理制度。协调版权贸

易基地的建立与版权交易中心之间工作机制，注重打造规模化、集约化和专业化的版权企业，促进版权产业健康发展。鼓励拥有精品品牌的广播影视播映和制作经营机构创新，形成精品影视节目版权和版权的产业链。鼓励创新文化领域的商业模式，发展版权代理和版权经纪业务，维护健康的版权产业和市场。

②扩大版权对外开放交流，促进我国版权贸易的不断升级。扩大版权对外交流是我国版权保护进步的一个重要表现，是推动区域经济繁荣、文化进步的关键。版权对外开放交流旨在为多方搭建沟通桥梁，共同促进各国出版产业的稳定、繁荣。将有利于推动新时代版权贸易的高效发展，进一步促进我国版权贸易的不断升级。有利于增进我国版权市场与国际市场相互了解，有利于促进我国的优势版权走向世界，提升优势版权在国际上的吸引力，提高我国的版权文化竞争力，增强我国的知识产权的影响力。

要开展海外版权贸易环境研究，及时发布主要贸易目的地、对外投资目的地版权制度等信息。制定《中小企业海外经营知识产权实务指南》，探索建设中小企业版权服务工作与在线咨询服务平台。鼓励版权企业参与国际图书博览会等具有国际知名度和影响力的版权交流会议。拓展与“一带一路”沿线国家海关合作，鼓励我国企业参加海关对外合作，维护广西企业的海外版权利益，助推我国企业“走出去”。

(二)创“版权+金融”服务机制，推进一体化服务

深入贯彻党的十九大精神，强化版权创造、保护、运用，推动版权和金融资源融合，建立“知识产权+金融”服务机制，将专利权质押融资新模式在全区复制推广，尤其应将该模式创新运用于版权方面，以加快广西版权成果转化建设。

建议相关部门加强版权协同运，培育建设一批产业特色鲜明、优势突出，具有国际影响力的专业化版权运营机构。深入推进评估、定价、确权、融资、交易等服务，强化行业协会在版权联合创造、协同运用、合力保护、共同管理等方面的作用。具体措施如下：

首先，知识产权管理部门应站在全局的战略高度，主动作为，努力推动版权质押融资，加强与金融机构、服务机构的合作，建立共享合作的版权金融发展生态圈，促进社会资本支持版权商用化、产业化，让更多的企业受益于版权金融带

来的便利。

其次，应建立并完善版权质押融资风险分担机制，积极拓宽中小微企业融资渠道，着力降低融资成本，切实增强中小微企业获得融资服务的便利性和获得感。

再次，完善版权交易、评估、质押、保险等市场机制；建立"银行—政府—企业—保险—评估"质押融资多方合作机制；探索建立多方协同、共同推进专利权质押融资新机制，建立版权质押融资风险补偿新机制，建立专利权质押融资保险保障新机制。

最后，积极发展"互联网+金融+版权"平台，丰富服务内容和融资产品，广泛引入商业银行、风险投资、融资担保等各类金融机构和融资服务机构入驻，运用大数据、互联网等信息手段提高融资效率，扩大版权金融受益面。① 完善知识产权信用担保机制，鼓励有条件的商业银行等金融机构，在风险可控、商业可持续的前提下，开展知识产权质押融资业务，加强专利保险的险种开发、服务完善、人才培养和风险监控，完善被担保人或者第三人以知识产权质押方式向融资担保公司提供反担保的登记机制，逐步形成政银保多方资源整合、要素融合和优势聚合的版权金融发展新格局。为推动广西产业转型升级、经济高质量发展提供强劲支撑。

（三）加强版权交易平台建设

加强版权交易平台建设。构建版权运营服务体系，加快建设版权运营公共服务平台。创新版权投融资产品，探索版权证券化，完善版权信用担保机制，推动发展投贷联动、投保联动和投债联动等新模式。在全面创新改革试验区域引导天使投资、风险投资、私募基金加强对高技术领域的投资。细化会计准则规定，推动企业科学核算和管理版权资产。推动高等院校、科研院所建立健全版权转移转化机构。支持探索版权创造与运营的众筹、众包模式，促进"互联网+版权"融合发展。要重点支持运营中心（平台）开展公共服务平台信息化建设和基础数据加工，做好版权金融等各类服务产品研发推广。

---

① 杜颖梅、张锋：《江苏启动知识产权百亿融资行动》，载《江苏经济报》2018 年 4 月 27 日，第 A01 版。

建设知识产权（版权）交易平台，建立健全版权公共服务网络，增加版权信息公共服务产品供给。推动版权基础信息与经济、法律、科技、产业运行等其他信息资源互联互通。实施产业版权服务能力提升行动，创新对中小微企业和初创型企业的服务方式。发展"互联网+"版权服务等新模式，培育规模化、专业化、市场化、国际化的版权服务品牌机构。

广西应依托本土的互联网平台，利用云计算、机器翻译、跨语言搜索引擎等先进技术，为中国与世界各国出版业提供版权产品展示、资讯交流、版权代理、版权贸易等专业综合服务，为中华文化"走出去"和国际版权文化产品"引进来"提供内容支持和服务支撑。2018 年 8 月 22 日，由广西出版传媒集团主办，漓江出版社和广西科学技术出版社承办的中国-东盟版权贸易服务平台项目在第二十五届北京国际图书博览会（BIBF）上正式启动。该项目以"一带一路"沿线国家和周边国家为中心，以东盟国家为重点，通过版权输出、国际合作出版、海外设立出版机构、实物图书出口等，发挥集团资源优势，进一步深入开展中国文化"走出去"工作。① 加强版权（版权）交易平台建设对促进中国与东盟国家版权贸易与文化交流具有积极而重要的意义。

四、借力"互联网+"数字渠道，壮大广西新兴出版产业

2015 年，中国提出了"互联网+"的国家战略，促进移动互联网、云计算、大数据、物联网等与现代制造业相结合，引导互联网企业拓展国际市场。伴随着互联网时代的到来，新的商业形态、商业模式、商业方法不断涌现，给知识产权保护和利用带来了空前的挑战，同时也带来极大的机遇。

（一）数字经济

数字经济是一系列经济活动，主要包括四方面的内容：其一，关键生产要素是使用数字化的知识和信息；其二，重要载体是现代信息网；其三，效率提升依

---

① 《［聚焦"一带一路"五周年］中马创新合作带来发展活力》，载广西壮族自治区广播电视局官网，http：//gbdsj. gxzf. gov. cn/html/news/dongmengzixun/24078. html，2019 年 2 月 20 日访问。

靠有效使用信息通信技术；其四，重要推动力是优化经济结构。数字经济是一种在人类社会发展过程中的新经济形态，更容易实现规模经济、范围经济，日益成为全球经济发展的新动能并占据重要位置。

据不完全统计，我国数字经济规模在 2018 年底已经超过 31 万亿元，约占 GDP 的三分之一。① 21 世纪我国数字经济开始进入高速发展的黄金时期，通过将新兴互联网技术移动互联、云计算、大数据等技术与传统产业金融、医疗、教育、交通、专业服务等领域的深度结合，利用互联网新技术新应用，全方位、全角度和全链条的改造传统产业，旨在全要素生产率的提高，提升我国经济增长质量，实现我国网络大国向网络强国的转变。因此，国家要不断加大对知识产权的保护力度，特别是重视影视、音乐、文学、动漫等领域在网络技术条件下传播的知识产权保护工作，数字内容产业得到了迅速发展，广西数字经济也迎来了新的发展机遇。

1. 积极推动文化数字产业发展

《国务院关于推进文化创意和设计服务与相关产业融合发展的若干意见》将“加快数字内容产业发展”作为重点任务，具体指出：推动文化产品和服务的生产、传播、消费的数字化、网络化进程，强化文化对信息产业的内容支撑、创意和设计提升，加快培育双向深度融合的新型业态。深入实施国家文化科技创新工程，支持利用数字技术、互联网、软件等高新技术支撑文化内容、装备、材料、工艺、系统的开发和利用，加快文化企业技术改造步伐。大力推动传统文化单位发展互联网新媒体，推动传统媒体和新兴媒体融合发展，提升先进文化互联网传播吸引力。广西政府应当鼓励广西文化企业积极利用数字化技术改造传统文化产业，挖掘广西丰富的民族文化资源，推动文化创意产品的研发，通过新媒体进行宣传推广，促进广西文化数字产业的发展，打造广西民族文化品牌。

2. 加快数字经济的平台建设

我国的网民数量世界领先，互联网普及率超过全球平均水平，中国拥有在消

① 《我国数字经济规模约占 GDP 三分之一》，载经济日报网，https：//baijiahao. baidu. com/s？ id = 1629697928296201227&wfr = spider&for = pc，2019 年 6 月 30 日访问。

费端与企业端产生的海量用户数据，是拥有世界上最大的互联网市场和数据资源的国家。因此，数字经济发展机遇必须好好把握，充分利用我国得天独厚的数据资源，推动数字经济的平台建设，吸引大型互联网企业如腾讯、阿里巴巴、百度、京东等公司的跨地区发展融合，发挥好数据这个关键生产要素的作用。

数字经济的高速发展过程中，广西以建设中国-东盟信息港为契机，推动与东盟数字经济合作，加快数字产业化和产业数字化，着力发展数字经济。2018年8月，阿里巴巴兴农扶贫(广西站)项目在南宁启动，北流、苍梧、灌阳等十五个县(市、区)列入了首批项目，正式入驻阿里巴巴农村淘宝兴农扶贫频道。主办方通过举办“寻味广西，甜满中国”大型青年电商扶贫营销活动，在线上向全国推介广西的优质农产品。数据显示，自2013年启动“电商广西、电商东盟”工程以来，广西的电子商务交易额实现年均50%以上的增长。据统计，2019年上半年，广西电子商务交易额达4220亿元，全区快递业务投递量累积完成5.9亿件，全区电商网店达到35万家。在首府南宁，南宁·中关村创新示范基地建设不断深化，累积入驻重点企业47家、创新团队80个，中国-东盟信息港南宁核心基地建设不断提速。①

2018年8月29日，自治区人民政府办公厅印发《广西数字经济发展三年行动计划(2018—2020年)》，指出计划到2020年，全区数字经济总规模占地区生产总值的比重达到30%左右，广西将成为面向东盟的数字经济创新发展和国际合作示范区。为了实现这一目标，广西各级各部门将通力协作，为广西数字经济发展提供有力保障。

3. 大力培养数字人才，提升劳动者“数字”水平

随着数字技术向各领域渗透，如今的数字经济对劳动者的素质提出了更高的要求——劳动者越来越需要具有“双重”技能，即数字技能和专业技能。大力培养数字人才是发展数字经济的一个关键环节，提高数字素养既有利于数字消费，也有利于数字生产。广西要夯实创新型国家的人力资源基础，加强人才培养和宣传引导，制定并实施的数字人才规划和落实方案。深入实施专业技术人才知识更

---

① 《广西打造中国——东盟跨境电子商务基地》，载广西壮族自治区广播电视局官网，http：//gbdsj. gxzf. gov. cn/html/news/dongmengzixun/24506. html，2019年2月20日访问。

新工程，加大对数字经济领域人才专业人才培养培训工作的支持力度。加大对数字经济高层次人才引进力度，积极推动数字经济专业技术人员评价体系的建立。

4. 加大数字经济保护，规范数字交易

我国数字经济的还处于起步阶段，应当重视数字经济发展初期存在的问题。例如，作者对数字版权认识不清，交易作品的数字版权行为不谨慎，导致数字版权的收益甚微，同时还存在作品被盗版的风险；以及交易市场混乱无序等问题。为解决这些问题，广西应完善共享平台，建立权威和公正的数字出版交易平台，建立完善版权经纪人制度；扶持建设一些口碑良好的数字出版企业，在实践中不断完善规范数字经济的法律法规。

(二)网络游戏

随着互联网技术的发展，网络电子游戏产业已经成为当今世界娱乐产业的重要组成部分。2016 年中国网络游戏软件行业规模达 1827. 4 亿元，相比 2006 年的 76. 8 亿元增长超过 20 倍。并且，我国游戏产业逐渐冲破华语圈向海外市场进军，欧美与东南亚、日韩等地区都是我国网络游戏出海的热点地区。2008—2014 年间，中国网络游戏软件出口额从 5 亿元增长到 184. 6 亿元。① 2017 年，中国电子游戏玩家达 5. 83 亿人，较之 2016 年同期增长了 3. 1%。而在游戏产业收益方面，2017 年整体收入逐年稳步提升，实际市场销售收入最终达到 2036. 1 亿元，同比增长 23. 0%②。2018 年，我国网络游戏市场规模达到 2310 亿元，预计 2020 年市场规模将逼近 3000 亿元，2021 年将增至 3217 亿元。③

电子游戏产业发展态势迅猛，市场潜力巨大，创造的直接利润和带来的间接利益非常可观，我国已经形成较为完善的电子游戏产业链，但也存在一些问题。

---

① 《5000 亿市场崛起，版权产业格局与中国文创产业的未来》，载搜狐网，https：//www. sohu. com/a/166868153_701163，2019 年 2 月 20 日访问。

② 《中国电子有游戏产业将超越韩成第二大市场》，在中国互联网上网服务行业协会智力竞技分会官网，http：//zjfh. imsa. cn/archives/20，2019 年 2 月 20 日访问。

③ 《中国成全球最大的网络游戏市场 2020 年中国网络游戏市场规模逼近 3000 亿》，载东方财富网，https：//baijiahao. baidu. com/s? id = 1648822672561017266&wfr = spider&for = pc，2019 年 12 月 3 日访问。

例如，电子游戏行业盗版猖獗，盗版泛滥等知识产权问题已经成为困扰电子游戏行业发展的顽疾，严重扰乱市场秩序，破坏平衡。针对以上困境，建议参考以下几项解决措施。

1. 规范网络游戏运营的服务体系

建议政府出台更加严厉的管理政策，公安、文化等部门严格执行《互联网上网服务经营场所管理条例》《无照经营查处取缔办法》等法律规范，不断完善网络游戏的运营的服务体系，规范网络游戏经营场所的秩序，促进电子游戏产业的良性发展。同时，督促不断完善电子游戏运营平台相关制度，使相关权利人的合法权益得以保护。开通便捷的权利人投诉渠道，尤其是在在游戏运营平台的 PC 端，安排接收和审核所有游戏平台上的侵权或涉嫌侵权的情况的专门人员，严格依照事实和法律及时维护相关权利人的合法权益。

2. 为网络游戏发展提供良好法治环境

“全民电竞”已经不再是幻影，尽管电子竞技在成长的路上曾遭到过许多非议，但不可否认的是其发展前景可期。据了解，电子竞技现在已经成为亚运会的比赛项目之一。2017 年 4 月，亚洲奥林匹克理事会宣布，电子竞技将进入 2018 年雅加达亚运会和 2022 年杭州亚运会，成为正式比赛项目。① 近几年，我国网络游戏产业保持平稳发展，根据中国互联网信息中心 2018 年 8 月公布的数据，2018 年 1—5 月，中国网络游戏(包括客户端、手机游戏、网页游戏等)业务收入 743 亿元，同比 2017 年增长 24. 5%。② 自 2015 年起，中国已成为全球最大的网络游戏市场，2018 年中国占全球网络游戏市场的 45. 5%。③ 如图 3-2 所示。

建立完善的法律法规体系是保护电子游戏产业健康发展的关键。建议国家提

---

① 《电子竞技将成为 2022 年杭州亚运会正式项目》，载搜狐网，http：//www. sohu. com/a/134817570_731109，2019 年 2 月 20 日访问。

② 《第 42 次〈中国互联网发展状况统计报告〉》，载中国互联网络信息中心官网，http：//www. cnnic. cn/hlwfzyj/hlwxzbg/hlwtjbg/201808/t20180820_ 70488. htm，2019 年 2 月 20 日访问。

③ 《中国成全球最大的网络游戏市场 2020 年中国网络游戏市场规模逼近 3000 亿》，载东方财富网，https：//baijiahao. baidu. com/s？ id = 1648822672561017266&wfr = spider&for = pc，2019 年 12 月 3 日访问。

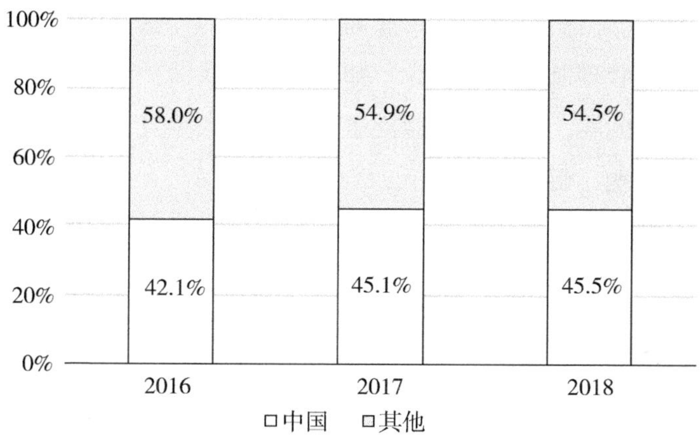

图 3-2　中国占全球网络游戏市场比重情况

数据来源：易观智库、中商产业研究院整理

高网络游戏产业和网络游戏管理的立法层次，广西则应当制定相关的细化政策措施，保障执法程序的透明公开，给网络游戏创造一个良好的法律环境，建立中国游戏领域健康发展的长效机制，积极推动中国游戏产业的绿色建设。

3. 加大政策扶持力度，促进游戏产业更好发展

随着服务经济迅猛发展，政府要大力扶持 IT、娱乐产业的发展，将之视为新经济增长点，并营造电子游戏产业繁荣发展的良好环境。具体可以采取以下三种制度措施：其一，经费补助必须规范，服务游戏产业；其二，发展建设游戏产业基地，大力扶持中小游戏企业；其三，依托高新技术和软件产业园区，吸引游戏产业链上的相关企业、科研院所聚集，推动数字娱乐产业示范基地筹建。

4. 推动建立相关行业自律组织

游戏行业内部需要建立并逐步完善行业自律制度。美国的电子游戏产业行业自律机制十分完善，国内企业可以效仿美国的做法，建立行业自律组织。

(三)动漫产业

我国动漫产业发展迅速，目前正处于关键时期，认真贯彻《文化产业振兴规

划》提出的要求是广西目前重中之要，加大工作力度，不断改革创新，推动动漫产业大发展大繁荣。由于我国动漫产业起步较晚，部分企业的整体实力较弱，动漫企业对现代企业管理制度了解较少，知识产权自我保护的意识还不强，我国动漫产业还存在许多问题。例如，盗版泛滥、侵权现象频发、法律规范不明等问题严重。针对以上问题，解决措施如下。

1. 协调形成合力，建立和完善文化产业政策体系

贯彻落实《文化产业振兴规划》《文化部关于加快文化产业发展的指导意见》《关于金融支持文化产业振兴和发展繁荣的指导意见》《文化部“十二五”时期文化产业倍增计划》《关于推进文化创意和设计服务与相关产业融合发展的若干意见》《关于深入推进文化金融合作的意见》和《关于支持小微文化企业发展的实施意见》等一系列重要政策。推动并促进国家对动漫企业财税优惠政策的落实，符合规定条件的动漫企业可依法享受相关税收优惠政策，符合条件并予以认定的重点动漫产品和重点动漫企业对国家及地方各项财政资金、信贷等方面的扶持政策拥有优先享受的权利。

2. 建设基地、园区，推动动漫产业发展

自治区人民政府应加大扶持力度，培育一批有活力、有竞争力的动漫企业。培育广西动漫产业发展基地作为广西版权示范园区(基地)，开展评选广西动漫产业版权示范单位活动，初步形成以试点促推广、以点带面的新局面。

全区为推动中国-东盟动漫游戏产业合作，应当搭建国内动漫游戏企业对外交流平台。2017 年 5 月 28 至 30 日，首届中国-东盟博览会动漫游戏展于成功举办，本次展览共有 51 家机构或企业确定申请使用展位，标准展位 112 个，净地面积 1536 平方米，共计申请使用展位 2544 平方米。吸引了省内外的 86 家企业参展及 50 家境外专业观众参会，产生了广泛的社会影响。① 参展企业包括中国动漫集团、腾讯竞技、中关村游戏联盟、猪八戒网、新浪动漫等十余家单位。展会上，广西有关出版单位和动漫游戏企业展出了一批优秀动漫游戏产品，有力地

① 《2017 东博会动漫游戏展筹备工作进展顺利》，载广西壮族自治区广播电视局官网，http：//gbdsj. gxzf. gov. cn/html/news/dongmengzixun/21441. html，2019 年 2 月 20 日访问。

促进了广西与区外及东盟动漫游戏界的交流与合作。为进一步加快中国动漫游戏产业转型升级和创新发展，推动更多中国动漫游戏企业“走出去”开拓和投资东盟市场。

3. 规范管理，杜绝“泡沫”，推动文化产业健康发展

数字动漫文化产业在快速发展的同时，也一直面临着过热、泡沫化等争议。数字动漫产业具有丰富的文化内涵和独特的文化吸附能力，具有鲜明的导向意识和强大的思想塑造能力，对青少年的知识汲取、文化引领和价值追求等方面都具有深远的影响。深入贯彻落实国家关于大力发展数字动漫等新型文化业态的决策部署，政府要发挥主导作用，加强对动漫游戏创作出版的扶持和引导，着力推进动漫游戏跨行业、跨地区、跨媒体融合发展，扩大动漫游戏等民族原创精品的市场供给，促进国际交流合作，拓展产业发展空间，努力实现动漫游戏产业的健康发展、高端发展和可持续发展。同时，有关部门要不断加强文化行政主管部门对基地、园区的监管力度，坚持市场在资源配置中发挥决定性作用的理念，在规范管理中有效地避免了文化产业的无序发展和泡沫化倾向。

4. 加大人才培养力度，推动文化产业发展

缺乏懂文化、会经营、善管理的人才一直是制约文化产业发展的掣肘性问题，文化行政主管部门应加大人才培养力度，促进文化产业繁荣发展。自治区文化部门可以通过举办各种研修班、培训班等形式，培养大批文化产业专业和管理人才。文化产业创业创意人才扶持计划启动，文化产业领域创意创业水平进一步提升，对文化产业创意人才的培养力度加大，文化创意与我国制造业、信息产业等国民经济相关领域融合发展度加深、进度加快。

五、扶持高价值版权产品，塑造广西版权产业优质品牌

(一) 增加财政投入，提高扶持力度

为促进广西版权产业平稳有序地发展，广西壮族自治区人民政府出台了一系

列相关政策，包括在财政方面予以资金支持，加大对相关行业的扶持力度，指导市场建立健全知识产权工作机制和管理制度，充分发挥广西发明创造成果展览交易会等平台的作用，力求充分发挥市场在知识产权资源配置中的决定性作用，培育基础好、需求强的专业市场，进一步推进知识产权成果产业化，有效提升市场知识产权综合实力，促进版权产业健康有序发展。

《广西深入实施知识产权战略行动计划（2015—2020年）》提出，将加强财政支持作为该计划实施的重要保障之一。自治区财政将安排专项资金，支持知识产权战略实施工作。科技成果转化、战略性新兴产业发展、科技人才引进等专项资金要向知识产权工作倾斜。自治区本级科技计划要对重大发明专利研发与产业化给予重点扶持。政府对微小企业创造和运用知识产权的支持力度不够，因此应完善知识产权资助政策，发放适当的福利补贴保障微小企业申请和维持其知识产权。这需要自治区各级政府合理调整版权方面的资金结构，在政策方面支持知识产权战略实施工作。①

在提高扶持力度方面，广西壮族自治区知识产权局2016年12月制定的《广西壮族自治区知识产权事业发展“十三五”规划》指出，到2020年，扶持具有价值版权产品100件以上，实现全区国有企业软件正版化全覆盖。促进知识产权质量不断提升，加大对知名品牌创建、版权作品创作的扶持力度，引导知识产权从注重数量向提高质量转变。②

大力培育知识产权优势企业、驰名商标和著名商标企业以及版权新型企业，形成一批拥有自主知识产权核心技术的龙头企业。加强政府、企业和社会资本的协作，引导企业开展形式多样的知识产权运营，促进企业运用知识产权形成综合竞争优势。

《广西深入实施知识产权战略行动计划（2015—2020年）》提出，到2020年，知识产权创造能力要大幅提高。作品著作权登记数量达到1000件，全区技术交易合同成交总额达到200亿元，知识产权质押融资年度金额达到10亿元。

在《深入实施国家知识产权战略行动计划（2014—2020年）》文件中也提出，版权交易平台的建立有利于传播文化创意创意产品，活跃版权市场，企业提高竞

---

① 《广西深入实施知识产权战略行动计划（2015—2020年）》第4条第4款。

② 《广西壮族自治区知识产权事业发展“十三五”规划》第2条第2款。

争力的关键在于创造和建设自主文化品牌，因此要制定相关政策鼓励企业在文化领域商业模式创新，增强文化创意产业核心竞争力。

同时为了推动版权服务业的发展，要注重维持知识产权保险市场秩序，如增加保险品种、扩大保险试点范围等。政府制定知识产权服务的标准规范，对机构和业内人员的工作进行监管，发现问题及时纠正，以提高知识产权服务的质量。在政策方面，给予知识产权服务产业一定的资金支持，建立产业聚集区，扩大服务的规模。除此之外，社会上的行业协会也要发挥自身作用，加强知识产权服务行业自律。增强文化创意产业核心竞争力最关键的是创新的商业模式、自主开发的文化品牌、规范的版权交易平台和活跃的文化创意产品传播项目。①

智力创造是知识产权的源头，国家的科技创新活动需要大量的资金保障。因此要从资金、税收方面制定相关优惠福利政策，扶持版权产业的可持续发展，具体包括以下几个方面：制定版权产业激励机制，激发创造活力；增强对版权产业的资金扶持力度，引导版权产业的发展规划。同时，在政府机关、事业单位软件正版化工作实施的基础上，根据企业经营管理的特点，制定对企业的资助政策，以逐步推动规模以上企业以及国有企业实现软件正版化。建立知识产权奖励制度，对优秀专利、驰名商标、著名商标、版权精品等给予奖励。完善自治区知识产权办公会议制度，加强对专利、商标、版权、标准等创新资源的统筹协调。自治区知识产权办公会议各成员单位要履行各自职责，制定具体方案，形成工作合力。自治区的国民经济和社会发展总体规划中应各市、县(市、区)人民政府要将知识产权战略实施工作纳入本地区国民经济和社会发展总体规划，建立健全评价考核制度。推动专利、商标、版权等知识产权相关法规政策的修订。出台自治区级事业单位科技成果使用、处置和收益改革管理办法，制定和完善知识产权实施的激励扶持政策。对重大产业规划、政府重大投资活动开展知识产权评议。②

(二)以优质产品为基础，创建优秀品牌

品牌，其本质是消费者内心对产品和服务的一种内在的感受，是产品或服务的象征，意味着高质量、高信誉、高效益、低成本，其背后就是一个在市场竞争

① 《深入实施国家知识产权战略行动计划(2014—2020年)》第2条第1款。

② 《广西壮族自治区知识产权事业发展“十三五”规划》第3条第5款。

中始终立于不败之地的成功企业。知名品牌所带来的品牌效应将给商品生产者带来巨大经济和社会效益。以广西师范大学出版社为例，在品牌打造方面，其在业内一直处于领先位置。

截至2017年，广西师范大学出版社成立后30年间在基教、高教、社科、人文等领域均有自己的发展，出版了一系列高质量图书，并以此为基础，打造了数个成功的出版品牌，如“理想国”“新民说”以及“魔法象”等，缔造了一个又一个经典案例。我们可以从“魔法象”品牌的打造中学习如何树立优秀品牌的经验。“魔法象”是一个致力于在儿童出版领域打造的文化品牌，秉承“为你朗读，让爱成为魔法”的理念，以优质童书的出版与传播，构建一个连接书、儿童与成人的魔法王国。在童书出版市场中，“魔法象”突出自己品牌特色，发挥自己的优势，有着明确清晰的定位，为的是服务广西师范大学出版社读者的下一代，做儿童的人文启蒙者。①

品牌的形成无法一蹴而就，“魔法象”在迅速占领市场后，其并不局限于区域发展，而是通过运营原创童书作者版权的方式，打造世界级的童书品牌。分析“魔法象”品牌建设案例可以看出，“魔法象”品牌的建设体现了文化追求和商业理性的平衡，在文化与商业融合发展的今天，出版人应当把握商业理性，将文化理想与商业理性结合，通过切实可行的经营模式创新来实现高远的文化理想。②

具有高价值的版权产品，是尤为重要的资源，它们是原创者智慧的结晶，更是全社会共同的财富。这样的版权产品，需要得到政府更多的政策支持。近年来，广西高度重视高价值版权产品的保护和扶持，《广西壮族自治区知识产权事业发展“十三五”规划》要求，扶持具有价值的版权产品，全区国有企业软件正版化全覆盖。为实现这一目标，广西已经持续发力。

在2017年第17个“4·26世界知识产权日”，由广西壮族自治区新闻出版广电局(版权局)主办，广西电视台、广西民族大学联合承办的“2017广西优秀版权登记作品展播活动启动仪式”在南宁举行，并通过广西卫视现场直播。本次活动旨在通过展示一批广西本地高质量的音乐、影视、文字、建筑、软件等类别的版

① 梁美情：《从品牌打造到版权输出——专访广西师范大学“魔法象”品牌负责人柳漾》，载《出版广角》2017年11月下总第304期。

② 孙月丽：《从品牌到品质——“魔法象”开启中国童书版权引进和输出之路》，载《出版广角》2017年第18期。

权登记作品，向全社会普及与版权相关的知识，倡导社会大众尊重作者权益，维护版权权利，进一步推动广西版权事业稳定发展，不断深化版权和社会经济的融合。在展播活动启动仪式上，自治区新闻出版广电局(版权局)向全社会公布了一批广西优秀版权登记作品。《山歌牵出月亮来》《走月亮》《月亮》等音乐作品具有鲜明的广西民族特色；动画片《大战人熊婆》取材于广西民间故事、由广西团队倾力创作；电视连续剧《暗战危城》由广西电视台投拍，讲述了桂林的抗战历史；纪录片影视作品《秘境广西》旨在展示广西风土人情；还有著名作家东西创作的小说《篡改的命》，以及由区内著名专家王东明撰写的体现广西科学研究最新水平的论文等文字作品。在建筑、民间工艺、工业设计、软件等类别的优秀版权登记作品方面，有出自广西设计师之手的优秀建筑作品，中国织锦工艺大师谭湘光团队用壮锦元素设计的服装作品，中国工艺美术大师、国家级非物质文化遗产项目坭兴陶技术代表传承人李人帡和广西陶瓷艺术大师、全国三八红旗手陈梅的坭兴陶作品，东风柳州汽车有限公司自主研发设计的全新景逸 X5，以及金山软件公司、桂林力港网络科技公司、无锡永中软件公司、一铭软件公司等国产软件公司的软件产品。①

文学、艺术和科学作品，是极为重要的智力资源，它们集中体现了作者的奇思妙想，好比一汩不竭的创新源泉，人们从其中可获取新思维从而得到启发。这些作品能对大量的产业部门产生巨大的、积极的影响，通过促进这些产业的发展，它们在整个社会经济中的地位也愈来愈高。在培育版权知名品牌方面，广西积极扶持有关单位，实施了中国-东盟广播影视作品译制工程、广西“丝路书香”工程，将其打造成为了广西新闻出版广电“走出去”的优秀品牌，取得了显著成效。广播影视方面，广西人民广播电台、广西电视台在泰国、印尼、柬埔寨、缅甸、越南、老挝等东盟国家陆续开办了“中国剧场”“中国动漫”“中国电视剧”“多彩中国”等栏目，译制播出了《三国演义》《西游记》《琅琊榜》等一大批我国影视剧中的精品。据统计，截至 2017 年底，已有 40 多部 2000 多集电视剧被翻译成东盟国家语言在当地播出。图书出版方面，“2017—2019 年，广西出版传媒集团达成输出图书版权 565 种，引进图书版权 692 种，内容涵盖实证、少儿、艺术、文

① 许荩文，陈露露：《广西公布一批优秀版权登记作品》，载人民网，http：//gx. people. com. cn/n2/2017/0426/c179430-30095548. html，2020 年 4 月 20 日访问。

学和科技等类别，版权输出国家和地区达 40 多个，海外分支机构设点与项目境外落地稳步推进，国际传播能力不断提高。”①

版权精品的创造和开发利用的关键在于，如何在现有基础上利用好优势资源，用独具匠心的创意增加其附加值，从而将这部分精品开发出最大价值。近几年来，广西进一步加大加深了版权保护的力度，严格执法、大力打击各类版权侵权行为的同时，充分利用独特的自然资源、文化资源优势，牢牢把握住民族文化元素这一特点，倾力创新、开发，经过长时间的努力，形成了一定数量的知名度较高的文化创意品牌，进一步有效地带动了文化创意产业的发展。

广西境内居住着大量少数民族，各民族保留着自己的风俗习惯，因此具有多元民族地域文化。广西自然环境优美，在此聚居的少数民族能歌善舞，长期以来，形成了各种少数民族独特的戏剧和地方剧种。继续将这些特有的资源优势转化为项目优势，再经过演绎成为产权优势，使广西文化产业精彩纷呈，创造更多舞台艺术精品，培育开发出更多的像《八桂大歌》《妈勒访天边》《大儒还乡》和《白莲》这样的精品剧目。

继续挖掘、开发独具广西鲜明民族地域特色的民间传统工艺品，如靖西旧州绣球、临桂五通“三皮画”等。经过创新这一环节，广西民族工艺文化生产具有了极强的代表性，靖西旧州、阳朔福利乡分别被国家文化部命名为“绣球之乡”、“全国民间艺术之乡”，在总结成功经验的基础上，寻找、发现、开发新的品牌。

源于桂林的山水实景演出《印象·刘三姐》，其产业化带来了巨大经济效益，带动了当地交通、饮食、娱乐、商品零售业等各行业的发展，为区域经济发展作出了巨大贡献，已然成为我国创意文化产业的标杆。《印象·刘三姐》能够如此成功的关键是桂林山水以及版权产业化运作，把版权精品作为龙头项目带动综合开发，整合资源，构建调整合理的市场运作机制，拓展产业链，强强合作，给版权产业为带来带来长期有效的效应。广西把《印象·刘三姐》作为文化标杆进行打造，当地政府结合本地独特的旅游文化资源，形成包含旅游、影视、音像、周边文化产品的版权产业链，并带动相关产业升级提升。在市场机制构建方面，多元投入、联合发展，利益共享。项目建设坚持政府扶持、市场主导的原则，资金

① 广西科学技术出版社，《加快版权“走出去”提升文化软实力》，载八桂书香网，http：//www. gxbgsx. com/news/show-28834. html，2020 年 4 月 30 日访问。

主要来源包括国家政策性扶持资金、民营公司自有资金、银行贷款和品牌无形资产入股。在资源方面，该项目汇集了国内影视、艺术、建筑、科技、园林等方面的专家，组成了专业性极强的创作队伍，资源整合、强强合作，持续发展。在产业链方面，项目与天唱声场和广州俏佳人音像发行公司等联合推出了《印象·刘三姐》的音像制品，拓展了产业链，延伸了财富线。此外，配套建立的"张艺谋漓江艺术学校"不仅保证了演出的需要，降低了成本，还为学生提供了实践基地，扩大了学校的知名度。由此看出，打造版权精品首先要以版权作品为基础，作品是产业的根本，是产业的灵魂，具有创作心意、精益求精的作品才是产业的基础，才是品牌的基础。对于版权产业的发展，版权产品需要构建合理的市场运作机制，全方位整合资源，珠联璧合，建立利益共享的长期持续发展机制。

对作者进行扶持，对版权进行保护，是全社会义不容辞的任务，也能促进更多新主意、新思想转化为版权创意成果，从而迸发出更大的价值。广西积极推行全国首创"作家签约制度"，此项制度旨在为签约作家提供一定的经济补助和良好的工作条件，使其能够为社会大众奉献出更多更好的优秀作品。经过近几年的不断发展和完善，从原先单一的文学创作领域逐渐扩展到歌词创作、歌曲演唱等领域，激发了广西本地的一批文学艺术精英的创作热情，使他们走出广西，在中华大地的文学艺术领域占有一席之地。在中国文坛上，广西青年作家群被称为"桂军的新崛起"，众多作品获鲁迅文学奖、"五个一工程"奖、优秀小说奖、少数民族文学奖、文华新剧目奖、曹禺戏剧文学奖等全国奖项；广西当地文学名家的知名作品，不仅促进了本行业的发展，还带动了广西影视作品创作的繁荣。自治区成立60年来，一直致力于打造广西品牌，创造具有广泛影响力的"广西出版现象"。以广西出版传媒集团为首的广西出版企业，以服务民族文化强区建设为己任，着力打造广西文化企业标杆，秉承着"以出版好书为最高价值与最终追求，让广西好书香飘四海"的理念，推出一批批展示广西丰富自然资源和深厚人文魅力的"广西好书"精品，以及诸如"漓江书院""校园书店""广西读书节"等促进全民阅读的创新产品。① 以这些优秀产品为基础，提高版权产业的价值以及品牌的

① 王晓东：《[桂风壮韵]述评：打造广西出版品牌　建设民族文化强区》，载广西新闻网，http：//opinion. gxnews. com. cn/staticpages/20181113/newgx5bea89d2-17803769. shtml，2020年4月20日访问。

影响力，努力塑造广西版权产业优秀品牌。

（三）坚定文化自信，以更大力度打造文化发展品牌

具有地方特色的传统文化是文化认同、国家凝聚力和民族亲和力的源泉。在电视节目创作方面，以广西科教频道为代表的电视栏目立足自治区内，以创作高质量电视节目为己任，充分呈现广西在其发展过程中的姿态美和愿景美。加大资金投入，提高对其他地区优质科教、儿童科普类电视节目的引进力度，不断丰富电视节目的内容和样式；此外，高标准制作并播出了《广西国家级非物质文化遗产名录》与《广西工艺美术大师》，有力传播了广西的非物质文化遗产以及广西的工艺美术。

借助中国电影产业蓬勃发展的宏观环境，广西科教频道充分利用了全国电影频道联盟交流合作平台的优质资源，从三个方面做好做大做强整个影视产业链：(1)与广西电影集团深度合作，在节目策划制作上优势互补；(2)在影视作品创作上，从发行和播出向作品投资、策划和摄制转型；(3)在传播渠道上，充分利用网络资源，与自媒体、新媒体融合发展。

以培育文化自信为己任，广西电视台把正确的舆论导向贯穿于电视节目制作的各个环节，把社会主义核心价值观深度融合到节目生产中。充分发挥电视台教育民众、推动发展和引导社会的作用，在宣传力度上不断突破，大力宣传党的各项大政方针，积极讴歌全区各族人民的伟大实践。党的十九大以来，围绕中华民族伟大复兴中国梦和社会主义核心价值观等主题，广西电视台积极策划、摄制并播出了《与爱童行》等大型儿童公益纪录片，播出后受到社会的一致好评。

未来，广西电视台还应进一步坚定文化自信，打造一批能够代表国家水准，同时又具有鲜明的地方特色的文化精品，争取在更宽广的领域、更高的层次上融入国际文化舞台，把更多中华优秀文化推向世界。①

---

① 匡达蔼：《坚定文化自信　打造广西文化品牌》，载人民网，http：//media.people.com.cn/n1/2017/0904/c414068-29513601.html，2020年4月20日访问。

六、立足地缘优势，打造中国-东盟版权贸易平台

(一)推动“走出去”战略

“走出去”战略是中国政府大力支持的与国内企业密切相关的海外投资战略。当今世界上，大部分国家都鼓励支持和欢迎外资流入，但是对于海外投资却抱有十分审慎的态度。与之不同的是，中国政府对于中国企业吸引外资和去海外投资均持积极态度。中国政府支持企业海外战略投资的战略，简称“走出去”战略。广义的“走出去”战略包括货物与服务出口、劳务输出、国际融资、国际旅游以及对外投资等企业跨国经营的各个方面。狭义的“走出去”战略是指企业以对外直接投资的方式进入国际市场，参与国际竞争与合作，从而达到提高国际竞争力，促进本国经济快速、持续、协调发展的目标。① 党的十六大报告明确，实施“走出去”战略是对外开放新阶段的重大举措，鼓励有比较优势的各种所有制企业对外投资，带动商品和劳务出口，形成一批有实力的跨国企业和著名品牌。

为响应目前大力提倡的“走出去”战略，广西积极推动自身特色文化的跨国际文化传播，充分利用自身独特的区位优势，用特色精品构建“走出去”通道；拓展海外市场，在自己的优势项目上做文章，精确定位，树立品牌，形成区域特色。

《广西壮族自治区知识产权事业发展“十三五”规划》明确支持企业实施“走出去”战略。依托中国-东盟知识产权合作交流中心，发挥国际大通道作用，构建东盟10国知识产权大数据，支持企业开展PCT国际专利申请，重点完善在东盟国家的知识产权布局，开拓并巩固市场；发挥战略支点作用，吸引全国知识产权成果集聚广西，通过东盟渠道输出，同时加大技术转移和产能合作力度，促使成果在广西落地转化。搭建东盟知识产权保护与维权服务平台，建立境外维权快速反应机制。不仅如此，广西还以“一带一路”沿线国家为重点，加大外向型图书开发力度，通过举办海外图书展销会、出版论坛以及出版博览会等图书版权输出的

① 饶华，曾诤，吴国蔚：《我国“走出去”战略下对外直接投资与对外贸易的关系分析》，载《经济问题探索》2005年第1期。

活动带动出版“走出去”，不断拓展“走出去”的新途径。近年来，广西积极向越南、马来西亚、美国、加拿大等国家输出多种图书版权，推动实施广西版权“走出去”战略。①

自治区知识产权局颁布的《广西深入实施知识产权战略行动计划(2015—2020年)》也明确支持“走出去”行动。积极引导企业运用知识产权制度和规则，积极参与国际竞争，支持企业在境外申请专利、注册商标。提高知识产权服务机构承办海外知识产权事务的能力，支持各类商协会组织在应对国际知识产权纠纷等方面发挥协调指导作用。②

广西电视台实施的中国优秀影视剧东盟对象国语言译制，并在对象国播出的“走出去”工程，要签订好影视剧版权授权合同、影视剧播出合同，解决好各方面的版权问题。要协调好国内的影视剧版权所有者、影视剧制作发行公司与东盟对象国的影视剧播出单位的关系，并且一定要熟悉各东盟对象国的相关法律法规、版权管理体制，签订好相关合同，明确好各方权利、义务，才能顺利地推进这项“走出去”工程。通过多年来的深入实践，广西的文化产业在面向东盟“走出去”的过程中，形成了中国东盟博览会、南博网、广西文化舟、新闻媒体联合采访活动以及版权贸易等多平台、多渠道的交流模式，呈现了合作主体多样化、表现形式多样化等特点。③

(二)充分发挥区位优势，打造好中国与东盟的版权贸易平台

广西位于中国南端，区位优越，面向东南亚，西南与越南毗邻，东邻广东、香港、澳门，是中国西南地区最便捷的出海通道，在中国与东南亚国家的经济交往中具有十分重要的地位。作为中国面向东盟国家开放合作的前沿和窗口，广西以独一无二的地缘优势成为中国-东盟版权贸易的重要基地，与东盟形成了多层次有深度的合作关系。广西应当积极贯彻落实中央赋予的“三大定位”，积极实施“一带一路”建设，推动图书出版，影视制作、发行和播映领域的国际交流与合作，进一步加强与东盟各国在版权合作、版权贸易方面的联系，建立长期、稳

① 《广西壮族自治区专利事业发展“十三五”规划》第2条第4款第5段。

② 《广西深入实施知识产权战略行动计划(2015—2020年)》第2条第3款。

③ 刘倩玲：《广西文化产业年度报告》，载《新西部(上旬刊)》2018年7月。

定的战略合作伙伴关系。

2015 年至 2017 年，广西共支持了 132 个新闻出版广电项目走出国门。2017 年，广西将 40 多部约 2000 集电视剧翻译成东盟国家语言，全区 8 家图书出版社加大"走出去"力度，实现对外版权输出 413 种。2018 年，广西出版传媒集团主办了"中国-东盟文化港"项目，其重点项目——中国-东盟版权贸易服务平台在第二十五届北京国际图书博览会(BIBF)上正式启动，承办方包括漓江出版社和广西科学技术出版社。该项目拥有先进的技术，如电脑翻译、多语种搜索引擎和云计算等，通过互联网平台，为中国与东盟各国出版业提供版权专业的综合服务，服务内容包括版权产品展示、资讯交流、版权代理、版权贸易等，为中华文化"走出去"和东盟文化产品"引进来"提供内容支持和服务支撑。中国-东盟版权贸易服务平台项目的建设内容是建设"中国-东盟版权贸易服务网"、建设中国-东盟(北京、南宁)版权图书展示中心及驻东盟各国的中国文化中心，该项目为多个国家提供了版权方面的沟通渠道，团结了各出版方，推动了中国-东盟文化的发展，对区域出版产业的长足发展具有促进作用。广西本土的出版集团具有很多资源优势，自治区政府可以与他们合作开展版权输出、国际合作出版、海外设立出版机构、实物图书出口等活动，围绕着"一带一路"沿线国家和周边国家，重点发展东盟国家合作事宜，进一步深入开展中国文化"走出去"工作。①

版权贸易的实质就是文化内容的交易。随着我国出版产业的高速发展，一批高质量的文化产品走出国门，走向世界，使得中华文化在世界范围内的影响力进一步提高。版权贸易作为我国出版业提升国际竞争力的重要方式，将提高我国国际范围内文化服务贸易中的地位。近年来，中国与东盟版权贸易交流不断深化，中国-东盟版权贸易平台的建设已是大势所趋。打造好中国与东盟的版权贸易平台，先要对作者及其作品有一个清晰的了解，分门别类，做好整理规划工作；除了关注纸质图书的出版，还要将眼界拓展到数字图书出版身上；不但要保证文字类读物的质量，还要做好其衍生品，如电影、电视等，这样才能最大程度地发挥作者智慧的影响力。要想更好地开展中国与东盟的版权贸易，还要具备"大文化"观念，紧扣双方文化产业的脉搏，及时了解双方图书、音像、电影、电视、

① 袁舒婕：《"抱团"让中外出版合作走得更稳》，载中国新闻出版广电报，http：//data.chinaxwcb.com/epaper2018/epaper/d6822/d6b/201808/90674.html，2020 年 4 月 29 日访问。

软件、衍生艺术品和数字产业的发展趋势，同时准确判断和把握市场动向，服务出版和文化产业。

打造好中国与东盟的版权交易平台，需要加大广西政府对版权交易的扶持力度，借鉴先进的版权贸易经验指导广西与中盟版权贸易活动。并且，本区要加强政策研究，增强“走出去”的主动性。我国自加入 WTO 以来，实施了多个版权相关的重要项目，如“中国文化著作翻译出版工程”“金水桥计划”“经典中国国际出版工程”“中国图书对外推广计划”等。基于广西的地理优势和国家的政策优势，出版行业主管部门应积极研究并落实中央政策，利用现有的优势资源，参加中国对外推广图书的计划，依据广西自身需要积极申报有关扶持资金和项目，全力推动“走出去”战略。①

打造好中国与东盟的版权贸易平台，必须解放思想，不断创新。与全国多数省市相比，广西与东盟的合作具有极大的地理区位优势。必须摒弃闭关自守、固步自封的传统观念，响应时代潮流，大力推进面向东盟的数字出版。不墨守成规，树立开放、合作、交流的意识，积极开展对外版权贸易，加强与东盟十国文化交流的同时，开展积极的出版资源交流活动。充分利用好得天独厚的优势，取得更大的成效。

打造好中国与东盟的版权交易平台，必须结合自身优势，主动向东盟市场做版权推广。通过国际图书展会等途径去发现东盟国家的喜好，研究东盟图书市场，求同存异，尊重双方文化差异，寻求共同合作的可能性，为版权输出做好充分的准备，进行有针对性的版权交易，以赢得东盟读者的青睐。利用自身的地区优势以及市场价值，提高品牌辨识度，另辟蹊径、找准定位，走出广西的特色之路，才能发展自身版权交易并促进中国-东盟文化的交流。

打造好与东盟的版权贸易平台，必须要建立良好的信誉。在与东盟签订版权贸易合同以后，广西各出版社要按合同有关条款的规定组织翻译、出版、发行、宣传，保证翻译和印装的质量，按时支付版税，寄送样书等，以赢得东盟信赖，从而与其建立起一种长期而稳定的业务合作关系，确保版权贸易各项工作的顺利进行。

---

① 谢卓华：《广西出版产业面向东盟拓展的路径思考》，载《广西财经学院学报》2016 年第 29 卷第 5 期。

打造好中国东盟版权贸易平台，必须做好版权贸易人力资源的开发和利用。即从版权贸易人力资源的规划、招聘、培训、利用、奖酬、保全等方面开展这项工作。不仅如此，还要注重版权交易人才的培养，尤其是“小语种+数字出版”复合型人才的培养，重点培养涉外市场经营、新媒体运营、东盟小语种翻译、跨国版权贸易等方面的人才。① 人力资源对版权贸易具有十分重要的影响，合格的从事版权贸易的人员一定要具备三种能力：一是多角度获取出版信息资源的能力；二是良好的交流沟通能力；三是谈判能力。想要培养一批可以胜任这个职位的版权贸易从业人员，极为关键的是用先进的职业理念、通行的国际标准、高水平的从业素质来对其进行武装。出版企业也可通过制定工作绩效、激励机制等政策鼓励员工提高工作积极性，参与版权贸易工作，从而培养出相应的版权交易人才。

(三)重点打造好中国-东盟知识产权国际交流合作中心

《广西壮族自治区知识产权事业发展“十三五”规划》提出，加强知识产权对外交流与合作。深化面向东盟的合作交流。围绕国家“一带一路”倡议实施，建设中国-东盟知识产权国际合作交流中心，积极推进建立中国-东盟“10+1”框架下的知识产权合作机制，推动中国与东盟主要国家的知识产权双边互认，设立中国-东盟使领馆知识产权专员。建立中国-东盟博览会和中国-东盟商务与投资峰会“两会”的知识产权对话交流机制，积极开展跨国学术交流活动，增强国际影响力。吸引知识产权国际组织来桂交流，鼓励区内行业协会、社会组织和各类智库参与合作交流活动，增强广西对知识产权国际规则的掌握和应用能力以及对区域知识产权业务发展的影响力。在“两国双园”、中国-越南跨境经济合作区等重大国际合作项目中试点建设“知识产权开放合作试验区”，建立多方参与的知识产权事务协同处理体系。

落实《广西深入实施知识产权战略行动计划(2015—2020年)》，建设中国-东盟知识产权国际合作交流中心。依托中国-东盟知识产权国际合作交流中心，打造立足广西、面向东盟、辐射全国的知识产权综合服务平台，承办知识产权国际活动，提升广西知识产权的区域性国际影响力。到2020年，广西要建立完善的

---

① 谢卓华：《广西出版产业面向东盟拓展的路径思考》，载《广西财经学院学报》2016年第29卷第5期。

知识产权体系，内容包括知识产权创造、运用、保护、管理和服务，深化群众的知识产权意识，基本形成以知识产权为核心的创新文化，知识产权对经济社会发展贡献度明显提升。要让区内知识产权开放合作形成机制。中国-东盟知识产权国际合作交流中心建设取得重大突破，区域性国际知识产权合作新平台、新机制基本形成，知识产权“走出去”“引进来”取得重要进展，基本形成立足广西、关联全国、面向东盟、链接全球的知识产权开放合作新格局。自治区重点实施搭建以东盟国家和港澳台地区为重点的区域文化合作平台，为出口文化产品提供支持。

广西的首府——南宁，是广西政治、经济、文化、金融、信息和科技中心，是中国面向东盟开放合作的“桥头堡”城市，以及北部湾经济区核心城市。中国-东盟知识产权国际交流合作中心在广西南宁的建设，必将推动广西知识产权的国际合作交流，加强广西合作交流的主动性，对我国“一带一路”倡议的实施、推动广西知识产权事业发展起到积极作用，对知识产权战略实施和广西经济社会发展产生深远的影响。

(四)开展形式多样的合作

在长期的实践中，广西与东盟开展了形式多样的合作，举办了如艺术节、图书展、影视展，以及境外舞台演出、非物质文化遗产展示、东盟中国图书展销会暨版权贸易洽谈会、论坛等国际性交流合作活动，促进了文化交流的同时，进一步巩固了与东盟的合作伙伴关系。

广西是中国-东盟博览会的主要渠道，应努力建设中国-东盟合作平台，发扬中国传统美德，宣传广西民族精神，着力发展跨国版权经济贸易。中国-东盟博览会活动形式多样，如文化论坛、中越青年大联欢、广西艺术作品走东盟等，展示了东盟各国和广西的社会科学文明成果，通过平等交流，加强了双方合作，共享先进文化，为“民心相同”奠定坚实基础。

2015 年 5 月 29 日，由广西壮族自治区新闻出版广电局主办的第三届“中国-东盟出版博览会暨 2015 年广西广播影视展”在南宁国际会展中心开展。此次展览的主题为“丝路书香，魅力传媒”，主要呈现了新闻出版广播影视业改革发展的新成就以及中国与东盟新闻出版广电交流合作的新成果。通过前两届的中国-东盟出版博览会书展平台，中国-东盟各参展单位达成了一大批版权贸易、合作出版、图书进出口项目的合作意向，这对双方的出版业发展起到了很好的助推作用。同时，广播影视展作为新增的板块，又将引导中国与东盟把合作的眼光投向广电音像等新兴媒体领域，其中包含的版权内容愈发多样化，版权相关产业的发展必将更进一步。

2017 年 11 月 9 日，中国-东盟智库战略对话论坛在南宁举行。与会者就共建“一带一路”，推动中国-东盟合作共赢的各项议题切磋论点、建言献策。论坛达成的共识有，双方在理念上要开放包容、互利共赢；在行动上要深化合作，巩固共同体建设关系，具体包括战略表达、互联互通、经贸投资和政策沟通等方面。中国-东盟在文化交流方面，着重促进智库交流，提出互利互惠的合作政策建议，围绕“一带一路”展开深度研究，不断以创新方式迎合合作发展中的变化。国家软实力的重要标志——现代智库，对一个国家的国际话语权起到关键作用，现代智库是重要的智慧生产机构，激发着一个国家人民的创新思想。其涉及的知识专利、治理策略、优化方案等是现代领导管理体制中不可缺少的组成部分。中国-东盟智库战略对话论坛自 2008 年举办至今，已经成功举办了十届。该论坛是中国与东盟国家智库机构交流的重要渠道，促进了中国-东盟思想互动、文化互通、战略互信，加强了中国-东盟关系的深度。①

2017 年 4 月 13 日至 16 日，中国-东盟博览会文化展在广西壮族自治区南宁国际会展中心举办。此次东博会文化展重点展示了创意文化产品、非物质文化遗产、新闻出版、广播影视、微映像文化、民间工艺等迎合中国-东盟市场需求的文化展品，共吸引了印尼、老挝、巴西、德国、印度等国家约 90 家企业参展，我国内蒙古、青海、吉林等 15 个省份也展示了当地文化产业发展成果。东博会文化展自 2014 年首次举办以来，“一带一路”沿线国家和地区之间的文化交流不断增强，中国与东盟等国家依靠这一崭新的平台相互合作、沟通，有利于促进自身的文化发展。

2018 年 4 月 29 日—5 月 1 日，中国-东盟博览会动漫游戏展于在南宁举办。该动漫游戏展的主题是中国和东盟动漫游戏产业合作，该主题是国内同类展会的

① 简文湘：《集智集力推动中国—东盟合作》，载广西壮族自治区人民政府门户网站，http：//www. gxzf. gov. cn/gxydm/20171117-664745. shtml，2020 年 4 月 29 日访问。

首例，作为专业展会之一，为中国与东盟开展动漫游戏产业合作搭建了快捷的平台。2018东博会动漫游戏展展览总面积达15000平方米，设B2B商务展和B2C消费展，突出展示了适合中国-东盟市场的优势动漫游戏产品及衍生品以及动漫游戏相关产业的行业合作情况，包括产业基地建设、项目发布、人才培训、开发制作、出版发行、译制播放、服务外包产品进出口、版权交易等。

目前，“中国图书展销暨版权贸易洽谈会”由新闻出版总署主办、广西新闻出版局承办，是中国与东盟国家在图书出版界进行交流合作的重要平台，也是中国文化“走出去”、中国出版对外交流与合作的重要品牌。自首届中国图书展销暨版权贸易洽谈会于2008年举办，中国-东盟成员国出版行业对该展销会一致好评，是中国文化对外交流的重要渠道之一。中国和东盟各国正商讨如何更好地突破传统出版，发展数字出版的决策，双方通过中国图书展销暨版权贸易洽谈会，进一步深化了包括文化、图书出版在内的交流合作，这有利于中国图书输出至东盟各国，使东盟国家的人民可以更了解中国的古往今来、经济文化，体会中国故事和精神，有助于加深东盟国家与中国的感情。

放眼未来，广西将认真总结举办各类活动的经验，继续加强与东盟的各项合作，推动双方文化、贸易交流的进一步发展，实现互利共赢的目标。

七、实施专项人才工程，建设广西版权产业人才队伍

(一)突出人才建设重点，培育、引进高端人才

世界各国的竞争日趋广泛、多元、高、精、深的方向发展，高端复合型人才在社会发展战略中起着越来越重要的作用，时代赋予了每个国家、每个企业、每个人飞速发展的机遇和挑战，抓住关键导向，从影响广西版权产业发展至关重要的因素着手，才是寻求最优路径的良方。版权产业人才培养是复合性、综合性、长期性的培养过程，与其他人才相比而言，培养经费投入较大。因此，需要国家财政大量资金投入。除国家出台专项人才政策外，各级政府需研究和制定针对性的适合本地特色的文化创意类人才培养专项扶持政策。① 广西壮族自治区人民政

① 秦宗财、方影：《美国版权产业人才培养及启示》，载《出版发行研究》2016年第6期。

府已将知识产权人才队伍建设纳入广西壮族自治区人才“十三五”规划。为响应广西自治区人才“十三五”规划的号召，为广西版权产业谋求更好发展，还需要广西政府实施专项人才工程计划，完善政策支持，并创新支持方式。

版权产业是智力密集型产业，需要倚重、吸引、培养、引进、储备一大批具有国际化视野、具有创新精神的高端复合型人才、领军人才，广西目前最缺的仍然是知识产权复合型人才、领军人才。广西应当突出“高精尖缺”导向，大力实施广西知识产权“十百千”人才工程，着力发现、培养、聚集高层次版权专家、广西版权产业带头人、企业家人才和高校人才队伍。广西的高校可以利用好教育部的“对口支援西部地区高等学校计划”，提高服务能力，培养一批致力于广西经济发展尤其是广西地方经济、社会发展所需要的版权复合型、应用型人才。

同时，可以充分发挥本省高校知识产权人才的培养功能，依托现代的教育资源平台，善于发现、重点培养并放手使用高校优秀人才，改革和创新院校培养人才模式，引进推动人才培养链与产业链、创新链有机结合。拓宽多元化人才培养途径，将大学教育与职业教育并行，兼备国内教育和国外教育，继续教育与实践活动相结合，培养兼具理论与实践能力的高层次人才。

广西民族大学广西知识产权发展研究院于2013年1月13日成立，广西知识产权发展研究院充分发挥广西作为中国东盟交往中心地带的区位优势、广西民族大学的学科交叉优势，与广西知识产权法学研究会、广西知识产权学会紧密合作，汇集了业内众多高层次的知识产权人才，横跨学术界、实务界、产业界，其中也包括有关政府部门的学者型官员，合作目的在于加快推动知识产权事业发展。研究院现有知识产权专职与兼职研究人员30余人，形成了一个理论与实践并重、学术与事业并重、知识产权与经济发展并重、技术与专利并重、商标与品牌并重、版权与文化产业并重的服务于政府部门和企业学科优势明显、人才结构布局合理的科研与实践团队。研究院凭借知识产权学科科研优势和实务水准，积极为企业提供决策咨询服务，包括企业知识产权决策、企业知识产权战略与管理、企业知识产权法律保护、知识产权评估评价、知识产权案件分析、专利商标代理和著作权登记以及知识产权法律维权等。研究院具备了四个层次的知识产权人才培养体系，招收知识产权专业本科生，同时招收法学硕士、法律硕士，与中央民族大学、重庆大学联合培养博士研究生，与中山大学、重庆大学联合培养博士后。针对本科和硕士生，培养能从事商标代理、专利代理等专门知识产权事务，或者从事专门的知识产权司法审判及其他法律事务，或者从事知识产权管理事务的知识产权专门人才；针对博士生和博士后，培养从事知识产权研究的高层次人才。该院致力于提升广西知识产权研究品质，为加快知识产权事业的蓬勃发展，研究院紧跟创新发展的浪潮，注重与政府部门和企事业单位的密切合作，制定完善的知识产权战略，推动企业设立专业的知识产权管理机制，同时实现产品及其结构的优化转型。此外，在促进高新技术产业知识产权发展，以及知识产权专业人才尤其是专利代理人的培养方面也有很大进步，为广西知识产权事业的发展贡献力量。广西可以凭借广西知识产权发展研究院的平台，重点培养并放手使用高校优秀版权产业人才，改革和创新院校培养人才模式，引进推动版权人才培养链与版权产业链、创新链有机结合。

(二)落实人才计划，立足长远发展

实施高层次版权专家引才、版权人才梯队、海外高层次人才引进、企业家人才素质提升、高校毕业生基层培养等计划。

“十三五”时期，是广西版权产业大有作为的战略机遇期。必须抢抓机遇、顺势而为、乘势而上，结合本地区经济社会发展和产业结构调整的需要，主动融入创新产业发展的大热潮，有所作为，努力为广西经济发展提供有力支撑。根据广西“十二五”规划的成果报告，广西人才供给和高校创新能力明显提升。创新型、复合型、应用型和技术技能型人才培养比例显著提高，人才培养结构更趋合理，各类人才服务区域经济社会发展的能力显著增强。但总的来说，目前广西的知识产权人才总量还是偏少，与市场需求有较大差距，尤其是在层次和结构上，并不能满足版权产业快速发展的要求。《国家中长期人才发展规划纲要(2010—2020)》提出，要进一步实施并完善“百千万人才工程”制定不同层次、不同类别、不同地区的人才培养计划。为贯彻落实《国家中长期人才发展规划纲要》，为进一步实施和完善人才工程，加强高层次创新型人才队伍的建设，广西要尽快落实人才计划，创新人才培养的体系和模式，培养符合广西经济发展需求的大批知识产权人才，坚持“服务发展、人才优先、以用为本、创新机制、高端引领、整体开发”的人才发展指导方针，统筹推进版权产业人才队伍建设，建成西部地区重

要的版权产业人才集聚区和面向东盟的区域性国际版权产业人才高地。

实施广西高层次版权专家引才、广西高校引进海外高层次人才“百人计划”。自治区党委和人民政府在有关加快吸引和培养高层次创新创业人才以及中长期教育改革和发展规划等方面发布重要文件体现了广西积极贯彻落实国家的“富民强桂”战略。2013年至2020年间，广西高校引进海外高层次人才100余人次，重点支持创新创业。首先，以自治区经济和社会发展战略为核心，引进海外高层次版权人才，要求达到国际水准、国内领先，满足高校需求。其次，搭建版权事业平台，突破传统的版权业务机制，为引进的海外高层次人才营造良好的生活、办公环境。遵循“特事特办”，基于广西版权人才发展的需求现状和人才使用的特点，制定“成熟一个、引进一个”的特殊政策。最后，自治区教育厅统一指导高校海外高层次人才引进计划，统筹实施各用人高校的日常管理和服务工作。除此之外，教育厅和高校之间还应当建立协调有力、办事高效的工作机制。

实施版权人才梯队计划。以社会需求为出发点，以党政领导干部、企事业单位管理人员、知识产权服务业人员为重点，设置各具特点的培训主题，适应不同的培训对象，同时加强培养版权人才，满足自治区知识产权紧缺人才的需求。

实施高校毕业生基层培养计划。贯彻落实《国家中长期人才发展规划纲要（2010—2020年）》有关要求，引导和鼓励高校毕业生到基层干事创业。根据调研情况，基层版权服务工作面临人才不够的困境，基于这一实际情况，相关单位可以考虑选派一批思想素质好、责任心强、有志在基层干事创业的优秀毕业生支持基层工作。为了使高校毕业生更好服务基层，党委、政府应当注重政策引导，同时建立有效载体，对人才资源市场配置进行宏观调控。同时做到“三个突出”，分别是农村、贫困地区和基层急需的版权产业岗位，引导高校毕业生重点到这些地方和领域服务创业，坚持探索与实践相结合，认真总结各项版权服务工作。此外，各级党委、政府和相关部门统一研究部署，统筹力量推进。最关键的是，引导人才工作应由牵头部门作为主要负责人，指导其他部门积极推进相关工作，并实行项目负责制。

（三）实施专项人才工程，强化版权队伍建设

实施人才小高地提升、博士后培养、八桂学者、特聘专家、北部湾重大人

才、高端外国专家、十百千人才等工程。

发挥重大人才工程集聚高层次人才的载体作用，以国家的“百千万人才工程”为龙头，根据广西经济科技发展状况，组织实施一系列高层次人才培养工程，初步形成分层次、多渠道、自上而下的中青年知识产权人才培养工作体系，健全创新型高层次人才选拔培养机制，推动广西高层次人才队伍的建设。依托自治区实施人才小高地提升工程的政策优势，聚焦知识产权学科、版权行业，在全区建成几个自治区级人才小高地，引进和培养一批具有国内外影响力的知识产权领军人才，建设高水平版权队伍。以个体引进向创新团队引进转变，创新人才引进方式，组建高层次创新创业人才团队，团队核心是八桂学者、特聘专家，并由国家“千人计划”“万人计划”“国家杰出青年科学基金”“长江学者”等国家级专家领衔。完善院士后备人选培养工程、八桂学者、自治区特聘专家、十百千人才工程、广西高校海外引才“百人计划”人选选聘(评审)办法，切实提高人选质量和人才效益。在人才小高地载体单位中打造国家级重点科研平台，以及一批优势企事业单位，这些单位要求具有民族特色，并且对一定区域内的经济社会发展具有重要辐射带动作用，发挥人才小高地排头兵的作用，引领自治区版权产业行业健康发展。

实施广西十百千人才工程。面向全区各类企事业单位进行专业版权人才选拔，鼓励非公经济组织和社会组织优秀知识产权专业人才申报，推荐的人选是本区、知识产权人才培养计划中的专业版权人才。突出创新创业并重视基层发展，重点支持广西当前重抓力推的九张创新名片领域的人才。入选的人才：从事版权产业研究工作的，其研究成果须有创见性，开拓性，对版权产业发展有较大贡献，并获得较大社会效益；从事版权产业服务工作的，在国内、区内处于领先地位，具有显著的经济效益和社会效益的人才。

实施建设广西人才小高地工程。自治区党委和自治区人民政府为进一步加强人才工作和建设广西人才小高地，作出了相关的政策决定，认真贯彻落实国家、自治区各项人才政策。汇集知识产权领域高层次人才，特别是版权方面，建设可持续发展的、年龄梯次结构合理的版权人才团队，要求涵盖基础研究、项目开发和推广应用等方面。聚集研究项目处于知识产权学科国内先进水平，在版权领域处于国内乃至国际水平、有较高知名度的学术带头人和版权人才团队。建设国内乃至国际同领域内处领先水平的研究项目，在学术界提高广西知识产权学科的地位，发挥人才小高地优势推动广西版权产业发展，拉动市场经济。同时，制定人才小高地工作方案对此建设工程项目进行管理，以适应广西不同市县版权产业发展情况。方案大概包括人才小高地的建设条件和环境标准；人才小高地内部的组织结构；建设的目的和主要工作任务；实施人才小高地建设工程的进度和具体实施方式；对该工程的人员、设施等相关的管理办法；以及监管各要素的具体措施等。除此之外，还应当注重维护人才小高地载体内的人际环境，坚持营造民主的学术环境，制定人性化奖惩制度。人才小高地建设在人才小高地载体提供资金、提供科研实验室和配套设备的条件下，能够很好的满足人才的住房、交通、通信等需求。

实施广西“八桂学者”、博士后培养工程。根据自治区党委、自治区人民政府《关于加快吸引和培养高层次创新创业人才的意见》，服务于全区版权经济发展大局，在广西版权产业设置八桂学者岗位，与广西重点版权产业、重大版权项目、重要知识产权培训基地平台和优势企事业单位建设相结合，与自治区人才小高地、博士后“两站”建设相结合，优先支持具有发展潜力的研究和知识产权学科建设。

实施广西“特聘专家”工程。根据《中共广西壮族自治区委员会、广西壮族自治区人民政府关于加快吸引和培养高层次创新创业人才的意见》重点引进版权产业和战略性新兴产业发展急需紧缺、能够解决关键产业发展问题的海内外高层次人才，向全职引进人才、中青年专家学者和骨干企业倾斜，符合《广西壮族自治区特聘专家制度实施办法》的有关规定，选聘为自治区版权产业法特聘专家。

实施北部湾重大人才工程。广西壮族自治区人力资源和社会保障厅加大弥补北部湾经济区的版权人才缺口的扶持力度。实施部湾经济区重大版权人才项目，引进北部湾经济区版权产业发展急需的行业高层次人才、版权产业领军人才及版权人才梯队。实施北部湾英才、重点企业高层次管理人才、公共管理人才、外向型人才等培养。包括项目合作、联合攻关、双向挂职、定向培养、业务培训等形式。支持和推进人才及科研成果资本化、市场化，支持和鼓励北部湾经济区人才创新创业的保障、奖励、补助。建立和完善北部湾经济区人才服务体系，人才认证、测评、孵化以及人才资源外包、重要平台和载体建设等。开展北部湾经济区人才重大规划、重大课题研究以及推进人才开发体制机制创新。

实施高端外国专家工程。积极鼓励各单位申报广西引进国(境)外专家资助项目。政府择优立项，紧贴自治区“十三五”发展规划、创新驱动发展战略等重大决策，围绕“一带一路”和中国-东盟自贸区建设等重点领域，结合国家创新交流合作项目和自治区确立的“九大产业创新发展名片”相关版权产业项目进行立项规划。突出高精尖缺，各单位应以在重大版权人才工程建设和重大版权产业项目中引进高端、紧缺人才、青年人才和创新团队的项目为重点，按照“提升质量、压缩规模、突出重点、提高执行率”的原则进行立项规划。鼓励探索市场化服务。各市或重点版权产业园区可动员本辖区内具备较丰富资源、有意向和能力承担项目运作工作的机构作为项目单位，整合本辖区内相关企业、事业单位的同类项目需求进行立项申报，并可以市场化服务的形式开展项目组织实施工作。①

八、营造版权环境，打造版权文化与保护系列示范园区

(一)加强宣传教育普及，做好基础工作

版权产业属于“智慧产业”，也属于知识产权体系中的一个部分，它调整的范围十分广泛，涉及国家、集体、个人之间的利益平衡，涉及作者和使用者的关系，版权保护既要充分保护作者的合法权益，又必须给作者以限制，满足公众的文化需要。众所周知，广西对与知识产权的重视程度仍然偏低，软件、音乐、出版等行业盗版现象严重，不利于广西版权产业的健康发展。如今版权渗透到我们生活的方方面面，因此，加强宣传教育，努力提高尊重和保护版权的意识，在全社会自觉形成抵制侵权的良好风气，是发展版权产业重中之重的一环，既保护了作者的利益，也鼓励了作者创新，激励版权产业的规模扩张。

在版权的保护政策方面，广西应完善相关的政策措施，强化版权意识，保护版权主体的合法权益，加强执法机关的执法力度，严厉打击各种盗版、仿造、假冒等侵犯版权的行为。充分利用相关政策措施规范我们的市场行为，避免企业之

① 《自治区党委办公厅、自治区人民政府办公厅关于建设广西人才小高地的意见》(桂办发〔2004〕10号)，2004年4月6日发布。

间的非法竞争，维护市场的稳定，为版权产业的成长营造一个良好的环境。在此方面，广西可以借鉴国家版权局打击网络文学侵权盗版的经验。

国家版权局在2016年针对网络文学侵权盗版行为展开专项整治行动——“剑网行动”，目的是严厉整治通过互联网实施侵犯版权人合法权益的行为。各地执法部门实施专项行动的重点对象是各类文学网站、各大网络社交平台、各电子商务平台以及各类搜索引擎；重点任务是加强监管版权执法的力度，严惩擅自恶意侵犯版权人原创网络文学作品的盗版行为、销售盗版图书或音像制品的违法行为，严格规范合法传播文学作品的行为。此次专项行动成果显著，各地执法部门查处了一批网络文学侵权盗版案件，如江苏苏州“风雨文学网”、重庆“269小说网”、四川双流“轻之国度”网、广西南宁“皮皮小说网”等侵权案。① 2017年，广西全区十家版权保护优秀单位和全区十大版权保护典型案件。十家版权保护优秀单位包括广西日报社、接力出版社有限公司、广西民族大学、广西经济管理干部学院、南宁峰值文化传播有限公司、齐迹智慧金融孵化基地、广西英腾教育科技股份有限公司、桂林力港网络科技股份有限公司、广西临届数字科技有限公司、桂林坤鹤文化传播有限公司。十大版权保护典型案件包括南宁市“皮皮小说网”侵犯著作权案、南宁市“威盘网”侵犯著作权案、河池市“爱丫丫影视网”侵犯著作权案、桂林市七星区莘莘文印轩侵犯著作权案、桂林市雁山区学友文印工作室侵犯著作权案、北海市合浦县王某某侵犯著作权案、桂林市全州县涛涛日用品百货批发部侵犯著作权案、桂林市雁山区博雅文印部侵犯著作权案、桂林市七星区优优文印店侵犯著作权案、桂林市全州县源通音像店侵犯著作权案。由此可以看出，广西非常重视版权保护工作，努力营造出一个良好的版权环境。

在版权的保护实施方面，区内国家机关、事业单位、国有企业应起模范带头作用。自治区版权局要积极推进广西使用正版软件工作，在机关内部、单位内部、企业内部实现软件正版化，按照国务院办公厅《政府机关使用正版软件管理办法》和《省政府办公厅关于进一步加强政府机关软件正版化工作的通知》要求，加强软件资产管理，规范正版软件采购落实软件正版化审计制度和年报制度，强化责任落实，防止盗版反弹。按照“分批推进、分步实施”原则，在巩固企业正

① 张红兵：《网络服务商须建立审核删除机制》，载人民网，http：//legal. people. com. cn/n1/2016/1115/c42510-28860922. html，2020年4月29日访问。

版化已有成果的基础上，有计划、按步骤、分阶段地推进企业使用正版软件工作。首先，自治区版权局应落实相关政策，加强版权保护工作长效机制建设，加大督查的力度，建立全区政府机关使用正版的工作年度考核机制，对广西各市县的机关单位进行层层把关。联合自治区国资委深入推进国有企业使用正版，对自治区国资委直管并在广西有一定影响力的国有企业设定年度工作指标。加大对事业单位的宣传培训工作力度，不断提高工作水平。

在版权产业文化宣传方面，加大相关法律知识宣传和教育，提高全民版权保护的意识。版权产业具有创作、研制成本高，复制成本低的特点，对知识产权的保护要求相对比其他行业来说较高。因此，除了完善相关的保护政策之外，还需要培养社会公众的版权意识，让全社会都参与进版权保护的队伍中。

一是要先对区内国家机关、事业单位进行培训教育，学习版权相关知识，对版权保护流程进行基础培训，提高机关成员、单位人员的版权保护意识。可以举行知识产权相关的培训班、讲座、报告会等，对企事业单位和从业人员进行知识产权政策解读及知识产权申报、实施、保护培训，以提高相关人员的专业素养。搭建报刊、广播、电视等传统媒体与网站、微信、微博等新兴媒体相结合的传播平台，广泛宣传报道和版权相关的政策法规、重大事件和重要活动。

二是要由广西政府与相关行业合作，加强版权文化建设，建立政府主导、新闻媒体支持、社会公众广泛参与的知识产权宣传普及和文化建设体系，把版权保护建设纳入普法宣传等全民思想文化宣教活动中。知识产权专题宣传活动有利于提高全民知识产权保护意识，可通过网络、电视、报纸、杂志等媒介进行，对象包括广西各级政府机构、企业、代理机构和学校。

三是要鼓励和支持著作权、创作权以及影视版权等各类版权的市场交易，为版权人与市场搭建一个合作平台，促进知识产权保护的开发和应用。四是要走进群众生活，增强公众的版权保护意识，自治区新闻出版广电局、自治区版权局等单位可以组织相关人员陆续走进各小区，举办版权保护宣传活动，普及法律知识。培养公民的版权保护意识要从青少年抓起，在广西中小学开展版权主题教育活动，让学生们了解版权保护的有关知识，明白盗版行为对版权人合法权益的危害，科普版权保护的重要性，提升全社会公众版权保护意识。

在版权的运用和创造方面，版权产业的发展与壮大，是基于终端市场层面的实际需求，在国家战略的引导下，由运营服务平台中的业务运营主体或服务平台共同合作发展。首先自治区版权局应积极构建版权公共服务体系，落实好“十三五”时期版权社会服务工作，全面建立版权社会服务工作长效机制，创建网络环境下版权社会服务工作的新格局，不断完善作品著作权登记、涉外版权合同备案登记工作制度，通过版权执法、版权贸易、版权服务社会等工作，提升广西版权保护水平，促进版权产业发展，增强全社会版权保护意识。推进知识产权市场交易机制建设，进一步加强南宁、桂林两地知识产权交易中心建设，在粤桂特别合作试验区等地新建交易中心，完善广西知识产权交易中心布局。促进广西知识产权交易中心、自治区版权局、广西日报社、接力出版社有限公司、广西民族大学、广西经济管理干部学院、南宁峰值文化传播有限公司、齐迹智慧金融孵化基地等全区十家版权保护优秀单位优化整合资源，为企业提供版权交易服务。创新评奖与展会模式，重点推动企业、高校等参与知识产权成果转化与运营，打造具有区域影响力的知识产权转化会展平台。

(二)抓好园区带动，发挥示范作用

版权产业是一种文化产业，而文化产业是近几年新兴朝阳产业，正成为一个国家和地区经济社会发展的重要动力。广西是民族文化资源大省、“一带一路”有机衔接的重要门户、中南西南开放发展新的战略支点，具有特色文化产业发展优势，具有服务国内文化企业走进东盟和“一带一路”沿线国家的地利条件和重要平台。近年来，自治区党委、政府高度重视文化产业发展，从政策上、财政上给予大力支持。相关部门在自治区党委、政府的坚强领导下，开拓创新，积极作为，努力推动全区文化产业持续发展，虽然与先进省市相比，广西文化产业发展速度明显缓慢，但从全国范围来看，文化产业尚处于发展初期，大多数省份基本处于同一起跑线，发展前景十分广阔。建议立足广西，制定具有广西特色的文化产业发展规划，出台相关服务平台扶持政策，打造独具特色的文化产业园，吸引国内外文化企业到桂利用文化资源开发文创产业，带动本地文化企业发展，形成文化企业聚集，促进产城相互融合、创新创意发展，推动中国文化、广西文化走出去。

版权文化产业包括文化、宣传、新闻出版、旅游等 16 个职能部门，具有复

杂性、综合性的特点，各部门之间工作内容交叉，因此协调难度比较大。版权文化发展需要建立自治区领导挂帅的自治区文化产业发展工作协调机构，加强对广西版权文化产业工作的领导营造良好环境，推动版权文化产业创新发展。加大对版权文化产业园的支持力度，文化产业园在推动文化产业的发展，催生文化企业，分享各类要素，降低交易成本，打造产业集群具有非常重要的作用。促进广西版权文化产业园的建设，加快出台版权文化产业园区发展相关政策，加大对版权文化产业园区的财政支持、金融扶持、税收优惠、土地优惠管理，人才开发和公共服务平台的建设力度，用更多政策吸引优质版权文化企业、版权产业优秀人才、先进技术，打造版权文化与保护系列示范园区，催生版权文化企业，分享各类要素、降低交易成本，进一步提高版权文化产业园区的规模化、集约化、专业化程度。①

版权产业与物质上以生产和消耗为主的传统产业不同，版权产业是以文化和精神生产为基础的产业，文化和精神生产为基础的产业资源是源源不断的，而产生巨大效益的前提是产业集聚，使其可以在更广泛、更深层的领域开发和利用，拓展产业链，集多家之智慧，推动产业升级。产业园区是产业集聚的一大法宝，产业园区主要实现聚集资源、孵化产业、培育人才等作用。产业园区重点在于聚焦同类型产业，园区产业点的经济效应具有规模性。产业园区涉及多区域的经济辐射，有助于相关产业转移，是推动产业经济发展的主战场，大力推进产业园区建设，提高产业园区水平，才可更好发挥其带动。目前广西文化产业园带动效益显现，持续发展明显。根据数据显示，截至 2019 年 11 月，全区共有各级文化产业示范基地 109 家、各类园区 6 个，其中国家工商总局命名的广告产业试点园 1 家，自治区文化厅命名的文化产业示范园 3 家，这些园区的集聚效应，带动了广西文化产业的健康持续发展。版权产业作为文化产业的一个部分，可以充分利用已有产业园区的集聚效应，推动版权发展。

1. 合理定位引导产业园区建设

充分考虑区位特征、产业基础、高校资源等因素，精准并与时俱进动态定位，引导版权产业示范产业园区建设，为其他地区版权产业集聚建设产业园起到

① 刘倩玲：《广西文化产业年度报告》，载《新西部（上旬刊）》2018 年 7 月。

了指向性作用。产业集群需要配套产业之间高强度的关联，产业园区内的基础设施和配套功能对园区是否能够辐射带动区域经济发展起关键作用。所以，建设广西版权产业集群，打造版权产业园区，有利于经济高水平、宽领域、纵深化发展。广西可以通过版权行业产业链来吸引具有一定实力的企业和专业人才，秉承“园内配套、产业成带、集群发展”的开发理念，为版权产业园区设置具版权产业发展与承接平台，以增强市场的核心竞争力。推进建设版权文化与保护系列示范园区，有效地发挥版权文化与保护系列示范园区在版权创造运用、带动区域经济转型发展，提升城市和单位创新能力、促进版权产业发展的引导作用。

2. 打造平台承载产业园区建设

根据《广西深入实施知识产权战略行动计划(2015—2020年)》内容显示，广西围绕珠江-西江经济带，建立了一批沿线知识产权强县和工业园区，该城市群已达到北部湾国家知识产权试点示范标准。中国和马来西亚两国政府合作创建了三个产业园区，建在广西钦州的国际园区与在马来由两国共建的关丹产业园开创了“两国双园”的国际合作新模式，该创新模式推动了“中马两国投资合作旗舰项目”的进程，成功建设了“中国-东盟合作示范区”。广西面向东盟建立的跨国合作产业园有很多，其中中泰(崇左)产业园是重点之一，该园区是中国面向东盟国家的产业合作示范区的重点培养对象，同时也是中国-东盟自贸区的重要食品制造基地、南宁-新加坡的经济走廊、中国西南出海通道的新枢纽。通过示范建设，不仅服务县域和园区经济发展，还加强知识产权工作对广西“双核驱动”战略的支撑作用，更好地服务国家重大战略规划实施工作。高标准创建产业的承载平台，使产业园区的集聚趋势得以凸显。

3. 整合现有的资源提升产业集聚能力

产业园区应整合已有的优势资源，并提升相关要素，根据版权产业自身特点，将优势资源转化成优势产业发展要素。重点依托南宁、柳州、桂林等地高新区、工业园区及经济开发区，与建设版权密集型产业园区相结合，布局建设知识产权服务业集聚发展试验区和示范区。对集聚区建设的重大问题进行指导，加大人才培养、信息资源利用和工作经费等方面支持力度，完善集聚区知识产权服务业管理体系，促进服务不断优化。推动知识产权与集聚区内产业、科技和经济深入融合，并对集聚区外产生良好辐射带动作用。① 利用高校优势的人才和科研资源，积极推动区校合作、企校合作，签订合作战略协议。

4. 加强版权产业的信息服务

围绕产业发展需求，建设高质量、功能全和专业性强的知识产权数据库。对知识产权信息进行深度挖掘与利用，绘制版权产业导航路线图，引导企业加强版权产业前沿技术和产品的研发和储备，指导、帮助企业规避知识产权侵权风险，推动知识产权分析融入产业决策。② 加强知识产权信息公共服务平台建设。进一步完善自治区、市、重点行业（企事业单位）三级知识产权信息网络服务体系，拓展至全区各市。推动知识产权基础信息开放共享。支持基于云计算、大数据的知识产权信息服务创新。加强版权作品的交易平台建设，为版权作品的保护提供法律保障，帮助使用者高效地获得权利人的合法授权，加快转化智力成果为生产力，推动版权相关产业健康发展。以柳州高新区为例，柳州高新区借助国家政策、区域政策优势，建设试验区以聚集广西知识产权服务商，健全自治区知识产权体系，构建好相关管理、创造、运用、保护服务机制，保障知识产权工作的飞速发展。

5. 产业园区利用好政策优势的叠加作用

产业园区其实承担了调节、完善、强化区域产业链运营的作用，园区设立的目的就是要形成一个产业链，发挥其强大的辐射带动作用。产业园区往往享有许多政府优惠政策，如政府部门承接产业转移发展等，除此之外，也应该根据园区发展阶段的实际情况，制定对接版权相关产业转移利好政策，根据入驻的版权文化公司的投资情况，给予适当优惠。产业园区可以为入驻的企业提供人才引进、人才派遣、信息提供等软服务，为产业园区的企业提供更好的生存发展空间，提高产业园区的服务能力，全方位增强园区的吸引力和凝聚力。

---

① 《广西壮族自治区知识产权事业发展“十三五”规划》。

② 姚冰海：《广西知识产权服务业发展问题的研究》，载《环球市场》2017年第19期。

(三)学习其他版权园区经验，推动自身产业建设

1. 国内版权产业基地：版权呵护创新梦想

在我国版权政策的支持下，国内多个省市全面启动了版权保护工作，他们的共同点是通过产业园区的建设来发展文化产业。注重建设各大版权服务平台的联动机制，扩展知识产权企业的融资渠道，全方位地保护版权人的合法权益。

2004 年，成都根据国务院办公厅发布的《关于地方人民政府使用正版软件的通知》，以政企联动的模式展开软件正版化工作。2010 年 9 月，成都高新区成立了全国版权示范园区。该园区设立专门的版权工作站和中华版权代理中心成都工作站，为园区企业提供版权服务业务，包括作品登记、维权、法律宣传等，特别是在维权方面建立“三审合一”快速维权平台，提高了企业和工作人员的风险防范意识。同时，利用知识产权质押贷款的融资方式拓展企业融资渠道，推动园区企业经营。①

上海市在版权保护方面全国领先，具有较大社会影响力的是上海市版权服务中心、上海文化产权交易所、张江版权服务工作站。上海市版权服务中心突破传统版权服务业务模式，研发了数字版权等级保护平台，主要是通过运用电子公章和短信收发技术，在线提交作品登记申请并实行在线审核，实现数字化登记服务。上海文化产权交易所与央企出版单位合作，并与深圳文交所签订战略合作协议，“强强联手”挂牌项目达 2000 余宗，完成交易 300 余宗，交易金额高达 152 亿元，形成全国范围内名列前茅的交易所规模。张江版权服务工作站通过全面构建版权服务体系，完善版权产业化机制，吸收上海版权服务中心和上海版权纠纷调解中心，为企业提供专业版权服务。同时，致力于完善中小企业的版权制度，对工作人员进行专业培训，在评估版权价值、推广版权成果等多方面起到积极作用。②

---

① 《成都高新技术产业开发区：快速维权助企业》，载中华人民共和国国家版权局官网，http：//www. gapp. gov. cn/chinacopyright/contents/568/20836. html，2020 年 4 月 30 日访问。

② 方圆：《上海市新闻出版局(版权局)副局长蔡纪万：版权呵护创新梦想》，载中华人民共和国国家版权局官网，http：//www. ncac. gov. cn/contents/568/20835. html，2020 年 4 月 30 日访问。

2006年青岛创意100产业园建立，2009年园区成立专门版权管理办公室，设置专人、专岗具体规划和实施园区版权战略。青岛创意100园区通过出台《青岛创意100产业园版权管理办法》与《青岛创意100产业园版权联络员制度》，维护园区版权秩序、优化管理体系、提升服务能力、激励版权保护。除此之外，创意100产业园还通过建立版权联络网、外聘版权专家团队和实施政企联动的方式，培育园区版权良好的社会环境，推动经济健康发展。①

2. 眉山青神竹编产业基地：文化创意农业

青神竹编产业园区是四川省首个成功创建全国版权示范园区(基地)的县(区)域。青神县为了响应政府号召，开展了三大工程建设，分别是高校借智、专业研发和企业创新，目的是吸引科学研究方面的专业技术人才，建立孵化基地发展本地，培育孵化银海竹灯笼、华宇竹装饰等小微企业21家。将园区纳入城市发展规划，落实园区建设用地规划指标，引领版权产业在园区内集聚发展。

青神县着力构建竹编发展体系，具体研发文化创意，多元设计“竹+X”“竹+品牌”等项目。培养竹编专家，擦亮竹编品牌。培育国际竹编工艺美术大师1名，国家级省级竹编工艺美术大师5名，高级工艺美术师109名。青神竹编创建国家级非物质文化遗产，先后被授予“国际竹编之都”“竹编艺术传承国际范例奖”等国际国内荣誉称号与奖项40余项，跻身全国区域品牌(地理标志产品)百强榜。

为了促进竹编技艺传承，积极组织培训活动，参与人数高达上千人次。另外，相关教育部门在中小学的四至八年级设置竹编课程，范围覆盖整个县城，提供专业教材，由专业教师授课，一周一课时；还将竹编艺术专业引进成艺学院，目的是培养高素质的专业技术人才。

加强产品创新研发。与成都艺术职业学院联合组建青神竹编艺术研发中心，借助高校资源和专家智慧瞄准国际国内市场开展定向创意研发，每年研发新产品近100件，竹艺专利授权41件，版权登记212件。青神竹编开创出“平面竹编”“立体竹编”“竹编家具”“瓷胎竹编”四大系列，创新出了2000多个竹编新产品。探索“竹+X”模式，推进跨界合作。开发出“竹+黄金”“竹+瓷胎”“竹+皮革”“竹+

---

① 姜楠：《青岛创意100产业园：版权织起保护网》，载中华人民共和国国家版权局官网，http：//www. ncac. gov. cn/contents/568/20837. html，2020年4月30日访问。

文化旅游”等系列产品项目，竹福竹艺与国金黄金签订战略合作框架协议，青神竹编与景德镇瓷器协会草拟了战略合作协议，状元竹艺与竹意国际正在进行产品的第二次打样，竹编产业园区管委会与吉林欧陆置业有限公司草拟了《竹艺小镇项目投资合作框架协议》，实现青神竹编与知名品牌跨界合作。

同时，青神县还打造“竹艺产业联盟”推进国际融合，完善产业链，推动传统文化产品走出国门，打造国际会节活动。2016 年第九届中国竹文化节取得重大成功，2018 年 6 月，青神县举办了“2018 国际(眉山)竹产业交易博览会”，这是首届世界竹藤大会的重要组成部分。共有来自 40 多个国家的 800 余名嘉宾参与展会，参展商 367 家(其中国际参展商 73 家)，采购商 429 家；接待客商 6.7 万人次，成交额 5266 万元，意向成交额 1.8 亿元。除此之外，青神县与国际竹藤中心计划打造竹产业发展“金三角”竹产业发展联盟，战略合作对象是安吉和永安。

创建“竹艺文化发展联盟”融入“一带一路”发展。通过川南农村社区学院，先后组织开展了 500 多期竹编培训班，前后共计培训 2.5 万人次。青神竹编协会会员单位于 2017 年 6 月参与创建了“‘一带一路’竹艺文化发展联盟”，东南亚 10 多个国家参与其中，青神云华竹旅公司被推举为“盟主”，加强与“一带一路”沿线国家经济合作的深度与广度，这对于青神竹编走向世界具有深远意义。①

我国的版权资源世界领先，逐年呈增长趋势，在成果转化方面具有巨大潜力。版权作为文化繁荣发展的重要因素之一，版权产业已成为国民经济的重要推动力，是社会发展的重要支柱。因此广西应当将版权工作的重点放在加强版权运用上，有信心、有目标、有准备地做大做强版权核心产业，紧紧围绕版权政策，吸取现有国家级版权示范园区的优秀经验，全力打造版权示范城市、单位和园区，引导促进版权产业转化升级，使版权产业成为坚定文化自信、发展中国特色社会主义文化的重要因素。

① 《青神：全面推动高质量发展　建设全国特色产业示范县》，载四川日报，https：//epaper.scdaily.cn/shtml/scrb/20181219/207148.shtml，2020 年 4 月 30 日访问。